本书出版受到国家社科基金项目
"中国传统文化精神在和谐社会建设中的价值研究"
（批准号：10BKS034）资助

中国文化精神与现代社会

The Spirit of Chinese Culture and Modern Society

陆卫明 李红 著

中国社会科学出版社

图书在版编目（CIP）数据

中国文化精神与现代社会/陆卫明，李红著．—北京：
中国社会科学出版社，2015.12
ISBN 978 - 7 - 5161 - 7041 - 0

Ⅰ.①中…　Ⅱ.①陆…②李…　Ⅲ.①中华文化—研究
Ⅳ.①K203

中国版本图书馆 CIP 数据核字（2015）第 268342 号

出 版 人	赵剑英
选题策划	侯苗苗
责任编辑	侯苗苗
责任校对	孙金波
责任印制	王　超

出　　版	中国社会科学出版社
社　　址	北京鼓楼西大街甲 158 号
邮　　编	100720
网　　址	http：//www. csspw. cn
发 行 部	010 - 84083685
门 市 部	010 - 84029450
经　　销	新华书店及其他书店

印　　刷	北京明恒达印务有限公司
装　　订	廊坊市广阳区广增装订厂
版　　次	2015 年 12 月第 1 版
印　　次	2015 年 12 月第 1 次印刷

开　　本	710×1000　1/16
印　　张	15. 75
插　　页	2
字　　数	267 千字
定　　价	56. 00 元

目　　录

第一章 绪论

一 研究价值

本研究的价值，应从文化的力量说起。

众所周知，任何国家民族的文化中均具有精华与糟粕两个方面的因素，因此，它对社会发展既具正面作用，也有负面效应。"文化价值观可以阻碍进步，也可以促进进步。"[①] 所谓文化的力量，是从文化的积极作用而论的。

文化的力量，主要体现为文化在革命与现代事业中所发挥的巨大促进作用。

毛泽东在《新民主主义论》一文中指出："新的政治力量，新的经济力量，新的文化力量，都是中国的革命力量。"[②] 这是第一次明确使用"文化的力量"这一提法。在中国民主革命过程中，革命文化对推动革命形势发展及夺取革命的胜利自然有着十分重要的作用。"革命文化，对于人民大众，是革命的有力武器。革命文化，在革命前，是革命的思想准备；在革命中，是革命总战线中的一条必要和重要的战线。"[③] 在当今全球化背景下，文化的积极作用也日益凸显，业已成为综合国力的重要组成部分。中共十六大再次肯定了"文化的力量"的提法，没有社会主义文化的繁荣发展，也就没有社会主义现代化。这些都凸显了文化在中国革命与建设事业中的重要战略地位。

---

① ［美］塞缪尔·亨廷顿、劳伦斯·哈里斯：《文化的重要作用：价值观如何影响人类进步》，程克雄译，新华出版社2010年版，第43页。

② 《毛泽东选集》第2卷，人民出版社1991年版，第695页。

③ 同上书，第708页。

现代化是一个包括经济、政治、文化、社会在内的整体性变革过程。文化现代化是现代化的重要内容与有机组成部分，它既是文化自身发展的需要，又是现代化的先导力量与精神动力。尽管，文化对社会发展的作用模糊不清、难以测量，现代化发展也并不取决于文化，我们不能落入"文化决定论"的泥淖，但文化对现代化发展具有巨大的反作用，这是无法否定的事实。文化实力和竞争力是国家富强、民族振兴的重要标志。党的十八大报告中指出："文化是民族的血脉，是人民的精神家园。全面建成小康社会，实现中华民族伟大复兴，必须推动社会主义文化大发展大繁荣，兴起社会主义文化建设新高潮，提高国家文化软实力，发挥文化引领风尚、教育人民、服务社会、推动发展。"这里所说的"引领风尚、教育人民、服务社会、推动发展的作用"，实际上是对文化力量的具体化。习近平在2013年8月19日全国宣传思想工作会议的讲话中更特别强调"中华文化积淀着中华民族最深沉的精神追求，是中华民族生生不息、发展壮大的丰厚滋养"，"中华优秀传统文化是中华民族的突出优势，是我们最深厚的文化软实力"。这是对中国优秀传统文化在我国现代化发展过程中的积极作用的新的历史定位。

文化对社会所起的进步作用，主要表现在：

首先，文化是维系国家统一和民族团结的精神纽带。文化是人类社会特有的产物与现象，是民族的血脉、国家的灵魂、人民的精神家园。它是一个国家民族的宝贵财富与精神支撑，特别是作为民族传统文化的精华和核心的民族精神，它通过长期的熏陶和同化作用，培养起一代代人对本国家民族的文化认同、文化自觉，形成高度的归属感和自豪感，成为凝聚和维系国家统一和民族团结的巨大精神力量。

其次，文化对社会政治、经济的发展具有巨大的反作用。一个国家的经济发展和社会进步是政治、经济和文化三种力量相互促进、合力作用的结果。毛泽东指出："一定的文化（当作观念形态的文化）是一定社会的政治和经济的反映，又给予伟大影响和作用于一定社会的政治和经济；而经济是基础，政治则是经济的集中的表现。"[①] 这是对马克思主义文化观的集中概括和经典表达，是关于文化与政治、经济的相互关系问题上的一个基本观点，它指出了文化对社会政治、经济的能动反应与反作用。这主

---

① 《毛泽东选集》第2卷，人民出版社1991年版，第663—664页。

要表现在两个方面：一是文化以其价值观影响人类的进步；二是文化是一种潜在形态的生产力。

最后，文化是一个国家综合国力的重要体现。综合国力是指一个主权国家拥有的全部实力，包括经济实力、科技实力、国防实力、民族凝聚力在内的物质力、精神力以及国际影响力。一个国家的综合国力，不仅从经济实力、政治实力、军事实力等硬实力方面来显示，而且还要从文化软实力来评价。

明确了文化的力量，我们就能深刻地体悟到文化研究的功能与作用。

文化研究的作用何在？这是由文化的具体属性决定的。由于文化主要有以下三种属性，因此，文化研究的主要功能与作用也有以下三种：

首先，认知功能。这涉及文化的第一个属性，即文化问题实际上主要就是国情问题。从一定意义上说，所谓国情实质上即是一个国家民族文化传统的历史与现状。我们研究中国传统文化，就是为了更好地认识自己的民族，认清自己的国情，这是我国现代化建设与每个人安身立命的前提条件。

其次，教育功能。这涉及文化的第二个属性，即文化问题就是人文素质问题。从中国辞源学角度来说，所谓文化即是人文育化、以文教化的意谓。人文素质，或者说文化素质，是人的知识与修养的集合，说到底是人文素养问题。文化研究，其中一个重要目的就是为了开挖一个国家民族文化中所蕴藏的人文精神，不断提高人的综合素质，促进人的全面发展。毕竟一个国家的现代化，归根结底是人的现代化。这种人文育化主要是一种内化过程，它是在潜移默化、不知不觉中进行的，正所谓"润物细无声"。这比外在的强行灌输要有效得多。中国优秀传统文化是中华民族的突出优势，通过加强中国优秀传统文化教育，提高民族的整体素质，则是我国现代化建设过程中面临的重大课题。

最后，应用功能。这涉及文化的第三个属性，即文化问题就是社会资源问题。从管理学的角度来看，一切有使用价值的东西都可称作是资源。文化当然有使用价值，因而也是资源，而且是一种潜力巨大的社会资源。这种社会资源一旦得到开挖利用，便可转化为巨大的财富。这种财富不仅仅是精神财富，而且还是物质财富。从精神财富的角度来说，文化问题实质上就是精神文明建设的问题，文化的重要作用就在于以价值观影响人类的进步。文化研究者的一个重要责任就是以现代化为参照系，创造性地阐发优秀文化的精神价值，引领社会发展的方向，促进人类文明的进步。从物质财富的角度来说，文化资源的开挖利用，能创造出巨大的物质财富。当然，文化只是一种资源，一种潜在形态的生产力，要把这种潜在形态的生产力转化为现实的生产力，还需要有中间的途径与形式。这种中间的途径与形式主要包括：文化教育是提高劳动者素质的关键；企业文化为企业的生产经营活动注入了强大的活力；文化营销是市场营销的利器；文化资源的开挖利用能够直接创造巨大的经济效益。因此，《文化经济学》有句名言：文化是明天的生产力！

理解了文化的力量和文化研究的价值，就可以理解本研究所具有的重大意义。

一是学术意义。社会主义和谐社会建设理论，是马克思主义中国化理论的一个重大的创新思想。如何从多个维度深化对社会主义和谐社会建设的理论研究，是学术界面临的一个重要任务。本研究将从文化精神的视角和维度，深入探讨当今中国和谐社会建设的传统背景，主要集中于优秀传统文化对推动现代化发展的独特价值与作用，这对深化中国传统文化精神、和谐社会建设的理论及两者辩证统一关系的研究有较大的理论意义，这是学术界公认的一大"显学"。

二是现实意义。中国传统文化是祖先留给我们取之不尽、用之不竭的丰厚文化遗产，我们对之应该持有敬畏之心，发扬学以致用的经世传统，加以开挖利用，使之成为现代文明的组成部分与现代化的精神动力。这已是当务之急。本研究致力于中国传统文化精神现代价值研究，研究重心在于进一步深入阐发中国传统文化的核心价值及其在当今"文化强国"中的战略地位，这对弘扬中华民族的优良传统、振奋民族精神、推进和谐文化建设等均具有很强的现实针对性。

三是实践意义。本研究还将借鉴东南亚国家如韩国、日本、新加坡将优秀传统文化与现代化建设相结合的成功经验，结合我国的具体实际，深入研究中国优秀传统文化与和谐社会建设的具体结合机理，在理论与实践两个层面深入研究中国传统文化的基本精神与和谐社会建设相结合的具体方法与途径，提出建构中国优秀传统文化的传承体系的具体对策设想，具有较强的可操作性。

二 研究现状

1. 关于文化精神的概念研究

就现有研究资料来看，国外最早对文化精神进行概念界定的是 W. G. 萨默，他在 1906 年提出"文化精神是使一个群体不同于其他群体的那些特征的总和"（W. G. Summer, Folkways, Boston, 1906）。这个观点引发了一些人类学家和社会学家的关注和探讨，大体形成以下几种观点：

第一，行为特征说。在 20 世纪的前 30 年，学者们对文化精神的定义基本上都以"行为特征"做归结，如社会学家 K. 杨认为每个社会都建筑在那些使他们最不同于其他社会的一种"文化模式"或"社会特性"之上（K. Youny, An Introductory Sociology, N. Y., 1934）；人类学家 G. 戈尔则认为，文化精神是"一个社会群体的各种行为观念的总和"（G. Gorer, Society as Viewed by Anthropologist, In the Cultural Approach of History, N. Y., 1940）。

第二，价值整合说。到 20 世纪 30 年代以后，学者们对文化精神的探讨不再仅仅停留在行为特征这一表象上，他们开始探讨隐藏在行为背后的那些影响行为规范的根本的观念和概念，认为文化精神是一种整合的价值体系，是文化的内在品质。如克拉克洪认为任何文化都具有多元的特性，这种多元的特性又常常会整合在一起形成该社会的文化精神（C. Kluckchhn, Covert Culture and Administrative Problems, Anthropologist, Vol. 45, 1984）。著名的人类学家克鲁伯认为："文化精神是用客观的方式表现出来的主观价值系统。"（A. L. Kroeber, Anthopology, 1948）

国内学者关于文化精神的概念研究主要有以下观点：

其一，张岱年先生认为，文化精神是相对于文化的具体体现而言的。文化的具体表现，包括在器物、制度、习惯、思想意识等层面，无不和内在的文化精神相联系，文化的基本精神就是所有这些"文化现象中的最精微的内在动力和思想基础，是指导和推动民族文化不断前进的基本思想和基本观念"。"在中国传统文化中，有一些思想观念或固有传统，长期受到人们的尊崇，成为生活行动的最高指导原则，在历史上起了推动社会发展的作用，成为历史发展的内在思想源泉，这就是中国文化的基本精神。它是民族延续发展的精神动力，或者说是中华民族生存发展的精神动力。"① 即认为文化精神是指民族文化中的精粹思想与精华部分，把民族文化中的糟粕因素排除在文化精神的范畴之外，是一个国家社会历史发展的精神动力，并把它与民族精神相等同。此论一出，在国内学术界相当流行，几成定毂，它是目前国内学术界占主流地位的观点。其实，这种观点值得商榷，这在下文中着重讨论。

其二，邵汉明等认为，"文化精神是具有相对稳定性的东西，可视为文化的深层结构，是民族文化的灵魂或精髓"。② 这与张岱年先生的观点实际上是相通的，如认为文化精神是民族文化的灵魂与精髓，相当于"民族精神"、"国魂"、"民族魂"的概念，文化精神是一个国家民族文化中具有相对稳定性的深层结构，是深刻制约着文化发展方向的内在动因。

其三，李宗桂认为，文化精神即是反映一个群体的行为特征，又是一个群体内部各种价值观念的总结，是一个社会的社会成员所接受的整合性价值体系，也是一个群体不同于其他群体的根本所在。这个观点实际上是对行为特征说与价值整合说的综合。③ 他认为文化精神是一个中性的术语，既包括精华思想，也包括糟粕成分，不能将它与民族精神简单地等同。这个观点很重要，有独到之处，值得引起重视，为理性地开展中国传统文化精神提供了一个重要的立论基础。

其四，有的学者则将文化精神等同于文化传统，如认为"文化传统是指文化系统发展中相对稳定和连续的内容，是一种文化的基本精神"。④这倒是一个新提法，其中，文化传统是一个中性的术语，在这一点与李宗桂的观点是相通的，但是这种说法主要是把文化精神等同于文化传统，这就有些简单化，文化传统有主流与支流之分，如果把文化精神主要归结于文化传统的主流，倒比较接近事实，否则就会把文化传统与文化精神的概念混同起来。

通过上述分析可以得知，各种观点有一个共同点，即文化精神，主要是一民族区别于其他民族的主要精神特质与深层结构，深刻地制约着一个

① 张岱年等主编：《中国文化概论》，北京师范大学出版社 1994 年版，第 375 页。
② 邵汉明主编：《中国文化精神》，商务印书馆 2000 年版，第 1 页。
③ 李宗桂：《中国文化精神和民族精神的若干问题》，《社会科学战线》2006 年第 1 期。
④ 齐振海：《传统文化与现代化》，《哲学研究》1992 年第 6 期。

国家民族的思想与行为的方向，对整个社会乃至人类文明的发展具有重要影响。分歧点有两个：一是文化精神究竟是指一个国家民族的占主导地位的价值系统还是行为模式，抑或是价值系统与行为模式的总和。笔者认为，文化精神主要是一个国家民族文化中占主导地位的思想与观念，行为模式只不过是这种独特的价值系统的外化与体现。二是文化精神是褒义的还是中性的术语。把文化精神视为褒义的术语，就势必把它与民族精神或民族魂相混同，主要是指精华部分。而把文化精神看作中性的术语，则认为文化精神既包括精华思想，也包括糟粕成分，具有双重性。笔者认为，学术界对文化精神这个概念的理解上存在着一个明显的误区，即将文化精神简单地等同于民族精神。确实有必要将文化精神和民族精神作区分。如果说文化精神是指民族文化中占主导地位的基本思想与观念，由于任何民族文化都有精华与糟粕的成分，因此文化精神也必然包括精华与糟粕两个方面。而民族精神则主要是指推动一个国家民族前进的精粹思想与观念，相当于文化精神中的精华部分。前者是学术用语，属于事实判断的范畴，后者是政治术语，属于价值判断的范畴。如果把文化精神与民族精神相混同，就会面临文化研究过程中的逻辑困境，陷入学术迷思与误区，也势必会使我们在对待传统文化资源问题上良莠不分。这绝不是玩概念游戏，它对我们科学地研究中国传统文化具有重要的方法论意义。

2. 关于中国传统文化的基本精神的研究

对中国传统文化的基本精神的研究（或称基本特质、核心精神等），自从五四以来国内学者有不同概括，意见纷纭，主要观点有：

其一，辜鸿铭把孔子提倡的"礼"视为"中国文明的精髓"。"这种'礼'就是良民宗教的本质，就是中国文明的奥秘"，"以礼来自我约束，非礼毋言，非礼毋行。这就是中国文明的精华和中华民族精神的精髓所在。"[①] 他极力批判西方文化，提出以中国礼义文化"救西论"。面对当时学术界向西方寻求真理的大趋势，辜鸿铭的文化思想与时代潮流显得格格不入，在当时虽不免有极端的文化保守主义的色彩，具有浓郁的文化复古主义倾向，这是辜鸿铭中西文化观的主要缺陷。但是不要忘了，辜鸿铭具有举世公认的聪明及他对中西文化的深度认识，面对西方第一次世界大战形成的惨状所暴露出西方文化中的强权主义所带来的恶果，辜鸿铭极力倡

---

① 辜鸿铭：《中国人的精神》，海南出版社1996年版，第15—16页。

导中国传统文化独特的价值观"义"和"礼",特别阐释了礼的价值,自有他独到之处。他的中西文化观并非一无是处,对梁漱溟、张君劢等新儒学大家的某些思想有深刻影响,他对西方强权文化进行了尖锐的批判,现在看来也并不过时。他把"礼"视作中国传统文化的核心精神,这种观点至今尚有很大影响,仍是目前学术界的一种重要观点。诚然,中国文化传统源远流长,博大精深,以一个"礼"字概括,未免过于简约化。笔者也认为把中国传统文化的精髓概括为"礼",失之片面,但仍不失为一种"极端的深刻",自成一家之言。

其二,梁漱溟认为,"中国文化以意欲自为、调和、持中为其根本精神的"。① 这是相对于西方文化与印度文化对人生的态度而言的。西方文化"以意欲向前要求为其根本精神的"。印度文化"以意欲反身向后要求为其根本精神的"。在梁先生看来,文化之所以不同在于意欲之所向不同,文化精神即意欲所向之体现,由于西方、中国、印度文化的意欲不同,形成了世界三种不同的文化类型,并对世界未来文化的走向作了预言。五四时期,梁漱溟《东西文化及其哲学》一经面世,便轰动一时,使他成为一位卓然文化大家。文化从本质上说即是特定的观念、态度、习惯,文化精神在很大程度上说就是特定国家民族的主要观念与态度,中华民族历来崇尚中庸、协和,这种思想深深地积淀在民族的文化心理结构之中,几乎成了思维定式与行为方式的集中体现。因此,梁先生的这种说法有其合理内核。中庸之道,被孔子称为"至德",道家和佛教对此均莫不推崇,对中国的国民性及中华民族的思想观念与行为方式的影响至为深远。梁漱溟先生对中国传统文化精神的把握有独到之处。后来,鲁迅先生于1927年在香港青年会所作的《无声的中国》的讲演中也说道:"中国人的情形是总喜欢调和,折中的。譬如你说,这屋子太暗,须在这里开一个窗,大家一定不允许的。但如果你主张拆掉屋顶,他们就会来调和,愿意开窗了。没有更激烈的主张,他们总连平和的改革也不肯行。"② 不过把中国传统文化精神主要概括为调和持中,并认为这是中华民族的意欲所决定的,不免过于抽象,难脱"文化决定论"的嫌疑,至于他据此提出的人类文化发展由西方文化至中国文化直至印度文化递次发展的三阶段

---

① 梁漱溟:《东西文化及其哲学》,《梁漱溟全集》第 1 卷,山东人民出版社 2005 年第 2 版,第 383 页。

② 《鲁迅全集》第 4 卷,人民文学出版社 1982 年版,第 13—14 页。

说，也易于陷入逻辑困境与文化悬谈。"意欲自为、调和、持中"，可以视作中国传统文化的一大精神特质与民族特性，但以此为根本精神，不免失之偏颇。

其三，张岱年认为，中国文化的基本精神包括天人合一、以人为本、刚健有为、贵和尚中四个方面。① 姑且不论这种概括是否准确到位，这有待于进一步研究探讨，问题的关键是，张岱年先生对中国文化精神（准确地说，是中国传统文化的基本精神的概括），是基于其把文化精神等同于民族精神这种概念界定的基础之上的，由于把文化精神与民族精神混同，在研究中就陷入了逻辑悖论，如文中在肯定上述主要精神的积极方面时，也坦承其中存在一些消极内容，如说："天人合一思想，作为绵亘中国古代数千年的主导文化，作为弥漫于全社会的文化传统，它在自身的发展途中，既有丰富的内容，也有芜杂的内容。"② 至于中国传统文化中"以人为本"的道德人本主义的思想传统，"有明显的重人伦轻自然、重群体（家族）轻个体的倾向"，"由于过分强调道德的作用，在客观上也有忽视对客观世界的认识和改造的消极因素"。③ 这倒是客观之论。事实上，天人合一、以和为贵、中庸之道等思想观念也并非完全是精华思想，其中存在一些缺陷，这在后文有详细论述。在这里问题就出现了，既然文化精神指的是精华思想，而他所概括的中国传统文化的基本精神不可避免地包含了某些糟粕成分，而且精华与糟粕难分难解地糅合在一起，这在逻辑学上就不符合同一律，难以自圆其说，从而陷入了逻辑悖论。行文中的逻辑问题，反映了其对文化精神概念界定上存在的前提缺陷。

其四，庞朴认为中国传统文化精神就是人文主义。表现为：第一，不把人从人际关系中孤立出来，也不把人同自然对立起来；第二，追求纯自然的知识体系，在价值论上是反功利主义的，在宗教上、文学上和哲学上则表现为富于实际性的认识。④ 把人文主义概括为中国传统文化精神，独树一帜，他不仅指出中国人文主义传统与西方人文主义传统的不同内涵与价值取向，而且对它的双重作用作了分析。所谓人文主义，实际上就是以人为本的理念和传统，也可以说是人本主义。事实上，文化是人类社会特

① 张岱年、方克立：《中国文化概论》，北京师范大学出版社 1994 年版，第 377—394 页。
② 同上书，第 381 页。
③ 同上书，第 385 页。
④ 庞朴：《中国文化的人文精神》，《光明日报》1986 年 1 月 6 日。

有的产物，本质上都是研究人的，都是以人为本的。中西文化均充满了人文主义的传统，关键在于对中西人文主义传统的精神本质与不同价值趋向的准确把握。庞朴先生对中西人文主义传统的不同内涵作了比较研究，力图以此凸显中国传统文化的独特品质，不失为一种新颖的研究视角，但把中国文化精神概括为"人文主义"，对具体的精神特质缺乏阐析，失之笼统。

其五，李宗桂认为，中国文化的基本精神可概括为基于人文主义为中心的八个方面的内容：自强不息、正道直行、贵和持中、民为邦本、平均平等、求是务实、豁达乐观以及以道制欲。① 这种概括实际上主要突出中国传统文化中的人文传统，与庞朴先生的说法是一致的，但李宗桂先生对中国传统人文主义精神实质的具体内涵作了进一步阐发，并具体分析了其中的积极的与消极的成分，这是其主要贡献，缺点在于其概括的精神实质内容过于庞杂，略显松散，有些内容相互之间也不属于同一逻辑层面上的内容，还有豁达乐观、以道制欲等也提升不到文化精神层面。

其六，李泽厚认为，中国传统文化的基本实质是"实用理性"。他说："如果说，血缘基础是中国传统思想在根基方面的本源，那么，实用理性便是中国传统思想在自身性格上所具有的特色。"② "中国实用理性的传统既阻止了思辨理性的发展，也排除了反理性主义的泛滥。它以儒家思想为基础构成了一种性格——思想模式，使中国民族获得和承续着一种清醒冷静而又温情脉脉的中庸心理：不狂暴，不玄想，贵领悟，轻逻辑，重经验，好历史，以服务于现实生活，保持现有的有机系统的和谐稳定为目标，珍视人际，讲求关系，反对冒险，轻视创新……所有这些，给这个民族的科学、文化、观念形态、行动模式带来了许多优点和缺点。"③ 这种说法卓尔不群，独树一帜，是李泽厚先生的一大发明，对中华民族的思维方式和价值趋向有着独特的体悟，对其中的优点和缺点也做了深刻分析，反映出作为一个思想大家的深邃与创见。这个重要命题的提出，的确具有重大价值，值得后人继续探索。不过李泽厚先生说的"实用理性"，主要反映的是中华民族的典型的思维模式，跟文化精神的内容毕竟是有区别的。文化精神是对价值观念、审美情趣、思维方式和行为特征等方面的综

---

① 李宗桂：《中国文化概论》，中山大学出版社 1988 年版，第 348—363 页。
② 李泽厚：《中国古代思想史论》，人民出版社 1986 年版，第 303 页。
③ 同上书，第 306 页。

合概括，思想方式只是其中一个方面的内容，而不是内容的全部。

此外，近年来有很多学者认为和谐为中国传统文化的核心概念和基本精神。如曹德本认为"中国传统文化的核心是和谐"。① 把和谐视作中国传统文化的最高精神价值，是近年来一种广为流行的学术观点，已属老生常谈，当然有其合理成分，但对和谐精神的具体内涵缺乏深入阐释，此外，中国传统文化精神是丰富多彩的，也并非"和谐"一词所能涵括，如孙中山先生就把中国传统道德精神（实际上指的是文化精神）概括为"忠孝，仁爱，信义，和平"，和平与仁爱、信义等是平列的。

港台及海外学者对此也有各种各样的看法。

唐君毅先生认为，中国传统文化的核心精神是"天人合一"。"中国文化精神之本原，吾人即可为中国思想，真为本质上之天人合一之思想。"② 钱穆也持此说。唐君毅先生理解的"天人合一"思想主要是孔孟思想为核心的心性论。他指出："孔孟之精神，为一继天而体仁，并实现此天人合一之于仁于人伦、人文之精神。由孔孟精神为枢纽，所形成之中国文化精神，吾人即可说为：依天道以立人道，而使天德流行（即上帝之德直接现身）于人性、人伦、人文精神仁道。此意，使宋明理学言之，即以太极以立人极，而与人极中见太极。"③ 唐君毅所说的"天人合一"的精神主要是儒家的思想，以仁义为本，并将之上升到天道、天理，人性与天性、人道与天道相类相通，因而可以合一。它既具有天道观的意谓，更具有人道观、人生观的意蕴。中国传统文化中的"天人合一"思想绝非一些人所理解的"人与大自然的和谐统一"那么简单（包括季羡林先生也持此说），它是一个十分庞杂的命题，是儒释道共同倡导的一种文化精神境界，尽管它们强调的侧重点各不相同，但有一点是相同的，即它们都把"天人合一"视作贯通自然、社会、人生的宇宙图式和古典系统论思想，其中既有科学的因素，也有迷信的成分。唐君毅先生的"天人合一"论，主要凸显了儒家的心性论思想，自有其合理性，但毕竟没能反映中国传统"天人合一"思想的全貌，如道家和佛教的天人合一思想也有其丰富的内涵。至于能否以"天人合一"作为中国传统文化的最根本核心精神，尚有待进一步探讨。

---

① 曹德本：《和谐文化模式论》，《清华大学学报》2000年第3期。
② 唐君毅：《中国文化之精神价值》，江苏教育出版社2006年版，第319页。
③ 同上书，第318页。

美籍华裔学者孙隆基则引入"良知系统"与"深层结构"的概念来阐发中国传统文化的基本特质。他指出中国人的"良知系统"构成了中国文化的"深层结构"。所谓"深层结构"是指一个文化不曾变动的层次，它是相对于"表层结构"而言的。当然这个概念的运用并非指中国历史从无出现变化，而是辨认中国历史上由古至今比较稳定的某些规律，它们是使"中国"在历经变化后仍保持自身特殊认同的因素。与西方文化的"深层结构"具有动态的"目的"意向性，亦即是一股趋向无限的权力意志，使任何"变动"都导致不断超越与不断进步相比较，中国文化的"深层结构"则具有"静态的'目的'意向性"。这是因为"中国人的'良知系统'在个人身上造成的意向是'安身'与'安心'，在整个社会文化结构中则导向'天下大治'、'天下太平'、'安定团结'，而其政治之意向亦为'镇制民心'，使少知欲而不乱"。换言之，就是维持整个结构之平衡与不变。因此，"在'表层结构'中尽可以出现变化，但是，任何'变动'总不能导致进步与超越"。① 孙先生的《中国文化的深层结构》成书较早，曾经广为流行。他提出的由中国整个历史发展过程呈现出来的"深层结构"乃表现为一个"超稳定性体系"的形态这个论点，也风行一时。客观而论，这的确触及了中国传统文化中的核心问题，尽管对这种核心问题的把握并不是很清晰的。他欲从中国历史表象中探求内在的规律性的东西，这种尝试不无裨益，尽管这种探究值得进一步商榷。的确，中国古代历史（并不包括近现代历史）确实存在着黄炎培先生所说的一治一乱的"历史周期率"，其兴也勃，其亡也忽，任何王朝都没有跳出这种"历史周期率"的支配。以至于中国古代知识分子存有一种世界观、历史观，即历史循环论，正如《三国演义》开宗明义中所说的"话说天下大势，分久必合，合久必分"。但是，导致这种周而复始历史现象的主要因素是什么？真如孙先生所谓的中国的"良知系统"所决定的吗？如果是这样，岂不陷入了"文化决定论"的误区？中国文化核心价值中就没有革故鼎新的超越力量？中国社会历史就没有自我超越的内容？这些都值得进一步探讨。

余英时先生则提出"内在超越"来概括有别于西方的中国传统文化价值系统的个性特征。他指出"我无意夸张中、西之异，也不是说中国

---

① ［美］孙隆基：《中国文化的深层结构》，广西师范大学出版社 2004 年版，第 10 页。

精神全在内化，西方全是外化。另外在双方都是可以找得到的。但以大体而言，我深信中西价值系统确依然有此一分别。外在超越与内在超越各有其长短优劣，不能一概而论。但值得注意的是，中西文化的不同可以由此见其大概。这种不同到了近代更是尖锐化了"。①"内在超越"一词一经提出，便引起广泛争议，唐君毅先生对此持认可态度。其实，余英时先生使用的"内在超越"与"外在超越"之术语，是他在研究中西文化时对中西文化所具有的不同文化性格特点的表述，正如他明确指出的那样："我们可以说中国文化比较具有内倾的性格，和西方式的外倾文化适成一对照。"②"内在超越"只是对中国文化精神的一种表现形式和特征的描述，文化性格与文化精神两者虽然具有密切关联，但侧重点毕竟各不相同，两者的差异正如内容与形式的区别，前者决定后者，后者反映前者。

上述可见，对中国传统文化的核心精神与基本特质问题，国内外学术界从不同的视角与层面加以阐述，呈现出一种诸说鼎立、众说纷纭的局面。各种说法自然有其匠心独具的精妙之处，但是也确实存在一些遮蔽之处。就其缺陷而言，主要有以下两个方面：第一，对"文化精神"的概念缺乏统一的认识与界定，因此在诠释中国传统文化基本精神问题上就必然自说自话，众说纷纭，存在很大的差异；第二，对中国传统文化精神的生成机制（即植根基础，或者说对中国传统文化精神形成的客观与主观条件）缺乏深入考察，认为中国文化精神是什么就是什么，却没有说明中国传统文化精神为什么是这样的社会历史根源与文化渊源，失所凭依，在逻辑上有跳跃，随意性很大。这恐怕是目前学术界在中国传统文化核心精神或基本特质问题研究中的两大通病，亟待克服。总之，对中国传统文化精神主要包括哪些核心内容的问题的确有待于进一步深入研究。

3. 中国传统文化与和谐社会关系的研究

学界对本问题的研究，目前以论文居多，这方面的论文大多是围绕着传统文化为和谐社会建设提供积极的思想资源及方法论智慧这个问题而展开的。有的认为中国传统文化中的和谐思想，乃是今天我们建构社会主义和谐社会的文化资源和历史依托；有的认为中国传统文化的"天人合一"的和谐思想为化解中国实现现代化过程中的各种矛盾提供了最基本最重要

---

① 余英时：《儒家伦理与商人精神》，广西师范大学出版2004年版，第9页。
② 同上书，第15页。

的社会方法论智慧；还有的认为在中国传统文化中，思想家们在为社会的稳定、和谐进行种种思考的同时，也为构建和谐社会的途径进行了探索，其中具有代表性并且对后世有重大影响的关于建构和谐社会的理论模式，包括儒家的仁义德政说、墨家的"兼爱"、"交利"论和道家的"自然无为"论。还有的论述中华民族精神（诸如爱国主义、自强不息、刚健有为、爱好和平、勤劳勇敢等）对和谐社会建设的作用等。

客观地说，这些研究都是有价值的，但整体而言尚处于初级阶段，还比较零碎，缺乏有力度、高质量的专门性研究论著，对中国传统文化精神特质及其对和谐社会建设的价值、中国传统优秀文化与当今和谐社会建设的结合机理等方面的研究还相当薄弱，值得深入探讨。具体地说，不足之处在于：一是总体显得较为浮泛。围绕这个问题展开的研究，还不很深入，要么概而论之，要么以点代面，不成系统。二是缺乏辩证的分析。如就"和"文化，论者更多的是阐述它对和谐社会建设的积极效应，而很少论及它本身存在的负面效应及其对当今和谐社会建设可能导致的不利影响。对如何开挖传统文化资源为建设和谐社会服务的问题上，存在一种急功近利、实用主义甚至断章取义的倾向，这是本类研究中存在的一个普遍性缺陷。三是把中国传统文化精神与中华民族精神相混淆，在研究中往往陷入逻辑困境。四是对中国传统文化精神对和谐社会建设的价值的深入系统的研究较少，尤其是对两者相结合的具体机理研究几乎付之阙如。

总之，目前国内外学术界对中国传统文化与和谐社会建设的关系问题已有相当的关注，但是总体看来还不够深入，存在很多不足之处。本研究拟从克服上述研究不足入手，较具体系统地研究中国传统文化核心精神与基本特质、中国传统文化的基本精神与当今和谐社会建设的辩证关系、中国优秀传统文化与和谐社会建设相结合的具体方法与途径等，从而达到深化中国传统文化与和谐社会建设的关系问题研究的目的。

三　研究内容

1. 中国传统文化的基本精神研究

这是研究中国传统文化本质内涵与特性的关键问题与重要切入口，正如《易经》所说的"精义入神，以致用也"。要真正从理论上研究中国传统文化与和谐社会建设的关系，首先必须把握中国传统文化的核心精神与基本特质。文化研究的一个重要方法论原则就是要从把握特定文化的中心观念入手，以期真正深刻地把握整体文化系统的本质内涵与特征。

至于中国传统文化的核心精神与基本特质主要包括哪些，这个问题十分重要，但研究难度也颇大，对此学术界众说纷纭。有的认为是"礼"，有的认为是"人文主义"，有的认为是"实用理性"，有的认为是"和谐"，也有的认为是由多个因素的综合，诸如天人合一、以和为贵、刚健有为、厚德载物等。上述说法不一而足，皆有所本，自有道理，但是由于对文化精神的概念本身存在着不同的理解，加上其他种种原因，学术界对中国传统文化的核心精神与基本特质的概括存有相当大的分歧，有待深入研究。

笔者认为，为深化对中国传统文化的核心精神与基本特质的研究，首先必须从对文化精神的界定入手，并以此为视角深入研究中国传统文化的基本特质。其次，必须考察中国传统文化的植根基础，包括客观条件与主观因素。客观条件即中国传统文化精神生成的文化生态环境，包括地理环境、经济基础、社会结构、国际条件等对中国传统文化的形成发展与基本特质的影响；主观因素主要是儒、道传统对中国传统文化精神的深刻影响。最后，在上述基础上，深入阐发中国传统文化核心精神的内涵与外延。诸如以人为本、崇德重义、持中贵和、实践理性等命题的真正蕴含及其双重特性。

2. 中国传统文化精神对和谐社会建设的价值研究

如上文所述，文化精神不同于民族精神，它具有双重特性，中国传统文化的基本精神中既包含了很多精华因素，同时也存在一些糟粕成分，这些核心精神与基本特质，均有相当积极的成分，但也含有一些消极因素，而且两者往往难分难解地纠结在一起，无论是积极的还是消极的传统因素，无不深深地积淀在我们这个国家民族的文化心理结构之中，它构成了我们当今构建社会主义和谐社会所无法回避的文化背景。如中国传统的"天人合一"论向来被认为是中国传统文化的核心精神之一，它是一个十分复杂的命题，不仅仅指的是人与自然的关系，如董仲舒的"天人感应"说也是其中的内容，虽然其积极的科学的因素占主要地位，但也有消极的迷信的因素；以人为本的人文主义传统，既包含了"以民为本"、重视民意的德治主义传统优秀成分，但也含有极权主义、等级制度、人治传统、官本位这些消极因素；崇德重义，既凝聚着中华民族优良的道德品质与伦理精神，但也包含封建性因素和泛道德主义的倾向；持中贵和作为中国传统文化的最高价值，对人类进步具有重大价值，但也存在缺乏冒险、竞争、敢为天下先等缺点。实践理性既含有实事求是、经世传统的优秀成分，同时也含有实用主义的倾向。当然，上述这些文化精神内涵，从根本上说，积极效应占着主导地位，我们尤其要注意阐发中国传统文化精神中的积极成分即中华民族精神，但对其中存在的消极方面也不应忽视。如果不能客观地分析中国传统文化的基本精神中存在的双重属性，就无从理解传统文化与现代化的矛盾统一关系，如果对本问题的研究缺乏一种清明理性的科学态度，那么本领域研究的学理价值也会大打折扣。因此，我们在研究中国传统文化的基本精神与社会主义和谐社会建设的关系问题上，须有一种态度，认真厘清两者的矛盾统一关系，一方面，对其中占主导地位积极的因素要大力加以开挖利用，使之为构建和谐社会服务；另一方面，对其中含有的消极因素也需要加以清理，消除封建性的残余影响。如果我们不能从理论上真正厘清两者的关系，也就不可能真正解决两者的融合问题，从而使之成为和谐社会建设的重要文化基础。

社会主义和谐社会的构想，主要属于社会建设的内容，包含着诸多方面丰富的内涵。它同社会主义物质文明、政治文明、精神文明、生态文明建设有机地统一在一起，既有不可分割的紧密联系，又有各自的特殊领域和规律。因此，本研究应聚焦于中国传统文化精神对社会稳定、民主政治、经济发展、精神文明及生态文明建设的具体价值，并在这个基础上进一步深入阐发中国优秀传统文化在当今我国社会主义文化强国战略的地位与作用。

3. 中国优秀传统文化与和谐社会建设相结合的机理研究

研究中国优秀传统文化与和谐社会建设相结合的具体途径与方法，建设中国优秀传统文化传承体系。这是本研究的出发点与归宿，也是其应用价值之所在。

以现代化为主体与参照系，如何创造性地开挖利用中国优秀传统文化的丰厚资源为构建和谐社会服务，这不仅仅是个理论问题，早就是一个实践问题。在这方面新加坡社会建设为我们提供了一个成功的实践范例，主要是在李光耀执政时期，成功地把儒家学说与新加坡的国民精神相结合，形成了新加坡人普遍遵循的五大共同价值观，从而创造了高度发达的精神文明，对新加坡社会发展起了十分重要的积极作用。又如韩国、日本把中国传统文化与现代企业管理相结合，形成了企业文化理论，极大地促进了社会经济的发展。"他山之石，可以攻玉"，儒家文化圈国家与地区在这方面的成功经验值得我们加强研究与借鉴。

拟突破的重点与难点有：

1. 深化对中国传统文化精神与中华民族精神的研究

如上所述，文化精神与民族精神的概念既有联系也有区别。文化精神是指一个国家民族文化中占主导地位的思想与观念，具有双重性；民族精神是指文化精神中的积极因素与精粹思想及优良传统。因此，中国传统文化的基本精神与中华民族的精神虽密切关联，但也不能等同。如我们可以说"天人合一"是中国传统文化的基本精神之一，但却不能说它是中华民族精神之一。对中国传统文化的基本精神与中华民族精神关系问题，学界很多人士长期以来把两者相混淆，诸说纷起。研究中国传统文化精神与中华民族精神的本质内容及其相互关系，这是本书所面临和要解决的首要重点与难点问题。

2. 辩证分析中国传统文化精神对构建社会主义和谐社会的双重影响

如上所述，目前学界对此问题的研究，大多只强调中国传统文化的核心精神对构建和谐社会的积极意义，对可能存在的负面影响关注不够，存在急功近利、实用主义甚至断章取义的倾向，20 世纪 90 年代以来的"国学热"中对中国古代文化甚至还有一种盲目推崇、良莠不分的倾向，一定意义上可以说丢失了五四以来的文化启蒙的精神传统，这从学理上说是片面的，在实践中也是有害的。因此，就有必要花大力气在理论上厘清两者的关系。

3. 深入探索中国优秀传统文化与当今和谐社会建设的结合机理

针对这个问题，有必要研究借鉴儒家文化圈的一些国家与地区（诸如新加坡、日本、韩国等）的经验与做法，通过实证调查的方式，结合本国国情与实践，研究中国优秀传统文化与和谐社会建设相结合的具体机理，主要包括中国优秀传统文化与社会稳定、经济发展、政治民主、精神文明、生态文明建设的具体结合途径与方法，提出弘扬中华民族优良传统的制度保障、具体措施与政策建议，使中国传统文化的积极因素真正能在当今现实社会生活中焕发出青春活力与强大的生命力。

　　4. 研究中国优秀传统文化在现阶段我国文化强国战略中的基础地位

　　习近平在 2013 年 8 月 19 日召开的全国宣传思想工作会议上指出："宣传阐释中国特色，要讲清楚每个国家和民族的历史传统、文化积淀、基本国情不同，其发展道路必然有着自己的特色；讲清楚中华文化积淀着中华民族最深沉的精神追求，是中华民族生生不息、发展壮大的丰厚滋养；讲清楚中华优秀传统文化是中华民族的突出优势，是我们最深厚的文化软实力；讲清楚中国特色社会主义植根于中华文化沃土、反映中国人民意愿、适应中国和时代发展进步要求，有着深厚历史渊源和广泛现实基础。"优秀传统文化凝聚着中华民族的集体智慧与精神追求，是历久弥新的潜力巨大的精神资源，创造性挖掘和阐发优秀传统文化思想价值在推进文化强国进程中具有重要的战略地位、发挥着巨大作用，主要体现在以下几个方面：构建核心价值观的传统基础；提高国民素质教育的传统资源；发展文化产业的传统背景；增强国际文化影响力的传统元素。要坚持传承与创新相结合，保护利用、普及弘扬并重，使优秀传统文化成为新时代鼓舞人民前进的强大精神力量。

四　研究思路与方法

　　首先，研究相关理论基础。这主要包括文化发展理论与社会发展理论。这就是说，要以马克思主义的文化观与社会发展理论为指导，深入阐发社会主义和谐社会建设的文化基础，阐释建设"和谐文化"内涵及重要的文化价值，深入阐释马克思主义社会发展理论与对中国社会发展的重大指导价值。这是本研究的主要指导思想与理论基础。

　　其次，从文化精神的视角与方法论原则入手，研究中国传统文化的基本精神与本质特征。中国传统文化源远流长、枝繁叶茂，如欲详尽毕备、面面俱到地加以研究，几乎匪夷所思。为了从根本上把握中国传统文化的核心内容与本质特征，必须从文化精神这个视角切入，只有准确地把握中国传统文化的基本精神，才可能真正理解中国传统文化本质内涵与特质，为本书奠定坚实的基础，否则就难以有真正的学理价值。为研究中国传统文化的核心精神与基本特质，主要从以下两个方面展开：一是中国传统文化的植根基础；二是儒、道传统对中国传统文化精神的影响。

再次，运用辩证的观点与方法，深入具体系统地研究中国传统文化的基本精神与当今社会主义和谐社会建设的辩证关系。马克思主义的历史唯物主义与辩证唯物主义告诉我们，任何事物之间的关系都是辩证统一的。正如邓小平所说的要"照辩证法办事"。因此，我们在考察中国传统文化的基本精神与当今社会主义和谐社会建设的关系问题上，也要坚持马克思主义这种基本立场、观点、方法，从理论上较全面客观地考察两者的矛盾统一关系。

最后，应用实证主义的科学方法，具体研究中国传统文化的积极因素与当今和谐社会相结合的机理与具体方法途径。这是目前国内学术界在本领域的研究中所欠缺的一个研究方法。目前，学术界大多依然停留在抽象的理论思辨与历史主义的研究之上，在中国传统文化的现代化途径问题上仍然陷入诸如"中体西用"、"西体中用"、"综合创新"、"转造性转化"等文化"会谈"之中，对于在实践中如何将两者相结合，则缺乏相应的实证研究。本研究的实证研究应从以下两个方面展开：一是典型案例研究，如儒家文化区的国家与地区，包括中国大陆和台湾地区、韩国、日本、新加坡等国家与地区文化与社会协调发展的典型做法及其经验，尤其是李光耀主政时期的新加坡，成功地把儒家伦理与国民精神相结合，创造了高度发达的精神文明，促进了新加坡社会良好有序的发展，其成功经验值得我们认真总结研究；二是通过对中国大陆一些地区、组织、各阶层人士的问卷调查与数据统计、实地考察、访谈等方法，研究中国优秀传统文化文化社会化的具体形式、制度保障与政策措施，从而把研究落到实处。但限于各种原因与条件，实证主义的方法在具体实施中有相当难度，以后有待进一步加强。

第二章　文化精神与文化研究

一　文化精神的界定

"千里之行，始于足下。"严谨的学术研究总是要从严格的概念界定入手，如果核心概念界限不清，就会如堕五里云雾中，无所适从。

关于文化精神的概念，是一个颇具争议的话题。这在研究综述中已有阐述，在此恕不赘述。在此，我们有必要对此作清晰的界说。

关于文化精神，英文为"Ethos"，中文被译为"民族精神"、"国魂"、"民族魂"。其实从学术角度看这种翻译并不十分精确。"文化精神"与"民族精神"、"国魂"、"民族魂"尽管内涵上有相同与相通之外，但也不尽相同，并不能简单地画等号。区别这些概念，并非无谓的文字游戏，对本研究具有特别重要的意义。文化精神是本研究的最核心的概念与切入口，是本研究的逻辑起点，也是本研究的主要研究视角与方法论原则。

如何界定文化精神的概念呢？这要从文化与精神的概念说起。

所谓文化，这是一个十分难以界说的概念，可以说有多少个文化学者就会有多少个文化定义。前人对此作过很多探究，如美国有代表性的人类学家克鲁伯（A. L. Krober）和克罗孔（Clyckohn）著的《文化，关于概念与定义的检讨》一书，罗列了从1871—1951年80年间关于文化的定义至少有164种。他们最后得出的结论是把文化看作成套的行为系统，而文化的核心则由一套传统观念，尤其是价值系统所构成。对此，余英时评论道："这个看法同时注意到文化的整体性和历史性，因此曾在社会科学家之间获得广泛的流行。近几十年来人类学家对文化的认识虽日益深入，但是关于文化的整体性和历史性两点却依然是多数人所肯定的。"① 现代学者对文化概念之谜底的求解也从来不曾中断过，但始终未达成多数认可的共识。要研究文化问题，当然首先对文化的概念作出明确的界定。但是要对文化这个概念作出界定，并不能无缘无故地下个断论，必须有依据。笔者在此无意作繁琐的重复的考证，但认为这必须从辞源学的角度加以考察。

如果从中国辞源学的角度看，文化的概念是十分明确的，主要是指人文育化、以文教化的意谓。相当于"文治"的概念。这也许为我们破译"文化"概念这个"斯芬克斯之谜"提供了一把重要钥匙。对此，还得从作为中国传统文化的一个重要思想源头《周易》说起。要么不谈中国文化，要谈中国文化就必须追溯到《周易》。中国辞源学中的文化概念最早也典出《周易》。何为"文"？"物相杂，故曰文"（《周易·系辞下》）。"黄裳元吉，文在中也"（《周易·坤》）。"通其变，遂成天下之文"（《周易·系辞上》）。"风行天上，小畜。君子以懿文德"（《周易·小畜》）。这里的"文"有两种含义：一是外在的自然美，文通纹，即纹理，"物相杂"，即色彩斑斓之意。"黄裳元吉"，自然是外在美的体现。二是内在的道德美，"天下之文"、"文德"，即社会伦理美德。"文"是相对于"野"而言的，是美和善之载体。很清楚，文即美，文德也即美德。何为"化"？"天地感而万物化生"（《周易·咸》）。"化"的本意即教化、感化、迁化，《说文解字》云："化，教行也。"化即育化。合而言之，"刚柔交错，天文也。文明以止，人文也。观乎天文，以察时变；观乎人文，以化成天下"（《周易·贲》）。在这里，文化的内涵已呼之欲出。所谓"天文"即指客观自然，所谓"人文"，即是相对于"天文"而言的社会伦理。意思是通过观察自然现象来考察自然规律，通过考察社会伦理，以教化天下百姓。这应该就是文化概念的最早出处。但当时没有正式出现"文化"一词。根据文献记载，至少在西汉之时正式出现了"文化"的词汇。诸如，"凡武之兴，为不服也。文化不改，然后加诛"（刘向《说苑·指武》）。也就是说，治理国家社会主要有两种手段，一是文治（即文化），二是武功（即武力）。文治不行了，就只好使用武力。还有诸如"文化内辑，武功外悠"（《文选·补之诗》）的说法。很清楚，中国辞源

---

① 余英时：《儒家伦理与商人精神》，广西师范大学出版2004年版，第2页。

学上的"文化",是指与武功相对应的文治的概念。这是符合狭义的文化原意的。

从西方辞源学上来说,文化的概念也十分复杂,但主要有以下两种,一种是广义的文化概念,把文化等同于文明,即人类所创造的一切物质的和精神的成果。如1871年,泰勒(Tylor)指出:"文化,或文明……是一种复杂的丛结之全体。"① 这是广义的说法,诸凡政治、经济、社会、历史、哲学、文学、艺术及民俗等无所不涉及。另一种是狭义的文化,专指观念形态上的概念。如亨廷顿所说:"从纯主观的角度界定文化的含义,指一个社会中的价值观、态度、信念、取向以及人们普遍持有的见解。"② 主要涉及价值系统的内容。

可见,尽管关于文化的概念颇多歧义,但作为狭义文化,或者说观念形态上的文化,其多数观点背后却有一个共同的旨意,它既包括长期积淀下来的约定俗成的基本信念、态度、价值观等,也包括表现这种特定信念、态度、价值观等的行为方式。据此,我们基本可以断言,文化主要是指一个国家民族或更大范围的区域内人们所共有的约定俗成的价值观念与行为方式的总和。

何为精神?精,即精义、精粹,神即是神韵、神髓。《周易·系辞下》有言道:"精义入神,以致用也。"《淮南子·精神训》中说:"精者,人之气;神者,人之守也。"此之谓也。据现有的文献记载,精神一词,较早出于《庄子》一书。庄子说:"精神生于道,形本生于精"(《庄子·知北游》)。"独与天地精神往来而不傲睨于万物"(《庄子·天下》),这里所谓的"精神",是指由天地之中形而上的"道"所派生的基本准则,具有本体论的意谓,它是对应于形而下之器而言的,形下之器不过是"精神"的展开。王安石诗中"丹青难写是精神",这里的"精神",主要指的是神髓、神韵。

了解了文化与精神的概念,那么就可明了文化精神的含义。所谓文化精神可以定义为一个国家民族文化中占主导地位的思想观念与行为方式的总和,其中主要是指占主导地位的核心观念,也可以说文化传统的主流。如果说文化的核心在于它的价值观,那么文化精神就是文化的核心的核

① 殷海光:《中国文化的展望》,生活·读书·新知三联书店2002年版,第2页。
② [美] 塞缪尔·亨廷顿、劳伦斯·哈里森:《文化的重要作用——价值观如何影响人类进步》,程克雄译,新华出版社2010年版,第9页。

心，或者主要是指一个国家民族文化的中心观念。文化精神最主要的因素是核心价值，行为方式不过是一个国家民族核心价值的外化或体现，它是规定一个国家民族文化发展方向的深层结构与精神动力，对特定国家民族的行为模式、国民性具有相当大的影响力，映象出一个国家民族特有的精神气质与韵味，是不同异质文明及国家与民族相区别的主要标志。这正如 W. G. 萨默所说："文化精神是使一个群体不同于其他群体的那些特征的总和"（W. G. Summer, Folkways, Boston, 1906）。

明白了文化精神的意旨，那么，我们就能明了中国传统文化精神的意谓，它就是指中华民族几千年来所传承与奉行的占主导地位的思想观念与行为方式的总和，主要是指中国传统文化中占主导地位的思想与观念。它给中华民族打上了深刻的精神烙印，显现出鲜明的中国特色与中国气派。具体地说，它具有以下四个方面的内涵：一是它植根于中国特有的文化生态环境，包括外在客观的与内在主观的各种制约因素；二是它主要体现在已为中华民族的广大成员所广泛接受和普遍认可的信念、态度、价值观等，构成文化深层结构部分；三是它具体表现为透过物质文化、制度文化、精神文化等所体现出来的中华民族的集体行为特征和行为模式；四是它的核心在于中国传统文化中的主导价值观，对中华民族的思想、态度和行为具有规定性的影响。

二 文化精神的特性

如上所述，文化精神主要指的是一个国家民族文化中的占主导地位的思想与观念，那么它至少具有以下质的规定性，这就是文化精神的基本特性。只有了解这些特性，才能更加深刻地理解文化精神的内涵与外延。

第一，主导性。文化犹如一棵大榕树，落地生根，盘根错节，枝蔓叶茂。榕树也许是所有树中姿态最不整齐的，然而生命力却最强。即使把它连根拔起，又随便种进土壤，在一个很短的时期内又会复活。如果说文化就像大榕树，那么文化精神就像是大榕树的根和主干，根深才能蒂固，枝繁才能叶茂。一般而言，任何社会形态和社会制度，都有自己的文化基础，没有文化根基的社会制度都是不牢固的。文化的主要价值在于它自身所具有的独特的价值观。如果说文化主要体现为价值观，那么文化精神主要就是占主导地位的核心价值观。文化精神是一个国家民族文化的基础与根本，它是文化传统的结晶，即是特定民族文化的基本特质，对社会发展具有极其重要的引领和规范作用，但又反过来引导文化传统的流向。文化精神的确与文化传统密不可分，但也不能简单地将文化传统等同于文化精神。这是因为，文化传统有主流与支流之分，文化精神主要是指文化传统的主流，它在文化传统中占据主导地位，具有广大的群众基础和广泛的影响力，成为大多数国民的共识，为广大的民众普遍认可，成为民众的集体信念和自觉行为。风行水上，自然成纹，流风所及，无不披靡。它深刻地规定与影响着一个国家民族社会文化或更广泛意义上的文明类型的发展方向与国民性格。只有准确地把握文化精神，才有可能真正深入地了解一个国家民族的文化，深刻地理解这个国家的国民理想、国民习俗、国民行为、国民性格。

第二，深层性。文化精神是隐现于人们行为模式背后的占主导地位一套价值系统，包括理想、信仰、观念与态度等，属于文化的深层次的东西，即制约社会发展与人们行为的内在的文化心理结构，或称深层结构。孙隆基先生指出："'深层结构'是指一个文化不曾变动的层次，它是相对于'表层结构'而言的。在一个文化的表层层次上，自然是有变动的，而且变动往往是常态的。"[①] 文化精神像围绕在我们周围的空气一样，虽然看不见、摸不着，但却无处不在，深深地积淀在一个国家民族的心理结构之中，外化为人们的行为方式，对特定民族思想和行为具有塑模作用。文化精神是推动一个国家民族历史发展的强大张力，也是社会发展的内在动力，它犹如一只强大的无形的手，时时刻刻都在深刻地规定与制约着一个国家民族的思想、情感、态度、性格、行为，成为影响一个民族文化与社会发展方向的引导力量和推动因素。

第三，稳定性。文化精神是在长期的文化发展过程中，在民族文化心理结构中积淀下来的思想观念的结晶和产物，具有相对稳定性。尽管任何文化都是历史的具体的，必将随着历史条件的变迁而不断地变化，从来就不存在一成不变的文化。文化的绵绵不绝的生命力就在于在不同的时代被赋予新的精神内涵与时代特点。"凡益之道，与时偕行"（《周易·益卦》）。"中国现时的新文化也是从古代的旧文化发展而来，因此，我们必

---

① ［美］孙隆基：《中国文化的深层结构》，广西师范大学出版社2004年版，第9页。

须尊重自己的历史，决不能割断历史。"① 但是，作为占主导地位的思想与价值观则又相对稳定，并不容易改变，正如孔子所说的"吾道一以贯之"。这就涉及"道统"问题。文化精神作为一以贯之的道统如滔滔江水绵延不绝，并不可能戛然而止。它成了一民族区别于他民族的主要标识。文化精神实际上就是道统，它也是有继承性与历史延续的惯性。因此，我们应该而且有责任继续深入研究各民族文化道统，作进一步的阐发与弘扬，继承这笔丰厚的文化精神遗产。当然，相对稳定性，并不排斥文化创新，推进文化发展，基础在继承，关键在创新。继承和创新是一个民族文化生生不息的两个轮子。任何民族文化精神的发展都是继承性和创新性的统一。

第四，双重性。与文化具有双重属性一样，文化精神也具有双重特性。从逻辑上说，任何一个民族的文化都有精华与糟粕两个方面，在民族文化中占主导地位的思想与观念也必然含有精华与糟粕两个方面。这是不以人的意志为转移的客观存在。有的学者仅仅把民族文化中的精华思想视作文化精神，把糟粕部分排除在文化精神的范畴之外，就缺乏学理依据，容易陷入学术研究的逻辑困境。文化精神作为一个中性的学术用语，它既包括精粹思想，也包含糟粕成分，问题的复杂性还在于这两者往往还是难分难解地糅合在一起。不仅理论上如此，实践效应也是如此。正如文化对社会进步既可起促进作用，也可起阻碍作用一样，文化精神对一个国家民族社会历史发展的作用既包括积极效应，也包括消极效应。对古代文化精神遗产，我们应该持一种清明理性的客观态度，以现代化为主体和参照系，对此加以认真地清理开挖与创造性转化。毛泽东指出："清理古代文化的发展过程，剔除其封建性的糟粕，吸收其民主性的精华，是发展民族新文化提高民族自信心的必要条件，但是决不能无批判地兼收并蓄。"② 这正是我们对待中国传统文化精神遗产所应持的科学态度。

三 文化精神与民族精神

为进一步深入研究，很有必要将文化精神与民族精神作出界定。国内

---

① 《毛泽东选集》第2卷，人民出版社1991年版，第708页。
② 同上书，第707—708页。

外学术界普遍将文化精神等同于民族精神。如张岱年先生就明确指出，"所谓中国文化的基本精神，实质上就是中华民族的民族精神"。① 将文化精神视作民族文化中的精粹思想，是民族文化的精粹、精髓、灵魂，并将它等同于民族精神。此说一出，几成定论，似乎成了一个不成问题的问题。其实这不能不说是个误区。对此，李宗桂先生就提出了不同的看法，在文化精神与民族精神的关系上，他认为民族精神是该民族文化精神积极方面的体现，与文化精神有密切联系，但不能等同。② 这个观点比较中肯，值得重视。

文化精神主要是指一个国家民族文化中占主导地位的基本思想与中心观念。由于任何国家民族的文化都包括精华与糟粕两个方面，因此，占主导地位的思想与观念必然也有积极的和消极的因素。中国传统文化精神既包括精华思想，也含有糟粕成分，这是必须认识到的客观实在，诸如以人为贵、天人合一、中庸之道、崇德重义、实用理性、内在超越等，包含着丰富的内涵，其积极效应占主导地位，但存在消极因素，这在下文中有详细阐述。对此，我们强调尊重自己的历史文化传统，是要给历史文化以一定的科学的地位，是尊重历史的辩证发展，但绝不能厚古薄今、颂古非今，更不能良莠不分、照单全收。

民族精神主要是指能够推动国家民族前进的精粹思想和精神动力，实质上即是文化精神的精髓，是优秀传统文化的精神结晶，是推动民族发展强大的动力，是国家民族的集体身份认同，是爱国主义的精神基础，能极大地加强民族认同感、凝聚力和向心力。民族精神是国家软实力的核心。继承和发扬本民族文化的优秀传统，大力弘扬民族精神，是事关国家前途和命运的大问题。也正是在这个意义上，毛泽东提倡要"以民族精神教育新后代"。③

可见，文化精神和民族精神两者既有联系又有区别，不能混同。一方面，两者的相同之处在于，它们都关乎民族文化的主导思想观念与行为特征，是民族文化与社会发展变迁深层的动因，深刻地影响与制约一个国家民族的社会历史发展方向与程度。另一方面，两者的区别也是明显的。文

---

① 张岱年等主编：《中国文化概论》，北京师范大学出版社 1994 年版，第 376 页。
② 李宗桂：《中国文化精神和民族精神的若干问题》，《社会科学战线》2006 年第 1 期。
③ 毛泽东：《论新阶段》1938 年 10 月 12—14 日，《建党以来重要文献选编》第 15 册，中央文献出版社 2011 年版，第 619 页。

化精神包括精粹思想与糟粕成分，民族精神主要包括文化精神中的精华部分。文化精神是民族精神的思想基础，民族精神是文化精神中优秀传统的结晶。正如李宗桂先生所指出的那样："民族文化表现出一定的文化精神，民族文化主要是通过这些基本精神对民族成员的思想和行为施加影响。中国文化精神是中华民族精神的思想基础，中华民族精神是在民族实践的基础上对中华文化精神进行提炼和升华的产物，或者说是民族文化精神的精髓。"① 总之，前者是中性的学术术语，属于事实判断的范畴；后者则是褒义的政治术语，属于价值判断的范畴。

在这里，笔者不厌其烦地阐释文化精神与民族精神的界限，并不是一个无谓的学术概念游戏，实际上涉及本研究的一个重要方法论原则。的确有必要对文化精神与民族精神的界限作一个明确的界定，这是本研究的重要出发点与切入点，这在下文还将作深入阐释。如果简单地把文化精神与民族精神相混淆，就容易陷入文化研究中的逻辑困境，很多问题难以解释。例如我们可以把"天人合一"说成是中国传统文化的基本精神之一，却不能把它说成是中华民族精神之一。这是最浅显不过的道理。又如在不少论著中，一方面把文化精神视作"是指导和推动民族文化不断前进的基本思想和基本观念"，另一方面又把中国传统文化的基本精神概括为诸如"天人合一"、"以人为本"、"贵和尚中"、"厚德载物"、"刚健有为"等。姑且不论这种概括是否准确到位，这可以作进一步探讨，单就上述提到的几个方面的精神实质来说，也并非完全是精粹思想和精华内容，其中也包含一些糟粕成分。如在中国传统哲学中，"天人合一"是一个十分庞杂的命题，不少学者一提起"天人合一"，就把它理解成人与大自然的和谐统一，这不能不说是一个莫大的认识误区。事实上，中国传统的"天人合一"论，作为中国传统文化的重要精神之一，既有科学的因素，也有迷信的成分。《周易·乾》中有"与天地合其德，与日月合其明，与四时合其序，与鬼神合其吉凶"的说法，这应是对天人合一思想的早期较为完整的概括，包括人与自然合一、人与神性合一、人与德性合一等。董仲舒提出的神秘的"天人感应"说，也是"天人合一"论的组成部分，可见它也并非完全是精华思想。"以人为本"作为中国人文主义传统的重要内容，具体包括以人为尊、以民为贵、以仁为本等内容，既有重视人的

---

① 李宗桂等：《中华民族精神概论》，广东人民出版社 2007 年版，第 232 页。

地位与价值、重视民众利益与民意的成分，也有扼杀个性、突出人治的色彩，后来导致王权主义、专制主义。"贵和尚中"，在中国传统文化中被奉为最高价值，其积极意义自不待言，它既有崇尚和谐、社会秩序的思想精华，但也存有缺乏冒险、竞争、"不敢为天下先"的缺点。"厚德载物"，是中国传统文化的一大特色，中国传统伦理道德精神相当发达，它既包含着中华民族的传统美德与集体智慧，如"五常"基本上是正确的，但也含有纲常名教的等级思想与封建糟粕，而"三纲"则基本上是无法肯定的。由于中华民族长期以来受持中贵和、中庸之道思想的浸染与熏陶，一方面培育了中华民族爱好和平、崇尚和谐的积极精神；另一方面，也导致中华民族的国民性格中缺乏一种积极进取的刚毅的精神气质。孔子提倡智、仁、勇三达德，孟子提出仁、义、礼、智四端，董仲舒概括出仁、义、礼、智、信五常。后来，中国传统道德中"五常"大行其道，唯独缺了勇，这是一个颇为耐人寻味的现象，对以后中华民族的历史发展也产生了一些不利的影响。这样，问题就出来了，既然把文化精神等同于民族精神，意指推动民族前进的精粹思想与精神动力，而其所概括的中国传统文化基本精神的内容中却包括精华与糟粕的成分，这在逻辑上如何能自圆其说呢？这种逻辑悖论，主要就是由于概念不清而导致的。当然，作为一个学者要开展文化研究，对文化精神这个概念作个界定本来无可厚非，但问题是一方面对文化精神的概念界定缺乏学理依据，另一方面据此概念开展的文化研究陷入了逻辑困境，这就需要我们去反省学术研究的前提。

可见，区分文化精神与民族精神这两个既有联系又有区别的概念，确有必要，并非无谓的概念游戏，这对我们清明理性地开展中国传统文化问题研究具有重要的方法论意义。学术界的一些学者正是由于不注意对两者的概念作出明确的界限与区分，从而导致了在中国文化精神研究上的误区和尴尬。

四 从文化精神研究文化问题

时人论及文化研究的方法，一般都会谈到诸如历史梳理与逻辑分析相结合，典籍研习与社会考察相结合，批评继承与开拓创新相结合等。必须指出的这是社会科学研究共同的方法论原则，文化研究除了这些方法论上的共性问题，还应该有独特的方法论原则，即个性问题。上述方法属于社会科学研究方法论中的共性问题，并未涉及文化研究方法论上独特的个性问题。笔者认为，从文化生态学的角度来说，文化与环境的互动决定了一个国家民族文化的发生与发展及其基本特质。因此，研究文化问题有以下两个重要的方法论原则值得注意。

一是从大文化的视野研究文化问题。文化有广义与狭义之分。所谓广义的文化即大文化的概念，所谓狭义的文化即小文化的概念。大文化实际上就是文明的概念，涉及政治、经济、社会、哲学、文艺、民俗等诸多内容。从逻辑上说，如果说广义的文化总体包括物质、制度、精神三个层面，那么狭义的文化相当于广义文化的深层结构——精神层面，它作为观念文化的层面，后者从属于前者。小文化是属于大文化这个整体系统的一个支系统。从理论上说，子系统受制于大系统，要受到大系统的深刻影响。"一定的文化（当作观念形态的文化）是一定社会的政治和经济的反映，又给予伟大影响和作用于一定社会的政治和经济；而经济是基础，政治则是经济的集中的表现。这是我们对于文化和政治、经济的关系及政治和经济的关系的基本观点。"① 因此，研究狭义的文化当然离不开广义的文化这个宽阔的背景，否则就无法破解一个国家民族的文化密码。正如汤因比所说："为了便于了解局部，我们一定要把注意焦点先对准整体，因为只有这个整体才是一种可以自行说明问题的研究范围。"② 这与现代系统论的观点也是一致的。就局部来研究局部，是研究不透的，必须具有整体的视野。正如中医批评的"头痛医头，脚痛医脚"是不济事的，因为人的生命是一个整体的系统，头与脚只是这个整体系统中的一个组成部分，如果不从整体出发来考察局部问题，不可能有准确的把握。研究中国传统文化也必须要把它置于中国文明发展史的大背景下，动态地考察它所植根的生态环境与人文传统，包括政治、经济、社会、国际环境、主流思想等对之产生的深刻影响，否则就不可能真正理解它的精神实质。

二是从文化精神着手加以研究。文化精神是相对于文化的具体表现而言的，任何国家民族的种种文化现象无不和内在的文化精神紧密相连。两

---

① 《毛泽东选集》第 2 卷，人民出版社 1991 年版，第 663—664 页。
② ［英］汤因比：《历史研究》，曹未风译，上海人民出版社 1986 年版，第 7 页。

者的关系正如树干与枝叶的关系，枝繁才能叶茂。每个国家民族的文化内容包罗万象，若欲详尽毕备、面面俱到地弄清它的方方面面、细枝末节，几乎匪夷所思，力所不逮。因此，文化研究的一个重要的方法论原则，就是要从把握特定文化的核心观念入手，以期真正深刻地把握整体文化系统的本质与特征。这样才能直接登堂入室，窥其究竟。当然，这个研究方法很难，同时也具有笼统化、简单化的风险，但的确有着它的重要价值。正如唐君毅先生所说："盖文化之范围至大，论文化最重要者，在所持以文化之中心观念。如中心观念不清或错误，则全盘皆错。"① 文化精神是纲，文化表征是目，纲举才能目张。从文化精神入手研究文化问题，这是文化研究的一个重要方法论原则。"精义入神，以致用也"（《周易·系辞下》）说的就是这个意思。中国传统文化可以用"源远流长、博大精深"八个字来形容，要全面准确地把握中国传统文化的核心精神并非易事，但正是因为它的不易，才显示出其重要价值。只要我们能够准确地把握中国传统文化中的中心观念，即占主导地位的思想观念，就可能真正深入地把握中国传统文化神髓。这里特别需要指出，在研究中国传统文化精神的形成过程中，尤其注重儒道传统对之的深刻影响。

本书研究中国传统文化的方法论原则，主要运用上述两个方法论原则，其中尤其侧重后一种方法论原则。从文化精神入手研究文化问题，这是本研究的一个立论基础与重要前提。

五　文化精神的创生性转化

五千多年来，中华民族创造了光辉灿烂的文化，对中国社会历史发展与人类文明的进步作出了不可磨灭的巨大贡献。然而，近代以来，在西方的侵略之下，在西方文化的冲击之下，中国传统文化开始走向衰落，五四新文化运动又给予以儒家文化为主导的传统文化以沉重的打击，使其在中国社会思想中的主导地位也不复存在。近代以来，尤其是五四新文化运动以来，围绕着中西文化谁优谁劣、中国文化何处去等问题，国内学术界一直争论不休，连续掀起了四次中西文化的大论战。第一次发生在五四时

---

① 唐君毅：《中国文化之精神价值》（自序），江苏教育出版社 2006 年版，第 3 页。

期。五四新文化运动实际上是中西文化论战的第一次大高潮，开启了中西文化论争的大序幕。第二次发生在 20 世纪 30 年代，第三次发生在 20 世纪 60 年代的台湾，第四次发生在 20 世纪 80 年代的中国大陆。这四次文化大论战，主题是一贯的，争论内容也有延续性。

在这四次文化论争中，对中西文化的态度，尤其是对中国传统文化的态度，大致说来有以下五种观点：一是全盘否定而主张全盘西化；二是基本否定而主张西化；三是全盘肯定而主张复古；四是基本肯定而主张弘扬；五是调和持中而主张综合创新。

对丰厚的中国传统文化精神资源，究竟应持何种态度？争论了那么长时间，应该得出一个结论了。我们的主张是五个字：创生性转化。中国传统文化精神对现实而言，只是一种潜力巨大的社会资源，我们要以现代化为主体和参照系，对之进行创造性的开挖利用，使之与现代社会相契合，成为现代化的重要精神动力和现代文明的重要组成部分，这才是当务之急。正如毛泽东在 1956 年 8 月《同音乐工作者的谈话》中指出的："要反对教条主义，反对保守主义，这两个东西对中国都是不利的。学外国不等于一切照搬。向古人学习，是为了现在的活人，向外国人学习是为了今天的中国人。"①"古为今用"、"洋为中用"的方针，仍然是繁荣我国社会主义文化事业的重要方针。

在我国五千多年文明发展历程中，各族人民共同创造出源远流长、博大精深的中华文化，为中华民族发展壮大提供了强大精神力量，为人类文明进步作出了不可磨灭的重大贡献。但中国传统文化中的确具有阻碍现代化发展的不少思想观念，需要加以清理，这就是五四时期以来启蒙思潮的价值所在。"清理古代文化的发展过程，剔除其封建性的糟粕，吸收其民主性的精华，是发展民族新文化提高民族自信心的必要条件，但是决不能无批判的兼收并蓄。"② 对中国传统文化的认识，我们需要有一种清明理性的态度，即实事求是的学风，科学的精神。缺乏这种学风和态度，对任何学理研究都没有价值。对现实而言，中国优秀的传统文化是一种潜力巨大的社会资源，对现代化建设仍然具有重大价值。文化研究的一个重大使命，就是开挖与利用这种资源，为现代化建设服务。因此，在现代化建设

---

① 《毛泽东文集》第 7 卷，人民出版社 1999 年版，第 82 页。
② 《毛泽东选集》第 2 卷，人民出版社 1991 年版，第 707—708 页。

中，对传统文化资源的开发利用应有一种紧迫性、责任性和历史使命感。建设优秀传统文化传承体系，弘扬中华优秀传统文化，这是树立文化认同、文化自觉、文化自信的重要条件。创造性地开挖利用传统文化精神资源为现代化建设服务，正是我们当代人的神圣职责与使命所在。

第三章　中国传统文化精神的生成

从文化发生学上说，任何文化的发展都要受到外部的与内部的条件、客观因素与主观因素的深刻制约，这些条件与因素，就构成了文化精神的生成机制或者说植根基础。因此，研究中国传统文化精神，首先就必须要研究其生成与发展的外缘与内因。所谓外缘即客观因素，指的是制约中国传统文化精神形成与发展的文化生态环境，包括地理环境、经济基础、社会结构、国际条件等。所谓内因是指影响中国传统文化精神发展的内在的主导思想流派，尤其是儒道传统对之的深刻影响。如果不了解中国传统文化的植根基础，就不可能深刻理解中国传统文化精神的本质。

目前，国内外学术界对中国传统文化生成机理问题缺乏深入系统的研究几乎付之阙如。因此，在研究中国传统文化精神特质方面研究就失所凭依，缺乏根据，对中国传统文化精神的概括随意性很强，容易陷入自说自话的境地，在逻辑上有跳跃。只说中国传统文化精神是什么，但没说清楚它为什么是这样的。这不能不说是一个重大缺憾。笔者认为，要深化对中国传统文化的基本精神的研究，必须对影响中国传统文化精神的生成机制，包括生态因素与儒道传统对之的深刻影响作深入系统的考察。

一　文化生态①

从文化生态学上说，人与环境（包括自然环境与人文环境）的互动关系，决定了一个国家民族文化精神的生成与发展。文化是人类在应对环境挑战过程中形成发展起来的特定国家和民族的生活样法，是习惯化了的

---

① 本节主要内容已发表在《西安交通大学学报》（社会科学版）2009年第4期，原题为"影响中国传统文化形成与发展的生态因素分析"，被录入《新华文摘》2009年第19期"报刊文章篇目辑览"。

思想观念与行为方式的总和，它是环境产物，其形成发展不能不在很大程度上受到各种客观条件（即文化生态环境）的深刻制约。为了更深入地了解一个国家民族文化的本质内涵与特征，就必须考察它所植根的文化生态因素。这也是从大文化（实质上即是文明）的宏观视角考察文化精神生成机制的一种方法论原则。

这里所谓制约文化形成与发展的文化生态环境，主要指的是文化精神的形成与发展的外缘，也就是客观条件，即是要研究主要有哪些客观环境因素深刻地制约着中国传统文化精神的形成与发展。从整体上说，影响制约中国传统文化精神的形成与发展的生态因素很多，主要包括地理环境、经济基础、社会结构、国际条件四个方面。

（一）地理环境

地理环境是如何影响一个国家民族文化精神的形成的？从理论上说，在文明的起源阶段，由于人类应付自然挑战的能力很差，再加上国际交往很少，地理环境在相当程度上制约着一个国家民族的生活方式，或者说文明形态，从而影响到这个国家民族的文化观念与精神特质。具体来说主要有以下三种情形：一是生活在大江大河流域，如四大文明古国都与大江大河结下了不解之缘，这里灌溉便利，降水充沛，因此形成一种农耕文明；二是生活在半岛与岛屿地带，如西方文明的发祥地古希腊半岛，没有大江大河，也没有大块平原，多山、多丘陵、多港湾，后来因势利导更多地发展手工业、商业与航海业，向商业文明方向发展；三是生活在北方高寒草原地带，因势利导就发展出逐水草而居的游牧民族文明。由于民族的生活样法不同，他们的文化观与民族特性也很不相同。大体而言，农耕民族的特性是好静，崇尚和谐，爱好和平。商业民族与游牧民族的特性是好动，崇尚竞争，向外扩张。

再来看中国传统文化所植根的地理环境。一般认为，中国文明的发祥地在黄河中下游地区，在很多人看来，这是一个不言而喻的常识。其实这个观点值得商榷。随着考古学的新发现，这个正统的观点已遭受了严厉的挑战。早在新石器时代，与黄河中下游地区的仰韶文化与龙山文化相辉映，长江中下游地区也出现了屈家岭文化及钱塘江流域的河姆渡文化。前者以陶器、粟、黍为代表，后者以水稻、渔采为标志。从现有的考古资料来看，中国文明的起源应该是多源的，从黑龙江流域、松花江流域，直到黄河流域、淮河流域、长江流域、珠江流域都有我们人类祖先的足迹，并且在时间上不相上下，齐头并进，后来交融成就了中华民族这个大家庭。北京大学著名的考古学家严文明先生曾经指出："中国文明的起源是多元的，各地都有自己的源头，又都有自己的特点。""中国文明的起源与早期发展不但是多元的，还是有主体的，这个主体就在黄河与长江流域。"①应该说，这种说法应是有所本的。中国文明的发祥地的确是多元的，但主体应该位于黄、淮、江中下游水系，这就是中国古书中常说的中原地带。当然，这并不否认后来中国传统文化形成发展的中心地带在于黄河中下游流域地区，中国传统文化的发祥地与后来中国传统文化的中心所在，这是两个问题，不能混为一谈。

中国文明起源的中心地区位于黄、淮、江中下游地带，这就是古书中所谓的中原地带。那里大小河流纵横交错呈网络状，气候温润，降水充沛，灌溉便利，是发展农业生产的理想场所，因势利导便发展出一种农耕文明。随着经济迅速发展，人口增加，文化水平也随之不断提高，使黄河流域与长江流域很快成为中国文明发祥的中心地带。到夏商周时代，中原地区的地位就凸显出来了。"东渐于海，西被于流沙，朔南暨，声教讫于四海。禹锡玄圭，告厥成功"（《尚书·禹贡》）。《禹贡》中说的九州范围，东至大海，西至甘、陕，南达湘、鄂，北至辽东半岛。②古汉语中的"中国"一词的含义也有一个演进过程。《诗经》中就有"民亦劳止，汔可小康，惠此中国，以绥四方。……民亦劳止，汔可小息，惠此京师，经绥四国"（《诗经·大雅·民劳》）。这里讲的"中国"，指周朝的京师、都城，"四方"是指诸侯国。至少在战国时期，"中国"的含义就扩大到中原地区了。《孟子》中说："禹疏九河，瀹济、漯而注诸海；决汝汉，排淮、泗而注之江，而后中国可得而食也"（《孟子·滕文公上》）。《庄子》中说："中国之君子，明乎礼义而陋于知人心"（《庄子·田子方》）。此处讲的中国应该就是古书中经常提及的中原地带了。秦始皇统一中国后，其后经过历朝的开拓，使中国的政治地理得到了很大的拓展。但在以后较长的一段时期，在中国古代文献资料中，人们观念中"中国"的概念，通常主要仍然是指以江、淮、黄中下游流域为主的中原地区，"中国"四周则是"四夷"居住的未开化的地区。如据《史记》记载，"及

---

① 《世纪大讲堂》第1辑，辽宁人民出版社2002年版，第317—318页。
② 慕平译注：《尚书》，中华书局2009年版，第51页。

（汉——引者）高祖时，中国初定，尉佗平南越，因王之，高祖使陆贾赐尉佗为南越王"。"陆生曰：'皇帝起丰沛，讨暴秦，诛强楚，为天下兴利除害，继五帝三皇之业，统理中国。中国之人以亿计，地方万里，居天下之膏腴，人众车舆，万物殷富，政由一家，自天地剖泮未始有也。今王众不过数十万，皆蛮夷，崎岖山海间，譬如汉一郡，王何乃比于汉？'尉佗大笑曰：'吾不起中国，故王此。使我居中国，何渠不若汉'"（《史记·郦生陆贾列传第三十七》）。《三国志》中记载，诸葛亮在游说孙权联合刘备抗击曹操南下时说："将军量力而处之：若能以吴越之众与中国抗衡，不如早与之绝；若不能当，何不案兵束甲，北面而事之？"① 隋唐以降，随着大一统局面的形成，人们观念中的"中国"的政治地理概念进一步得到了极大的拓展，中国即天下中央大国的意谓，而所谓"天下"，也不过是隶属并服务于中国的其他地区罢了。清朝"康乾盛世"，中国的疆域达到了一千二百多万平方公里，形成了一个版图空前的大帝国——北抵大漠以北地区，南跨台湾与南海，东北至外兴安岭与库页岛，西达葱岭和中亚巴尔喀什湖以东以南地区。

这种地理环境对中国传统文化精神形成与发展的影响是深刻的。主要有以下三个方面：

一是多元一体性发展。由于中国地域广阔，自然地理环境复杂多样，必然导致文化的多元性发展格局。与中国文明的源头的多元性一样，中国传统文化始初也呈现出四面开花、多元发展的格局。其中长城则是天然的分界线，这是一个十分奇特的人文景观。长城以北是沙漠与草原地区，游牧民族生活的地方，如中国古代北方的北狄、匈奴以及后来的蒙古族、满族等，形成一种逐水草而居的游牧文化，流动性很强，飘忽不定，而且富有掠夺性与侵略性，经常南下侵扰中原地区。长城以南地区则为农业区，农耕民族（以汉族为主）的集居地，形成一种安土重迁的农耕文化。长城以南的农耕文化区，由于自然环境和人文环境不一，在后来的历史演进中也逐渐形成了多个富于地域特色的区域文化，如秦文化、巴蜀文化、楚文化、齐鲁文化、中原文化、吴越文化、岭南文化等。这就造就了中国传统文化多元一体的生动格局。

二是内倾的文化特质。尽管中国文明是多源发展的，但主体还是农耕

---

① （晋）陈寿：《三国志》上海古籍出版社 2002 年版，第 845 页。

文明，这是无疑的。农耕民族与商业民族、游牧民族的精神特性的确存在较大差异。总的说来，商业民族、游牧民族好"动"，农耕民族尚"静"。商业民族、游牧民族的主要特质在于它的外倾文化特色。内不足则外求，由于它只有在不断地对外扩张的过程中才能维系其生存与发展，因此，富有侵略性与冒险性。西方民族就是典型的商业民族，商品经济本身就是一种扩张型经济。如歌德笔下的浮士德就是西方商业民族的人格化象征，他为了猎奇、冒险、满足虚荣、探求未知，甚至可以把自己的灵魂出卖给魔鬼！至于北方游牧民族的剽悍、野蛮乃至掠夺性的性格也体现得淋漓尽致，尤其是军事性的游牧民族，经常侵袭中原地带，是一种毁灭一切的力量。农耕民族由于立足于自然经济，过着一种日出而作、日落而息的自给自足的生活，不向外求就可以维护自身的生存与发展，甚至可以"鸡犬之声相闻而老死不相往来"，因此体现为一种"静的文化"，强调人与自然的和谐、人与人的和谐、人与自身的和谐，天人合一，爱好和平，安土重迁，知足常乐，知止不殆……总之，崇尚和谐。对此，钱穆先生做过深刻的分析："游牧、商业起源于内不足，内不足则需向外寻求，因此而为流动的、进取的。农耕可以自给，无事外求，并必继续一地，反复不舍，因此而为静定的，保守的。……故草原滨海民族其对外自先即具敌意，即其对自然亦然。此种民族，其内心深处，无论其为世界观或人生观，皆有一种强烈之'对立感'。其对自然则为'天''人'对立，对人类则为'敌''我'对立，因此形成其哲学心理上之必然理论则为'内''外'对立。于是而'尚自由'，'争独立'，此乃与其战胜克服之要求相呼应。故此种文化之特性常见为'惩罚的'、'侵略的'。……农耕文化之最内感曰'天人感应'、'物我一体'，曰'顺'曰'和'，其自勉曰'安分'而'守己'。故此种文化之特性常见为'和平的'。"[①] 不过，事实上，这种观点并不新鲜，早在五四时期的陈独秀、李大钊等新文化运动的领导人就对此做过分析。1915 年 12 月，陈独秀在他发表的《东西民族根本思想差异》一文中就指出："西洋民族以战争为本位，东洋民族以安息为本位。"他解释说："若西洋诸民族，好战健斗，根诸天性，成为风俗。自古宗教之战，政治之战，商业之战，欧罗巴之全部文明史，无一字非鲜美所书。"而"安息为东洋诸民族一贯之精神。""儒者不尚力争，何况于战？

---

① 钱穆：《中国文化史导论》，商务印书馆 1994 年版，第 2—3 页。

老子之教，不尚贤，使民不争，以任兵为不祥之器，故中土自西汉以来，黩武穷兵，国之大戒。佛徒去杀，益堕健斗之风。"① 李大钊也说："东西文明有根本不同之点，即东洋文明主静，西洋文明主动是也。"② 即东洋文明是"和解型"的，西洋文明是"奋斗型"的。

中华民族以汉民族为主体，在历史上是典型的农耕民族，因此，崇尚和谐，成了中国传统文化精神的最高价值，中华民族历来有爱好和平的传统，殆非虚言。"天人合一"、"以和为贯"、"协和万邦"等价值观念，的确与农耕文明的民族长期的心理积淀有关，是中国文化一大特色，也是对世界文化的一个重要贡献。

三是"隔离的智慧"。在古代，中国文化一直处于一种近乎封闭或半封闭的生态环境之中，喜马拉雅山、青藏高原、西伯利亚和中亚西亚的戈壁、沙漠及海洋在四周形成了巨大的屏障，使中外文化交流受到了严重的阻碍。当然，这不是说中外文化交流被地理环境障碍完全阻断了，如丝绸之路，汉代张骞、班超通西域，唐代玄奘去印度取经，明代郑和下西洋，元代威尼斯的马可·波罗来华，明清之际的西方传教士利玛窦等人来中国传播基督教与西方自然科学等。但是这些不过是沟通中外文化交流的涓涓细流，在生产力不发达的情况下，要跨越这些地理障碍即使不是完全不可能，也是相当困难的。举世闻名的丝绸之路，实际上在唐代中叶以后几乎就中断了。郑和下西洋，事实上也不是真正意义上的中外文化交流。张骞、玄奘、马可·波罗等这些中外闻名的旅行家的名字，几乎要间隔数百年才出现一次。他们的旅行故事又是如此的惊心动魄。这本身就足以表明，古代中国与外部世界交往的机会受到地理环境何等严重的限制。③ 除了汉末以后印度的佛教文化传入中国，很快被中国化，对宋明理学及民间宗教产生过重要影响外，中国传统文化是在一个相对比较封闭和半封闭的环境下发生和发展起来的，独树一帜，卓尔不群，形成一种"隔离的智慧"，即中国的智慧。但同时也存有封闭性特色，文化"自我中心主义"色彩浓厚，对外开放意识相对薄弱，这对以后的中国社会文化的发展也产生了一些不利的影响。

---

① 《陈独秀文章选编》（上），生活·读书·新知三联书店1984年版，第97页。
② 李大钊：《东西文明根本之异点》，载《言治》季刊上第3期，1918年7月。
③ 萧功秦：《儒家文化的困境》，广西师范大学出版社2006年版，第3页。

（二）经济基础

研究文化问题，必须考察经济基础对之产生的深刻影响。如游牧经济、农耕经济与商品经济对特定民族的文化观念与习俗的形成具有特别重要的意义。中国传统文化植根的经济基础，可以长城为界，长城以北为游牧经济，形成游牧文化，长城以南是农耕经济，以农耕文化为主。当然，历朝历代都有商品经济，宋代以降尤其是明清之际还出现规模较大的商品经济的集散地——城市。商品经济的发展，对明清之际的启蒙思想产生了重要的影响，如政治上，反对君主专制，主张庶民议政；经济上，主张"均田"，反对土地兼并，主张"工商皆本"，反对"崇本抑末"政策；伦理上，批评纲常名教，追求个性解放；教育上，反对科举八股，主张改革教育制度，等等。明清之际的传奇小说，典型地反映了市民阶层的崛起与市民意识的觉醒。不过，不管如何，农耕经济在中国古代社会始终占着主导地位，对中国传统文化精神的影响最大，这是不言而喻的。

中华民族几千年来以农立国，从经济结构来看，以静态的自给自足的自然经济为主，以家庭为最基本的生产单位，以男耕女织的农业与手工业密切结合为主要特征。为了维护自然经济以巩固封建统治，中国古代历朝统治者几乎都推行"重农抑商"（或称"重本抑末"）政策。所谓"士农工商"的等级排序，商人居于四民之末，一直遭受排挤与打击。汉高祖既定天下，曾"令贾人不得衣丝乘车，重租税以困辱之"。高惠帝时对于"市井子孙，仍不许其仕宦为吏"。到了隋代统一，开科取士，还明令工商不得入士；唐初又禁止地主经商。由于长期实施这种策令，使中国的商品经济一直受到来自政治的抑制，无法得到充分的发展。中国传统社会中农耕经济占主导地位，是中国传统文化的植根的主要经济基础。农耕经济对中国传统文化的影响根深蒂固，无论如何估计也不过分。这并不是说主要建立在农耕经济基础之上的文化是一种落后的文化，相反中国传统文化的很多价值理念比较符合后现代社会发展的需要，加上随着中国综合国力的加强，使中国传统文化面临着一次难得的复兴机遇，中国传统文化正在以波澜壮阔的步伐逐渐迈向世界，散发出日益迷人的光彩。事实上，文化并无高下之分，只有适应与不适应之别。只不过我们要研究中国文化精神的生成与发展，就必须追根溯源，努力阐发农耕经济对中国传统文化精神所产生的深刻影响，否则就难以理解中国传统文化的精神实质。中国很多传统观念与思想学说均与此有关。诸如：儒、道学说很大意义上植根于农耕经济这个基础，是农耕经济的反映。"经济条件打下了它的基础，儒家学说说明了它的伦理意义"。① 孔子提出的"大同"理想；孟子倡导的"王道"社会的理想："五亩之宅，树之以桑，五十者可以衣帛矣；鸡豚狗彘之畜，无失其时，七十者可以食肉矣；百亩之田，勿夺其时，八口之家可以无饥矣；谨庠序之教，申之以孝悌之义，颁白者不负戴于道路也"（《孟子·梁惠王上》）。老子提出的"小国寡民"的社会蓝图："使人复结绳而用之，甘其食，美其服，安其居，乐其俗。邻国相望，鸡犬之声相闻，民至老死不相往来"（《道德经·第八十章》）。这些不都是一幅建立在小农经济基础上的理想社会图景吗？

中国传统文化中的很多观念与农耕经济有关。诸如政治上的皇权主义传统、德治思想，经济上的崇本抑末政策与"不患贫而患不均"的均平思想，文化上"道并行而不相悖，万物并育而不相害"的和谐意识，社会上"大一统"社会愿景，无不与此息息相关。

从农耕经济这种生活方式或者说文明形态对中国传统精神的影响来看，也十分明显。诸如：

崇尚和平的精神。这与农耕经济的生活方式密切相关，充满了田园牧歌式的精神情调。唐君毅先生分析说："由中国人之农业生活，自然促进人之超敌对致广大而爱和平之精神。"② 中华民族历来具有爱好和平的传统，殆非虚言，其很大程度上说是农耕民族的天然秉性。孙中山先生甚至认为这是中华民族的天性。他说"中国更有一种极好的道德，是爱和平。现在世界上的国家和民族，只有中国是讲和平"，"中国人几千年酷爱和平，都是出于天性"。③ 这些说法均不无道理。

务实求实的精神。鲁迅先生指出，农耕经济与中华民族的务实传统有关，一分耕耘一分收获，为了摆脱穷苦，人们必须勤勉踏实地劳动，才能免于饥馑，因此，就形成一种"重实际，轻玄想"的传统。④ 这样，在中国传统文化中就孕育着一种重视现实、注重实效、求真务实、经世致用的传统，被后人称为实践理性或实用理性，它深刻地规定和制约着中华民族的思想与行为特征。

---

① 冯友兰：《中国哲学简史》，北京大学出版社 1996 年版，第 19 页。
② 唐君毅：《中国文化之精神价值》，江苏教育出版社 2006 年版，第 11 页。
③ 孙中山：《三民主义》，九州出版社 2011 年版，第 55 页。
④ 鲁迅：《中国小说史略》，百花文艺出版社 2002 年版，第 235 页。

"中庸之道"。这也是中国传统文化精神的重要观念,被孔子誉为"至德",对中国文化精神与国民性影响极为深刻。冯友兰先生认为,中国传统社会中儒、道两家都赞同的"中庸之道"也与小农经济有关。① 这是很有见地的观点。由于长期处于农耕经济的状态下,中国古代先民们自然会对大自然产生十分亲近的感觉。他们观察自然现象,无非是春夏秋冬四季交替,循环往复,以致无穷。并据此考察社会历史现象,认为社会历史现象与自然现象一样,每个王朝从建立、发展、鼎盛最后必然走向衰亡。中国古代历史一直处于这种一治一乱的历史循环之中,受到历史周期率的支配,以至于中国古代知识分子就形成了一种世界观或称历史观——历史循环论。何为"历史循环论"?孟子曰:"天下之生久矣,一治一乱"(《孟子·滕文公下》)。《三国演义》开宗明义便说:"话说天下大势,合久必分,分久必合。"其实,不只自然、社会历史现象,他们认为人生现象也是如此,人生一世,草木一秋。通过对自然、社会、人生现象的考察,中国先民形成了一种根深蒂固的思想观念,这集中反映在《道德经·四十一章》中讲的一句经典名言:"反者道之动。""反者道之动"中"反"通"返",这是说任何事物发展到极端,必然走向它的反面。这轻灵灵的五个字,涵括了自然、社会、人生的万象。这个观念对中国人的思想行为产生过十分深远的影响。当然老子描写这一普遍现象,主旨还在阐发一种行政与人生的智慧:凡事不可太过,太过就不可长久。这个理念对中国人的影响有多深?试举一例:《周易》乾卦,上九:亢龙,有悔。意思是龙飞得太高了,有后悔的意思。象传阐发说:亢龙有悔,盈不可久。过于鼎盛就不可持久。金庸武侠小说中说的"降龙十八掌"中的亢龙有悔,即取材于此。这个观念在中国人的心目中一直存在。《周易》中大量阐释的就是这个道理,"无往不复,天地际也"(《周易·泰》)。"日往则月来,月往则日来,日月相推而明生矣。寒往则暑来,暑往则寒来,寒暑相推而岁成焉"(《周易·系辞下》)。阴极则阳来,否极而泰来。"一阴一阳谓之道"(《周易·系辞上》)。太过与不及一样,是不可能持久的,错误成了堆,光明就会到来。套用雪莱的一句诗句:冬天到了,春天还会远吗?这种普遍的观念就衍生出了"中庸"的思想。所谓中庸之道。简言之,就是不要走极端,"过犹不及",都是极端,要排除"过"与"不

---

① 冯友兰:《中国哲学简史》,北京大学出版社 1996 年版,第 17 页。

及”两个极端，以不偏不倚、中正客观的立场来看待与处理问题，这乃是事情发展的长久之道。这是一个卓越的中国式智慧，中华文明历经曲折、绵延五千多年而从未中断，是人类文明史上罕见的现象，也可以说是一大奇迹，其中一个重要的文化奥秘即在于此。

（三）社会结构

在传统中国，有两种社会制度根深蒂固：一是家族制度，二是专制政体。两者相类相通，紧密相连形成了"家国同构"的格局，对中国传统文化精神产生了极为深远的影响。

1. 家族制度

家族制度，即宗法血缘制度，是中国传统社会中最重要的社会制度之一，家族制度是中国封建政治的亚结构。中国文化之所以这样富于韧性和绵延力，原因之一，就是由于有这么多攻不克的堡垒。"家族是中国传统文化的堡垒"，"稻叶君山说保护中国民族底唯一屏障，是它的家族制度。这种制度支持力量的巩固，恐怕万里长城也比不上"。① 家族制度对中国传统文化精神特质的影响同样根深蒂固。这也是我们考察中国传统文化精神特质形成的重要切入口，如果不了解家族制度对中国传统文化精神的深刻影响，同样不可能真正把握中国传统文化的精神实质。

中国的家族制度由来已久，源远流长，它奠基于自然经济条件下以家庭为最基本的生产单位这个基础。这里所说家族，并不等同于家庭，它是一个比家庭要庞大得多的宗族，甚至可以发展为一个诸侯国。因此，家族制度也可称作宗族制度，它是以血缘为纽带的氏族制度，最早可追溯到父系氏族公社时期，其作为一种制度，则形成于西周。西周实行"分封制"，在西周的社会政治结构中，周天子是天下同姓贵族的大宗，王位由嫡长子继承，其庶子分封为诸侯与卿大夫，对天子而言是小宗，但在诸侯国内为大宗，诸侯国内其庶子则又建立分支为小宗。形成了"大人世及以为礼"的"家天下"的格局。其目的与出发点是"封建亲戚，以藩屏周"（《左传》僖公二十四年）。它意味着政权与族权是合二为一的，家族制度几乎达到登峰造极的状态。秦始皇统一中国后，采纳丞相李斯的建议，废除了"分封制"，实行"郡县制"，"使秦无尺土之封，不立子弟为王、功臣为诸侯者，使后无战攻之患"（《史记·李斯列传》）。形式上，

---

① 殷海光：《中国文化的展望》，中国和平出版社 1988 年版，第 107 页。

政权与族权合一的现象已不复存在，但实际上仍根深蒂固地存在着。如秦始皇制曰："朕为始皇帝。后世以计数，二世三世至于万世，传之无穷"（《史记·秦始皇本记》），想把王权世世代代传给子孙后代，尽管秦王朝二世而亡了。刘邦在马上打天时，为了网罗天下英才，分封了诸多异姓王，但一旦打下天下后，便大肆诛杀异姓王，分封同姓王，并与大臣们约定以后"非刘氏而王者，天下共击之"。以后流风所及，"家天下"的局面一直延续下来，其特点是一个家族统治一个皇朝。一个王朝的兴亡史，几乎就是一个家族的兴衰史。一部古代中国史，从相当程度上可以说就是一部家族统治史。族权不仅与政权相结合，而且在乡村社会中，宗族势力也占了主导地位，甚至操纵着生死予夺之权，这就是毛泽东所说的中国传统社会的四大权力之一——族权。《红楼梦》中的"四大家族"，就是封建族权的象征，正是通过宗族彼此间以及宗族与皇族的联姻，达成了族权与政权的合一，威风显赫，不可一世。

直到 1949 年中华人民共和国成立以后，才以行政手段强行取缔了以族田、族庙和族谱为主要标志的家族制度。但是，由于中国传统宗法血缘制度的根深蒂固的存在，家族制度并不是靠一纸命令就可以取消的，它存在着死灰复燃的趋势。1978 年改革开放以来，随着我国农村家庭联产承包责任制的普遍推行与乡镇企业异军突起，乡村宗族势力又重新抬头，并且形成了强大的势力，发挥着重要的作用和影响。宗族势力是目前我国乡村民主化过程中绕不开的一道坎。

家族制度对中国传统文化精神影响至为深远。殷海光指出："自古以来，家是中国社会结构的单元，也是政治组织的基础。"① 由此可以想象它在中国传统文化中占有何等重要的地位，它对中国传统文化精神的影响也是多方面的。诸如：

"以家族为本位"。与近代以来西方文化"以个人为本位"相比较，中国传统文化则"以家族为本位"。这种"以家族为本位"的文化主要就奠基于家族制度。陈独秀先生于 1915 年 12 月发表的《东西民族根本思想差异》一文中明确指出："西洋民族以个人为本位，东洋民族以家族为本位。"② 尽管梁漱溟先生并不赞成中国传统文族化"以家族为本位"的说

---

① 殷海光：《中国文化的展望》，中国和平出版社 1988 年版，第 107 页。
② 《陈独秀文章选编》上，生活·读书·新知三联书店 1984 年版，第 98 页。

法（他认为是"以伦理为本位"），但他也强调了家族制度对中国传统文化生成与发展的重要作用。他指出："中国的家族制度在其全部文化中所处地位之重要，及其根深蒂固，亦是世界闻名的。中国老话有'国之本在家'及'积家而成国'之说；在法制上，明认家为组织单位。中国所以至今被人目之为宗法社会者，亦即在此。"① 美国研究中国问题的著名专家费正清特别告诫外国观察者观察中国时，首先要注意"中国社会的基本单位是家庭而非个人、政府与教会"②。费正清这个说法是有道理的，不过需要纠正一点，中国传统社会的基本单位是家族，并非家庭。在中国传统文化中，个人的观念很不发达，少有近代西方文化中的个人主义的传统，而家族观念则十分突出。因此，家庭在中国人的心目中也就具有特别重要的地位。鲁迅先生指出：家是中国人的生所，也是中国人最后的归宿。家是中国文化的灵魂。家文化是整个中国社会文化的基础与缩影。"少小离家老大回"，光祖耀宗、落叶归根等浓郁的乡土情结相当深厚。曾几何时，"常回家看看"就成为风靡全国的歌词。余光中的《乡愁》一诗不知打动了多少中国人的心，这也就可以理解了：

> 给我一瓢长江水啊长江水，
> 酒一样的长江水，
> 酒一样的滋味，
> 是乡愁的滋味，
> 给我一瓢长江水啊长江水。

伦理型的文化。奠基于农耕经济基本之上的家族制度，是中国伦理型文化的根基。在中国传统文化精神中，伦理道德思想十分发达占有重要的地位。虽然不能把中国传统文化等同于伦理道德，但是如果抽去了伦理道德的成分，中国传统文化的精神元素实际上也就所剩无几了。因此，中国传统文化从本质上说主要是一种伦理型的文化，伦理型的文化是中国传统文化的一大特征，伦理道德是中国传统文化精神的突出内容。中国传统社会充盈着浓厚的伦理道德氛围，以至于有一种泛道德主义的倾向，即以伦

---

① 梁漱溟：《中国文化要义》，学林出版社 2000 年版，第 11 页。
② ［美］费正清：《中国：传统与变迁》，张沛译，世界知识出版社 2002 年版，第 15 页。

理道德作为评判一切人和事物的根本标准。细察中国传统伦理精神，可以发现它是奠基于家庭伦理的基础之上的。《论语》中有子说："孝弟也者，其为仁之本与。""其为人也孝弟，而好犯上者，鲜矣；不好犯上，而好作乱者，未之有矣"（《论语·学而》）。孔子也说："弟子入则孝，出则弟，谨而信，汎爱众而亲仁"（《论语·学而》）。就是说，作为儒学的一个核心范畴"仁"，其基础即是"孝悌"，也就是家族伦理，其他社会伦理和政治伦理只不过是家族伦理的拓展与延伸。后来孟子所倡导的"五伦"：即父子有亲，君臣有义，夫妇有别，长幼有序，朋友有信，构成了中国传统社会人际关系的基本格局。其中父子有亲、夫妇有别、讲的是家庭伦理，把它扩展为社会伦理即为长幼有序、朋友有信，再将之扩展到政治领域就是君臣有义。这就可以理解家文化在中国传统文化中的特别重要的地位，同样也可以理解孝是中国传统文化的基本命题，"百善孝为先"，"弥之事父，远之事君"讲的就是这个道理。中国伦理型文化的根基就在于家庭伦理，而家庭伦理的核心是孝道。《孝经》中更是对孝道作了淋漓尽致的系统阐释。诸如："夫孝，德之本也，教之所由生也"（《孝经·开宗明义章第一》）。"人之行，莫大于孝"（《孝经·圣治章第一》）。"教民亲爱，莫善于孝"（《孝经·广要道章第十二》）。总之，"百善孝为先"，中国历代统治者几乎都崇尚孝道，魏晋以降甚至奉行"以孝治天下"，这是因为这种孝道与忠君的思想密不可分，奉行以孝治天下，实则有利于皇权的巩固。[1] 如《红楼梦》第五十五回描述道："且说元宵已过，只因当今以孝治天下，目下宫中有一位太妃欠安，故各嫔妃皆为之减膳谢妆，不独不能省亲，亦且将宴乐俱免。故荣府今岁元宵亦无灯谜之集。"[2] 中国传统文化很大意义上说是建立在家族伦理基础之上的，将它扩而充之，把家族伦理社会化、政治化，又把政治、社会伦理化。尽管中国传统伦理道德中存在着一些封建性的糟粕，但更大意义上说是中华民族的集体的传统美德，伦理型文化，构成了中国传统文化的一个十分重要的特色，思想资源十分丰富，具有广泛的群众基础，散发着普世价值之光，是中国文化对世界人类文化的一个极大贡献。

人际关系格局。家族制度的发达，导致了血缘关系在中国传统人际关

---

① 刘义庆：《世说新语》，中州古籍出版社 2008 年版，第 332 页。

② （清）曹雪芹：《红楼梦》上，人民文学出版社 2002 年版，第 749 页。

系格局中占主导地位。这与西方人际格局形成了很大的反差。据费孝通研究，中国乡土社会的人际关系结构呈现出一种"差序格局"，以"己"为中心，和别人所联系成的社会关系"像水的波纹一般，一圈圈推出去，愈推愈远，也愈推愈薄"。西方人际关系结构则呈现为"团体格局"，"在团体格局里个人间的联系靠着一个共同的架子，先有了这架子，每个人结上这架子；而互相发生关联。这共同的架子，一方面是平等观念，即在同一团体中各分子的地位相等，个人不能侵犯大家的权利；另一方面是宪法观念，指团体不能抹杀个人，只能在个人所需交出的一份权利上控制个人"。① 这就可以理解中国传统文化重义务，不重权利；尚德治，不尚法治；崇私德，不崇公德。如有一次叶公对孔子说："吾党有直躬者，其父攘羊，而子证之。"孔子回答说："吾党之直者异于是。父为子隐，子为父隐，直在其中矣"（《论语·子路》）。这是个典型的案例，现在看来它是有悖于法制精神的，但从中国传统伦理道德来看却是顺理成章的。对此，梁漱溟先生在比较中西伦理道德观念的不同时曾直率地指出："西方人极重对于社会的道德，就是公德，而中国人差不多不讲，所讲的都是这人对那人的道德，就是私德。"② 中国社会是一个非常讲人情的社会，充满着一种温馨的人际关系的氛围，即所谓"世事洞明皆学问，人情练达皆文章"。但是，也必须指出，受这种人际关系格局的影响，中国人比西方人更喜欢拉关系，走后门。"人情大于王法，老乡胜于公章"。流风所及，使庸俗的人际关系大行其道，几乎成为一种潜规则，对社会法律制度与公平正义构成了挑战与严重影响，这则是其弊端所在。

　　婚姻制度与习俗。家族制度，反映在婚姻关系上则表现为"父母之命，媒妁之言"。在中国传统的婚姻里，首先考虑的是家族的利益，其次才能考虑男女双方的感情关系。在这种婚姻里，与其说是男女之间个人与个人的结合，不如说男女所属的两个家族的结合，这就是所谓联姻，连皇室也不例外。因此，在中国古代，除非作司马相如之奔，否则就难有自由恋爱之说。如果男女之间的情感与家族的利益相矛盾冲突，往往就要以牺牲情感为代价，中国古代很多爱情悲剧就是这样发生的。如曾经使多少人为之唏嘘不已的、经久不衰的梁山伯与祝英台爱情悲剧，究其原因还在于

---

① 费孝通：《乡土中国·生育制度》，北京大学出版社 1998 年版，第 27、31 页。
② 梁漱溟：《东西文化及其哲学》，《梁漱溟全集》第 1 卷，山东人民出版社 2005 年版，第 369 页。

不是门当户对的缘故。《红楼梦》（第九十回）中描写贾母与王夫人为什么不肯将林黛玉嫁给贾宝玉。贾母皱了皱眉，说道："林丫头的乖僻，虽也是他的好处，我的心里不把林丫头配他，也是为这点子。况且林丫头这样虚弱，恐不是有寿的。只有宝丫头最妥。"王夫人道："不但老太太这么想，我们也是这样。"① 表面上，贾母与王夫人嫌林黛玉性情乖戾、身子羸弱，这的确不利于家族的兴旺发达，实际上更深层次的原因则同样是门不当户不对的缘故。

2. 专制政体

中国传统的政治体制，呈现出一种金字塔般的权力结构。由君、臣、民三层结构组成。由于他们各自所处的地位不同，他们关心的对象与焦点均异，其所体现出来的态度也很不相同。

君，即帝王，位于权力金字塔之巅，拥有无限的绝对权力。"天下定于一尊"，"普天之下，莫非王土，率土之滨，莫非王臣"（《诗经·北山》）。帝王还被抹上了"君权神授"的神圣色彩，"天子受命于天，天下受命于天子"（董仲舒《春秋繁露·为人者天地篇》）。中国历代帝王关注的是，如何维护自己独尊的地位，驾驭群臣，防止大权旁落。即所谓"圣心独运"，操"予夺之权"，行"不测之威"。因此，师从荀子学"帝王之术"的韩非那套学说，就深得统治者的青睐。据史书记载，秦始皇看到韩非写的《孤愤》、《五蠹》之书，叹曰"嗟乎，寡人得见此人与之游，死不恨也"。秦国因急攻韩国，韩王起初并不用韩非，及形势危急，因而派遣韩非出使秦国（《史记·老子韩非列传》）。韩非认为，凡为人主者，必须大权独揽，具有绝对权势。人主之需要权力，正如鱼之需要水，鱼无水则死，君无权则亡。而人主要常保权力，必须有"术"：一是要尽量与群臣隔离，常保孤独，生活在秘密之宫中，使大臣们对他天威莫测；二是要做到喜怒哀乐不形于色，使左右近臣无机可乘。有"术"而后能行法。人主如何行法？最重要的是，必须做到公正无私，"按法以治众"，赏罚分明，绝不可稍怀恻隐、假藉慈悲。"能法之士，必强毅而劲直"。作为先秦法家思想的集大成者，韩非构建了一个包括法、术、势在内的理论体系，本质上帝王的统治权术，即"帝王之术"，颇投统治者的心意。

---

① （清）曹雪芹:《红楼梦》下，人民文学出版社 2002 年版，第 1255 页。

臣，即文武百官，或者说官僚系统。在传统的政治体系中，臣起着承上启下的作用。与帝王统治相适应，形成了一种官僚政治。旧中国的帝王统治是一种彻底发展的最圆熟的官僚政治，这一事实是了解中国传统政治的一把钥匙。王亚南先生指出："官僚政治是当作专制政体的一种配合物或补充物而产生的。""社会史学家已公认秦代是中国专制政体发轫的朝代。而由秦以后，直到现代化开始的清代，其间经过两千余年的长期岁月，除了极少的场合外，中国的政治形态并没有了不起的变更，换言之，即一直受着专制政体——官僚政治的支配"。①

在这种体制中，臣只对其上级与国君负责，不对下级与臣民负责。"万里江山万里空，一朝天子一朝臣。"因此，中国古代官场就显得十分黑暗，阿谀奉承、行贿受贿、欺上瞒下、尔虞我诈，权力斗争也非常激烈，也很残酷。但从权术的角度看也很简单，孟子一语而道破：得人心者而为天子，得天子者而为诸侯，得诸侯者而为大夫。民国时期李宗吾先生著有《厚黑学》一书，据他说是在"遍检诸子百家，读破二十四史"以后，才发现了一个道理，即"古之为英雄豪杰者，不过面厚心黑而已"。②不可否认，这本著作对揭露中国古代官场的黑暗、认识旧中国官僚政治的弊端，具有一定的借鉴意义。问题在于现在人们把厚黑学用滥了，严重毒化了社会氛围。

民，即广大的民众。民与臣之间有直接关涉，而与君则只有间接联系，无直接关联。因此谚语有"天高皇帝远，帝力与我何有哉"的说法。"民可载舟，亦可覆舟"，这是千年古训。他们构成了被统治的对象和基础，"天听自我民听，天视自我民视"。民意就是天意，民心不可侮，因此，历代开明的统治者，都十分重视民意，信奉"民为贵"的民本思想，推行仁德政治。中国的老百姓忍耐力极强，好死不如赖活着，但是如若统治者昏庸无道，吏治腐败，那么官逼民反，改朝换代。但那只是意味着一轮新的治乱循环，换汤不换药，几千年来，中国的传统专制政体一直未曾得到根本性的变更。

过去人们对这种极权主义体制多持否定态度，这是一种非历史主义的观点。客观地说，中国传统的专制——官僚政体对中国古代社会历史的发

---

① 王亚南：《中国官僚政治研究》，中国社会科学出版社1997年版，第39页。
② 李宗吾等著，彭书淮主编：《谋略书》，当代中国出版社2003年版，第3页。

展起过一定的积极作用。在这种极权政体之下，它的行政力量一旦被高度动员起来，就能发挥"举国一致"的强大的行政效应，如万里长城、大运河等大型工程，如果没有这种体制是不可想象的；它在应对外来侵略与突发重大事件具有重大的效率，对维护中华民族独立主权与中国社会的"大一统"局面也功不可没；与极权政体相伴而行，它所蕴含的"德治"传统，是中国传统政治思想的一大特色，"为政以德，譬如北辰，居其所而众星共之"（《论语·为政》）。

当然，也必须指出，这种专制政体对中国文化精神尤其是政治文化的消极影响也是显而易见的。中国传统的专制——官僚政体对中国文化的影响主要体现在政治文化上，它使中国缺少民主与法治的传统，长期以来形成了专制主义与人治传统。谭嗣同指斥："二千年来之政，秦政也，皆大盗也"（《仁学》）。无疑，这种批判虽然不免极端，但的确是深刻的，对冲破封建专制的网罗具有振聋发聩的作用。王亚南也深刻地指出："在中国，一般的社会秩序，不是靠法来维持，而是靠宗法、靠纲常、靠下层对上层的绝对服从来维持；于是，'人治'与'礼治'便被宣扬来代替'法治'。这显然是专制——官僚政治实行的结果，但同时却又成为官僚政治得以扩大其作用和活动范围的原因。"① "个人迷信"、"官本位"、等级制、"家长制"、"一言堂"、人治等习俗意识根深蒂固，流风所及，至今犹然，构成了中国政治民主化的严重文化障碍。如果这种政治文化观念不能得到纠正和改变，当今中国的政治体制改革就很难搞得通，从原点开始，最终还会复归原点，新的政治体制变革就会形同虚设。这就涉及制度与文化的相互制约与促进的关系。邓小平在谈到我国社会主义民主政治建设问题时曾尖锐地指出："我们过去的一些制度，实际上受了封建主义的影响，包括个人迷信、家长制或家长作风，甚至包括干部职务终身制。……我们这个国家有几千年封建社会的历史，缺乏社会主义的民主和社会主义的法制。"② 江泽民也明确指出："对官僚主义作风，我们不仅要认识它的危害性，而且要深刻认识它产生的根源。官僚主义，在很大程度上源于我国封建社会形成的'官本位'意识。所谓'官本位'，就是以官为本，一切为了做官，有了官位就什么东西都有了，'一人得道，鸡犬升天'。这

---

① 王亚南：《中国官僚政治研究》，中国社会科学出版社1997年版，第42页。
② 《邓小平文选》第2卷，人民出版社1994年版，第348页。

种'官本位'意识，流传了几千年，至今在我国社会生活中仍然有着很深的影响。"① 五四新文化运动中激烈的反对专制、提倡民主的思想，对现实仍然具有积极的启蒙价值，反对封建主义思想残余势力的斗争仍然任重道远。对此，我们应该做理性的分析。

3. 家国同构

所谓的家国同构，是指中国社会中家与国在结构上是相类相通的，因而体现为两者互为一体的格局。家是中国社会的基本细胞，也是构筑中国传统文化的最根本的基础。中国传统中的家是国的缩影，国无非是家的扩大。家国同构是中国传统社会结构的重要特征。它对中国传统文化的影响主要体现在国与家的关系上强调"忠孝"精神。理想的状态是忠孝两全，求忠臣于孝子门，但在忠孝不能两全的情况下，则以国家民族的利益为重，尽忠报国。

对中国传统忠孝精神，我们也应该做辩证的分析。对此，陈独秀指出："忠孝者，宗法社会封建时代之道德，半开化东洋民族一贯之精神也。自古忠孝美谈，未尝无可歌可泣之事，然律以今日文明社会之组织，宗法制度之恶果，盖有四焉：一曰损坏个人独立自尊之人格；一曰窒息个人意志之自由；一曰剥夺个人法律上平等之权利（如尊长卑幼同罪异罚之类）；一曰养成依赖性，戕害个人之生产力。"② 五四时期，陈独秀从启蒙意识出发，对中国传统忠孝精神批评甚力，这是可以理解的，有积极意义。现实地看，一方面，中国传统忠孝思想的确存有一种愚忠愚孝的成分，这是其消极之处。《水浒传》中描写宋江等人一心招安，只反贪官、不反皇帝的做法，就是典型的愚忠行为。当时就遭到了武松、李逵、鲁智深等梁山好汉的反对。《水浒传》（第七十一回）描写道："乐和唱这个词，正唱到'望天王降诏早招安，只见武松叫道：'今日也要招安，明日也要招安去，冷了兄弟们的心！'黑旋风便圆睁怪眼，大叫道：'招安，招安！招甚鸟安！'只一脚，把桌子踢起，摔作粉碎。宋江大喝道：'这黑厮怎敢如此无理！左右与我推去斩讫报来。'"③ 另一方面，它的确含有相当积极的爱国主义与家庭伦常的精神，如果能对之作出新的阐发，赋予新的时代内涵，就能够使之成为优秀的道德。对此，孙中山先生作了淋漓

① 《江泽民文选》第 3 卷，人民出版社 2006 年版，第 133 页。
② 《陈独秀文章选编》上，生活·读书·新知三联书店 1984 年版，第 98 页。
③ （元）施耐庵：《水浒传》下，人民文学出版社 2005 年版，第 936 页。

尽致的新诠释。他说："我们在民国之内，照道理上说，还是要尽忠，不忠于君，要忠于国，要忠于民，要为四万万人去效忠。为四万万人效忠，比较为一人效忠，自然是高尚得多。故忠字的好道德还是要保存。……《孝经》所讲孝字，几乎无所不包，无所不至。现在世界中最文明的国家讲到孝字，还没有像中国讲到这么完全。所以孝字更是不能不要的。国民在民国之内，要能够把忠孝二字讲到极点，国家便自然可以强盛。"① 对忠孝思想进行创造性转换，赋予其新的时代内涵，对当今和谐社会建设也未尝不无价值。

（四）国际条件

中国传统文化在是一个相对封闭的国际环境下发生、发展起来的。这并不是说，中国传统文化是一个完全自足的封闭系统，汉唐时期，中外文化交流比较繁荣，造就了"海纳百川，有容乃大"的浑厚气象，汉代末年以来，印度的佛教文化传入中国，并与中国本土文化相结合，对中国传统文化的发展也产生了远的影响，明清之际西方传教士来中国传教的同时也带来了近代西方的一些科学知识，开阔了一些先进的中国知识分子的科学视野。如此等等，不一而足。但是，总的来说，中国传统文化精神形成的国际环境相对比较封闭，处于一种孤立的状态之中。导致这种局面的原因，不外乎以下两个方面。

一是中国古代地理环境相对封闭。这就导致中外文化交流阻隔重重。有些学者并不认为中国地理环境的封闭性。封闭与不封闭是相对于什么时代而言的，对现代而言当然不存在封闭性这个问题。但是对于古代来说，看看中国的版图就可明了：东边与东南边面临浩淼的大海，南面与西南面横亘着喜马拉雅山脉与青藏高原，西北边与北边则是广袤沙漠与原始森林，这对古人来说是难以逾越的鸿沟。地缘的孤立与地理知识的贫乏，使古代时期中外文化交流并不多。

二是中国传统文化对外的单向辐射与影响。近代以前，中国文明一度处于领先地位，光明璀璨，声名远播。"不管怎么看，中国在唐宋乃至马可·波罗时代的元朝，无论是面积还是发达程度显然都远远超过了中世纪的欧洲。在很长一段时间内，是中国文明影响着欧洲而非相反：首先是丝绸，接着是造纸术和印刷术，以及瓷器、弩机、铸铁、河闸、手推车、船

---

① 孙中山：《三民主义》，九州出版社 2011 年版，第 53—54 页。

舵、罗盘、火药等都是从中国传入欧洲的。"① 尤其是古代时期，周边国家与地区的文明与文化发展程度远远不如中国，长期以来，向来是受中国传统文化单向辐射与影响的地带，尤其是在唐代中叶以后形成了"儒教文化圈"（或称"汉字文化圈"），深深地规定与影响着包括朝鲜半岛、日本、东南亚国家与地区文化的形成与发展。韩国是受中国儒家文化影响最早、最深的国家之一，远在公元前 3 世纪箕氏朝鲜时代，孔子思想便和汉字一起传入了朝鲜。朝鲜王朝时代，以儒教立国，把儒家思想与朝鲜传统思想相结合，影响深远。新罗统一三国后，进一步加强与唐朝的关系，文化交流密切。高丽王朝末至整个朝鲜朝，随着程朱理学的传入，儒学在朝鲜进入了一个大发展的时期，学派林立，大家辈出。"在中国和外国的所有朝代中，儒学化最为彻底的便是国祚长久的朝鲜李朝（1342—1920）。从十四世纪起，两班（朝鲜的统治阶层）就自视为儒家价值的传递者，儒家学说对朝廷政治和精英文化的渗透达到了前所未有的程度。就是在今天，在韩国的政治行为、司法实践、祖先崇拜、家族系谱、乡村学校和学生运动中，儒家传统的影响仍然随处可见。"② 日本也是一个深受中国儒家文化影响的国度，"虽然德川幕府的日本并不像朝鲜李朝那样儒学化，然而直到 17 世纪末，日本社会中每一个受过教育的人都读过四书"。③ 涩泽荣一也指出："过去的武士以及上层的农民商人，在青年时代，大多数都是受汉学教育，首先是《小学》、《孝经》、《近思录》，进而又要学《论语》、《大学》、《孟子》。"④ 即使是在明治维新以来，日本已"脱亚入欧"，走上了向西方学习的道路，但在文化心理层面上，儒家传统仍然根深蒂固地存在着，日本与中国仍然有着深厚的文化渊源关系，对日本民族的思想与行为的影响十分明显。新加坡特殊的地理位置、多变的历史、多元的种族、宗教与语言必然使它成为一个多元文化之国。新加坡文化是儒家文化、西方文化、马来文化和印度文化四种亚文化的一个集合体。从整体上看，由于超过 2/3 的公民是华族，加上李光耀执政新加坡时期对华族文化的大力倡导，使新加坡社会弥漫着浓厚的中国文化传统气息，其中儒家文化色彩更为浓郁。对此，李光耀明确指出："新加坡成功的最强有力

---

① ［美］费正清：《中国：传统与变迁》，张沛译，世界知识出版社 2002 年版，第 275 页。

② ［美］杜维明：《儒教》，陈静译，上海古籍出版社 2008 年版，第 72 页。

③ 同上书，第 74—75 页。

④ ［日］涩泽荣一：《〈论语〉与算盘》，李建忠译，武汉出版社 2009 年版，第 157 页。

因素，就是 50—70 年代那一代人的文化价值观。……这些文化价值观帮助我们成功。我本身有了这种经验，所以我很重视维护华族新加坡人的文化价值观。"①

由于上述两个原因交互影响，积久成习，在中国朝野形成了一种"中国文化优越论"，在传统的中国知识分子看来，只有中国是文明国家，而周边的国家与地区则为"四夷"（即东夷、南蛮、西戎、北狄），也只有中国文化是至高无上的，其他国家与地区的文化只是一些野蛮与半野蛮的未开化民族的落后的文化。因此对外来文化的吸收不很重视。夏夷之辨的观念根深蒂固。孔子讲"夷狄之有君，不如诸夏之无也"（《论语·八佾》）。孟子说"吾闻用夏变夷者，未闻变于夷者"（《孟子·滕文公章句上》）。"夏夷之辨"的观念对后世发生了相当深远的影响。宋人石介在《中国论》中说："天处乎上，地处乎下，居天地之中者曰中国，居天地之偏者曰四夷。四夷外也，中国内也。天地为之内外，所以限也。"这样，使中国知识分子对外文化普遍缺乏了解的兴趣，真正意义上的中外文化交流并不多。鸦片战争以前，中国朝野尤其是知识分子普遍沉浸于天朝大国的迷梦之中，对外界的了解几乎一团漆黑。其中有两个案例十分典型。一是据明清之际意大利传教士利玛窦记述，当时他在中国确实看到过中国人画的类似世界地图的东西，"确实不妨说，他们跟外国实际上没有任何接触，结果他们对整个世界是什么样子一无所知。他们确实也有与这幅相类似的地图，据说是表示整个世界，但他们的世界仅限于他们的十五个省，在它四周所绘出的海中，他们放置几座海岛，取的是他们曾听说的各个国家的名字。所有这些岛屿都加在一起还不如一个最小的中国省大。因为知识有限，所以他们把自己的国家夸耀成整个世界，并把它叫作天下，意思是天底下的一切。"② 二是1792年英国的第一个外交使节马戛尔尼使团使华。马戛尔尼使华，其目的在于用外交手段打开中国这个古老大国的大门。但这次外交使命失败了，其原因除了其提出的要求十分无理外，主要还是由于他拒绝向乾隆皇帝行三跪九叩之礼。这实际上是一次中西文化冲突的典型案例。法国学者佩雷菲斯特评论说，这本来是一次中西交流与沟通的极好机会，"这就是历史赋予远东和远西的机会。但是聋

---

① 《李光耀40年政论选》，现代出版社1994年版，第422页。

② ［意］利玛窦等：《利玛窦中国札记》，何高济等译，广西师范大学出版社2001年版，第124页。

子——地球上最强大的聋子——之间的对话使这个机会付诸东流。两个傲慢者互相顶撞，双方都自以为是世界的中心，把对方推到野蛮人的边缘"。① 在此后这样一个聋子与聋子的角斗中，尽管貌似强大但实力虚弱的一方必然要在一场殊死搏斗中倒下。

这样一种国际环境，对中国传统文化精神的形成有什么影响呢？大致说来，有以下三个方面：

一是原生性。由于中国传统文化是在一个相对封闭的自足系统中发生与发展起来的，主要属于一种独立发展（垂直发展）的类型，相对封闭的国际条件使中国传统文化具有原生性，其形成和发展，自成一体，卓尔不群，具有自身鲜明的特色，富有中国的智慧。

二是迟滞性。从理论上说，文化的发展离不开文化的交流，什么时候文化交流频仍，什么时候文化发展就快速；反之，什么时候文化交流较少，什么时候文化发展就较为迟缓。《易传》中说："天地交而万物通也；上下交而其志同也"（《周易·泰》）。庄子说："至阴肃肃，至阳赫赫，肃肃出乎天，赫赫出乎地，两者交通成和而物生焉"（《庄子·田子方》）。意思是世界万物包括文化必须加强交流沟通，才能得到不断的发展，所谓交通主要就是这个意思。古代时期，由于与外界文化接触与交流相对较少，使中国传统文化发展相对迟滞，核心文化精神的变迁相对比较稳定。

三是自闭性。中国传统文化精神中的开放理性不足。直到鸦片战争前夕，中国朝野仍沉浸在"文化自我中心"的迷梦之中而不能自拔，自以为是天下中央大国，是文明之邦，其他国家与地区的民族都是野蛮民族集聚的地方，未开化的荒蛮之地，只有中国文化是至高无上的。这种盲目的文化优越感使中国朝野尤其是知识分子形成轻视外来文化的态度，对外开放意识薄弱，这对后来的发展也产生了不利的影响，这在上文已有论述。对此，邓小平在总结历史经验教训中指出："如果从明朝中叶算起，到鸦片战争，有三百多年的闭关自守，如果从康熙算起，也有近二百年。长期闭关自守，把中国搞得贫穷落后，愚昧无知。"② 这样一个国家民族，在迈入近代尔虞我诈、你死我活的国际竞争激烈的时期，就不得不付出惨重的代价！直至鸦片战争以后，在经历了巨大的苦痛经验之后，近代以来的

---

① ［法］佩雷菲斯特：《停滞的帝国——两个世界的撞击》，王国卿等译，生活·读书·新知三联书店1993年版，第19页。

② 《邓小平文选》第3卷，人民出版社1993年版，第90页。

中国文化精神中才形成了另一种有别于古代时期的新传统——开放理性。

二　儒道传统

如果说，生态因素构成了中国传统文化精神形成的外因，那么，儒道传统就是主要制约中国传统文化精神形成的内因。要深入研究中国传统文化的精神特质，还必须研究儒道传统对之所产生的深刻影响。

（一）中国传统思想的主干

对中国传统文化中占主导地位的思想是什么的问题，学界分歧很大，总起来说有以下四种观点：一是儒家，二是道家，三是儒道互补，四是儒释道三教合流。何者更为符合历史事实？这值得考究。

首先，"道家是中国传统文化的主导思想"的说法是站不住脚的。陈鼓应先生曾经指出："中国哲学的主干部分是道家思想而非儒家。"[①] 陈鼓应提出道家是中国传统哲学的主干，这在学理上并没有多大问题，但国内学术界有人因此把这种观点演绎为道家是中国传统文化的主干，这就差之毫厘、谬以千里了。在中国传统文化中，道家没有也不可能成为中国传统文化的主流。但道家在中国传统文化中的影响的确不能低估，李约瑟甚至说，中国如果没有道家，就像大树没有根一样。鲁迅先生说，懂得了道家，就懂得了中国文化的一半。这种说法虽然有所夸张，但也的确道出了道家在中国传统文化中的重要地位。不过，从历史上来看，无论在政治法度、伦理道政、国民教育、风俗习惯等各方面，道家在中国传统社会与文化中都不占主导地位。

其次，至于儒学主导说，基本上是对的，但未必完全是这样。在中国传统文化中，自汉代中叶以降，儒学在中国传统文化中基本上占主导地位，这在学理上说应无多大问题。当然这也不是绝对的，儒家并不是在任何时期都占主导统治地位。如在先秦时期，虽然与墨家等并称"显学"，但不过是子学，属于诸子百家中的一家之言。在魏晋南北朝时期，儒家的统治地位也遭受过来自佛教与道家、道教的严峻挑战，玄学大盛，嵇康、阮籍等竹林七贤更是公开鄙薄周孔，批判礼教。但无论如何，整体看来，

---

① 陈鼓应：《老子今注今译》，商务印书馆 2009 年版，第 6 页。

中国传统社会在政治法度、伦理道德、文化教育、风俗习惯、国民精神等方面主要受到儒家学说的深刻制约与影响，儒学对中国传统文化乃至整个社会生活及东亚各国与地区的文化形成的影响是全方位的，乃至于离开了儒学，中国传统文化便无从谈起。

最后，至于儒释道三教合流说，基本上也无大的异议。中国传统文化发展到宋明理学，主要就是儒释道合流的产物。崆峒山中有三教合一洞，王重阳也力倡三教合一，不过需要指出的是，宗教在中国传统文化中所占的地位及其影响是有限的，道教不过是道家的末流，佛教传到中国后，得到了光大与发展，但经六祖慧能的改造，已经充分中国化了，这集中体现在《坛经》之中，对中国传统文化特别是宋明理学影响最大的是佛学思想，如心性论等，而且其与中国传统文化思想已融为一体，至于佛教对中国传统文化精神的生成的影响其实并不大。在这里确有必要强调道家与道教、佛学与佛教的界限与区分。尽管道教与佛教对中国民间宗教有广泛的影响，产生了重要的作用，而且两者难分难解地结合在一起，如《红楼梦》第一回描写的"一僧一道远远而来，生得骨格不凡，丰神迥异，说说笑笑来至峰下，坐于石边高谈快论"。[①] 这一僧一道结伴同行、形影不离，倒的确富有象征意味。但受实用理性传统的影响，中国传统文化精神总体说来是理性的、世俗的、较少浓厚的宗教意识和狂热的宗教信仰，即使对宗教有信仰，也多是出于祛害祈福的实用目的，很难说有真正的宗教信仰，中国文化总体来说是入世的，以哲学代替宗教，儒学作为统治者的主流意识形态长期占据主导地位，一直起着准宗教的功能与作用。在中国古代历史上除汉代末年外少有宗教全面统治的时代，这也是中国传统文化与西方的希伯来文化及印度的佛教文化重要的区别之处。尽管道教与佛教中的哲理部分对中国传统文化精神有一定影响，但至宋明理学时期已与儒学融为一体，而宋明理学则是以儒学为主同时吸取了佛道的本体论基础而形成的高度哲理化与政治化的理论形态。

笔者认同儒道传统是中国传统文化思想的主流，对中国传统文化精神影响至为广大。总体上看，中国传统思想以儒道互补为主体构架。这可从以下三个方面来论证：

一是从中国传统文化思想发展史来看。众所周知，春秋战国时期，这

---

① （清）曹雪芹：《红楼梦》上，人民文学出版社 2002 年版，第 3 页。

是个社会大动荡大转折的时代，士者崛起，学说蜂起，思想界空前活跃，这是一个人才辈出、群星璀璨的时代，是一个真正意义上的百花齐放、百家争鸣的时代，是一个激动人心、令人神往的时代，作为中国思想文化的繁荣时期，是中国文化思想发展史上的一个高峰时期，对此后中国文化发展的走向起到了奠基作用。在当时的诸子百家学说中，儒家和墨家并称"显学"，实际上道家的影响也颇大。当然，这些学说在当时均是"子学"，并没有上升为统治思想。秦代崇尚法家思想，法家为秦皇朝统一中国起了极大的作用。但成也萧何，败也萧何。法家一味推行严刑峻法，缺乏怀柔手段，其本身存在很大的弊端，很快激化了社会矛盾，这也是导致秦皇朝二世灭亡的重要原因。由于秦始皇接受李斯的建议，实行"焚书坑儒"，禁废百家书，一度使儒家遭受沉重打击。汉初天下初定，由于经历多年战乱，社会亟须休养生息，道家崇尚自然、无为而治的学说，十分适合汉初社会的需要，因此统治者崇尚黄老学说，以黄老为显学，由于这种崇尚"无为而治"的道家学说，在当时极大程度地适应了经过大动荡大转折后社会需要休养生息这种需要，对汉初社会经济发展起了极其重要的作用。但是，道家所具有的重自然而轻人为的倾向，注定了它不可能有太大的作为。汉武帝时，为了应对内乱外患的困局，他接受了董仲舒的建议，"罢黜百家，独尊儒术"，儒学从此"柳暗花明又一村"，终于走出困境，一跃成了官方哲学。此后，儒学作为统治者的主流意识形态在古代中国社会的统治地位始终未曾动摇过。当然，这并不是说，儒学在此后任何时期都始终占主导地位，事实上尤其是由于缺乏本体基础，其统治地位一直遭受汉末传入中国的佛教与土生土长的道教的严峻挑战。魏晋时期盛行的玄学，实际上是道、儒结合的产物，虽然嵇康公开倡言"非汤武而薄周孔"，但多数玄学家仍尊崇孔子为最高圣人。隋唐时期，肇端于两汉之际的佛教有了突飞猛进的发展，并与儒、道形成三足鼎立之势，在这个时期，儒学由于遭受了内外因素的各种挑战，一度走向了衰落，不能说儒家一直是这个时期中国传统文化的主流，但政治法度依然仍是儒家的那一套。隋唐时期儒学的复兴态势已日趋明显，隋唐科举都要考儒经，唐太宗令颜师古考订五经（《周易》、《尚书》、《毛诗》、《礼记》、《左传》）经文。颜师古对此多有订正，撰成《五经定本》，后被颁行全国，成了官方统一定本。为解释经义，统一思想，唐太宗还令孔颖达与诸儒撰五经义疏，名曰《五经正义》，作为唐代科举考试的依据。宋明理学则是儒、道、佛合流的产物，是高度哲学化政治化了的儒学，从而恢复了儒学的权威地位。后来历经宋、元、明、清，理学受到统治者的尊崇。元明清时期，"朱子学"被捧为官学，清朝康熙称颂朱熹"绪千百年绝学之传，立亿万世一定之规"。程朱学说还远播海外，如在李朝时期的朝鲜、德川时期的日本，"朱子学"风靡一时。明末直至清朝，儒学发展为一种新的理论形态——明清实学，它是从宋明理学中分化出来并与之对立的一股新的社会进步思潮。尽管明代中期以后由于理学的僵化，产生了明清之际思想界的强烈震荡——所谓"启蒙思想"，但它实际上是一场儒学内部的自我调整。直至五四新文化运动，儒学受到严厉的批判，它在思想意识上的统治地位宣告终结，此后儒学在中国一度走向了衰落，但是并没有因此而销声匿迹，相反越挫越勇，新儒学的兴起并日益成为国际性的学术思潮，再一次体现和证明了儒学的内在生命力和强劲的活力。

通过上述对中国传统思想发展历史的简要回顾，可以发现，中国传统文化的思想成分十分庞杂，有儒、道、佛、墨、法、阴阳、农等，但主要是儒、道、佛三教合一的产物，其中以儒与道最为主要，两者对立、互补又互通、互融，构成了中国传统文化独特的思想构架与文化景观，儒道传统是中国传统文化形成与发展深刻的内在动因。当然这里说的儒道传统也是相对开放性的系统，它们各自吸收了其他众多思想流派思想因子，而佛学对儒道传统也构成了相当深刻的影响，这在下文中有详述。

二是从对中国传统文化精神的影响来看。儒家与道家表面看来相互对立，前者身在庙堂，后者心在江湖，但两者有诸多融通之处，诸多如心性论、本体论、政治观等，事实上，儒道更多地存有互补之势，故称儒道互补，共同构成了中国传统思想的基本格局，对中国传统文化的影响居功至伟，成为推动中国传统文化精神形成与发展的根本的内在动因。

儒学对中国传统文化的影响至为深远，孔孟之道也成了中国传统文化的精神旗帜。对中国传统文化影响主要集中于传统政治文化、伦理道德、文化教育、国民精神、风俗习惯等方面。由于中国传统社会中，教育内容基本上为儒家所占据，加上科举制度的强化作用，使儒家经典的社会化程度极高，影响所及，无与伦比，即使是目不识丁的村妇匹夫，对儒家经典中的名言警句无不耳熟能详、朗朗上口，深入人心之程度可见一斑。

道家、道教对中国传统哲学、文学、艺术、科技、宗教、医药、体育、人生观等诸多领域有着相当广泛的影响。道家思想主要受老子学说的影响。老子哲学大体可用三个范畴来概括即道、反、弱。其一是道。"道法自然",故圣人辅万物之自然而不敢自为。其二是反。通返,"反者道之动",即任何事物一旦发展到了顶峰就会走向它的反面。其三是弱。"弱者道之用。"柔弱胜刚强。所谓弱是指并非真的弱小,只是示弱而已。如用兵,不敢为主而为客,不敢进寸而退尺。如滴水,以天下之至柔驰骋于天下之至坚。如江海,处川谷之下而为百谷王。这是哲学智慧。老子把这种哲学智慧主要运用到行政与人生领域,产生了极大的效应。当然,老子思想也有弱点:其一是明哲保身。在天下滔滔的环境下,与老子不同,孔子"知其不可而为之",比老子有担当。其二是不能积极有为,过于强调顺应自然而为,有反人文的倾向。其三是不敢为天下先。欠缺冒险、竞争和创造精神。在中国传统哲学中,道家无疑占着主导地位,一阴一阳之谓道,可以说是中国传统哲学的主干。道也赋予中国传统文学、艺术以空灵的境界、诗的灵性,中国传统文化中艺术精神与伦理精神一样相当发达,与道的境界有关。至于道家对人生观的影响更是无处不在,尤其是对中国古代知识分子人生观的影响至深,"归去来兮,田园将芜胡不归"(陶渊明《归去来兮辞》),很大程度上也成了很多知识分子的精神家园。如果说儒家是用世的哲学,那么道家便是用生的哲学。

总之,中国传统文化的总体格局,是由以孔子为代表的儒家文化和以老子为代表的道家文化共同构成的。儒道互补不仅仅是中国传统思想的主体构架,而且也体现在中国传统文化的诸多方面,呈现出中国文化的独特精神品格。两者相互对立,相互补充,相辅相成,相映成趣。

三是从中国传统文化精神的外在体现来看。无论在传统哲学、美学、文学、人生观等方面,儒道互补的精神均体现得十分明显。

中国传统哲学推崇的"阴阳"对立统一观,是儒道互补在哲学上的典型体现。"一阴一阳之谓道"(《周易·系辞上》)。暑往则寒来,寒往则暑来,阴极而阳生,阳极而阴生,否极而泰来,如此循环往复,以至无穷,"无往不复,天地际也"(《周易·泰象》)。阴阳对立统一,导致了事物的无穷变化,也推动了事物日新月异的不断发展,即所谓"生生之谓易"(《周易·系辞上》)。因此,人们所应做的就是顺应天道,应乎人事,不断进取,即所谓"凡益之道,与时偕行"(《周易·益象》)。这种"阴阳"对立统一观,主要体现在《周易》的智慧,后来无论是对道家与儒家都产生了深刻的影响,尤其是道家对此加以发扬光大,为中国传统哲学奠定了本体论基础，也使道家成为了中国传统哲学主导思想。

在中国古典美学中，存在着以善为美及以和为美两种审美流派，其中前者为儒家的审美取向，儒家虽然也未把美与善的概念相混同，如"子谓《韶》尽美矣，又尽善也；谓《武》尽善也，未尽美也"（《论语·八佾》）。但儒家在很大程度上把善与美紧密地结合在一起，甚至把善当作美的化身，即孔子所谓"里仁为美"（《论语·里仁》）。孟子也说"可欲之谓善，有诸己之谓信，充实之谓美，充实而有光辉之谓大，大而化之之谓圣，圣而不可知之谓神"（《孟子·尽心上》）。其中对"充实之谓美"，朱熹注释道："力行其善，至于充满而结实，则美在其中，而无待于外也。"① 这的确是对儒家审美情趣的极好注解。至于后者则反映了道家的审美取向，道法自然，和谐为美。

在中国古代文论中，中国古典文学历来有"文以载道"及崇尚自然的文论流派。"文以载道"体现的是儒家的文论流派，儒家历来重视把诗文作为教化的手段。后来毛泽东强调的文艺要为政治服务、为工农兵服务，为社会主义服务、为人民服务的方针，某种程度上是对儒家"文以载道"文论传统的合理继承与扬弃。至于崇尚自然则是道家的文论传统。

此外，中华民族性格中刚柔相济的品格，以及有所为有所不为的人生智慧（如一句广告词中所说的"智慧人生，品味舍得"）等，都是儒道互补的具体体现。

儒道互补精神，最为典型的体现在传统士大夫的"达兼穷独"的人生价值取向。一般而言，"达则兼济天下"，是儒家崇尚的人生价值取向。儒家强调人活在这个世界上，应该积极有为，有所作为，《易经》中说的"天行健，君子以自强不息"，是对儒家人生观的经典表达。"穷则独善其身"，反映的是道家的人生观，道家强调人生不得志，明哲保身，独善其身，放浪形骸，隐居江湖，散发弄扁舟，江海寄余生。事实上，中国古代知识分子的人生价值取向莫不以此为准则，即使孔子和孟子也不例外，总体上均赞同"达兼穷独"的人生价值取向。孔子曰："邦有道，危言危行；邦无道，危行言逊"（《论语·宪问》）；"邦有道，谷；邦无道，谷，耻也"（《论语·宪问》）；"邦有道则智，邦无道则愚"（《论语·公冶长》）；"天下有道则现，无道则隐"（《论语·泰伯》）；"道不行，乘桴浮

---

① （宋）朱熹集注：《四书》，上海古籍出版社1995年版，第427页。

于海"（《论语·公冶长》）。孟子曰："故士穷不失义，达不离道。穷不失义，故士得己焉；达不离道，故民不失望焉。古之人，得志，泽加于民；不得志，修身现于世。穷则独善其身，达则兼善天下"（《孟子·尽心上》）。一般而言，中国古代知识分子，在得志时崇尚儒家人生，不得志时又崇尚道家人生，以求得心理上整体的平衡，从容淡定，处变不惊。对此，美国著名的汉学家约瑟夫·列文森指出："历史上的中国人是'进则儒，退则道'——他一方面具有治国平天下的儒家抱负，另一方面又追求，或者说是努力追求道家的人与自然的和谐，而这正好与儒家追求人与人的和谐区别开来。儒与道结合在一起才构成一个完整的人。"① 可谓一语中的。

总之，儒道传统是中国传统文化的主干，一方面两者的确具有明显的差别，另一方面也存在着诸多相通与暗合的地方。两者相斥相离，相互区分，又相融相通，互相补充，构成了一个奇妙的整体，共同推动着中国传统文化的产生发展与文化精神的形成。因此，要考察中国传统文化的基本精神，就必须主要考察儒道传统对之的深刻影响。

（二）儒道关系②

儒道互补是中国传统文化思想的核心构架，对此学术界已基本达成共识。然而，人们在研究儒道关系时大多关注的是儒道对立、儒道互补的方面，却往往忽视了问题的另一方面——儒道之间的暗合与融通之处。1993年郭店楚简《道德经》的出土引起人们对于先秦儒道关系的再探讨，有助于儒道融通关系问题的深入研究。

一方面，两者的确存在着不同的价值趋向，具有相补之处。这主要在价值观、政治观、人生观上存在着不同与互补的趋向。在价值观上，作为儒家与道家的创始人孔子与老子应该处于春秋时代，生逢乱世，天下滔滔，战乱频仍，礼崩乐坏。孔子"知其不可而为之"当时的隐士对他不无微词。据《论语》记载，"楚狂接舆歌而过孔子曰：'凤兮凤兮！何德之衰？往者不可谏，来者犹可追。已而，已而，今之从政者殆而！'孔子下，欲与之言。趋而辟之，不得与之言"（《论语·微子》）。子路"问于

---

① ［美］约瑟夫·列文森：《儒教中国及其现代命运》，郑大华、任菁译，广西师范大学出版社 2009 年版，第 36 页。

② 本节主要内容已发表在《西安交通大学学报》（社会科学版）2013 年第 4 期，"论儒道融通——《论语》与《道德经》的比较"。

桀溺，桀溺曰：'子为谁？'曰：'为仲由。'曰：'是鲁孔丘之徒与？'对曰：'然。'曰：'滔滔者天下皆是也，而谁以易之？且而与其从辟人之士也，岂若从辟世之士哉？'耰而不辍。子路行以告。夫子怃然曰：'鸟兽不可与同群，吾非斯人之徒与而谁与？天下有道，丘不与易也'"（《论语·微子》）。诚可谓道不同，不相为谋也。可见当时孔子与隐者的区别。老子则表现出与隐士同样的价值趋向，采取了超然的出世态度。在政治观上，孔子主张积极入世，有所作为，老子则主张顺应自然，无为而治。在人生观上，老子主张明哲保身的处世哲学，孔子则倡导"达兼穷独"的人生态度。面对乱世，老子主要是消极遁世的，而孔子则是积极入世的。前者心系江湖，后者则身在庙堂。应该说，在这方面孔子比老子更具有社会责任与担当。

另一方面，两者的确存在着不少暗合之处，可以相互融通。儒道融通是儒道两大思想流派可以在中华文明发展的历史长河中共生共存、相互融合、相互促进的重要根源，对于中华文化心理结构的形成产生重要的影响。在这方面学术界普遍有所忽视，因此有必要详加阐述。在这里笔者想着重阐发两者的融通对中国传统文化精神特质的影响。在此主要运用文本学的研究视角与方法，通过对《论语》和《道德经》的比较分析，从思想渊源、政治主张和本体论基础三方面探讨先秦儒道思想的相互融通之处，并据此力图阐发中国传统文化的基本特质及其重要价值。

1. 思想渊源

从思想渊源来看，有着共同的思想背景。人们一般均认可，老子比孔子年长，但生活在同一个年代，即在周王朝礼崩乐坏的年代。尽管老子与孔子对夏商周三代文化的态度不同，但是三代文化的传承和熏染无疑成为他们共同的思想渊源，其中主要体现在周礼与周易对两者的共同影响。

（1）周礼。周礼是周公在周初确定的一套典章制度和礼仪。周公作礼，为中国文化的"礼治"传统奠定了坚实的根基，产生了长远的影响。周礼是儒道两家的共同思想渊源。李泽厚认为它的一个基本特征"是原始巫术礼仪基础上的晚期氏族统治体系的规范化和系统化"。① "'所谓周礼'，其特征确是将以祭神（祖先）为核心的原始礼仪，加以改造制作，

① 李泽厚：《中国古代思想史论》，天津社会科学院出版社 2008 年版，第 11 页。

予以系统化、扩展化，成为一整套宗法制的习惯统治法规。"① 周礼起源于原始社会的巫术礼仪，是当时建立社会秩序的需要与原始巫术礼仪相结合而形成的产物。远古社会的氏族领袖是当时社会最大的巫，代表人与神进行沟通。巫史文化就是先民社会文化的一大特点。据《史记·老子韩非子列传》记载，老子是"周守藏室之史也"，即老子曾任周王朝的史官，无疑他对于历代文化传承十分了解。孔子对周礼也非常熟悉。《论语》中讲礼甚多，孔子感叹"周监于二代。郁郁乎文哉，吾从周"（《论语·八佾》）。据载，孔子曾问道于老子，并表现出他对老子的极度尊崇，尽管这是一桩历史悬案，但老子身为周王朝守藏史官，对周朝礼乐文化自然了然于胸，作为对周礼十分崇尚的孔子去问礼于老子，这是最自然不过的事情。此事在《庄子·天运》中有记载："孔子行年五十有一而不闻道，乃南之沛见老聃。""孔子见老聃归，三日不谈。弟子问曰：'夫子见老聃，亦将何规哉？'孔子曰：'吾乃今于是乎见龙。'"汉代司马迁《史记·老子韩非列传》记载：孔子适周，问礼于老子。事后孔子与弟子谈对老子印象："鸟，吾知其能飞；鱼，吾知其能游；兽，吾知其能走。走者可以为罔，游者可以为纶，飞者可以为矰。至于龙，吾不能知，其乘风云而上天？吾今日见老子，其犹龙邪！"两者记载极为相似，孔子把老子描写成见首不见尾的高深莫测的龙的意象。此外在《礼记》及《孔子家语》和《吕氏春秋》中也有孔老相会与孔子就问于老子的记载。可见孔子问道于老子的说法，在当时流传很广，总体看来还是比较可信的。老子学说对孔子思想有重要影响，孔子思想在不少方面师承了老子学说。可见，从文化传承看，周礼是儒道两家共同的思想渊源。从思想内容看，儒道两家对于"礼"的认识也有相通之处。李泽厚先生说："'礼'是颇为繁多的，其起源和其核心则是尊敬和祭祀祖先。"② 对于故去的人讲"礼"就是儒道两家共同的思想认识，礼是表达情感的一种方式。老子说："杀人之众，以悲哀泣之，战胜以丧礼处之"（《道德经·三十一章》）。此处所述丧礼即为周礼中祭祀之礼，以此表示对死者的敬重，对生命的敬重。孔子讲礼甚多，如"居上不宽，为礼不敬，临丧不哀。吾何以观之哉！"（《论语·八佾》）"生，事之以礼，死，葬之以礼，祭之以礼"（《论语·

---

① 李泽厚：《中国古代思想史论》，天津社会科学院出版社2008年版，第13页。
② 同上书，第13页。

为政》）。怎样做才算孝？孔子划定的评判依据是父母在世时要以礼事之，父母辞世之后在丧葬和祭祀期间讲礼才算真正的孝。《道德经》虽然提到礼的地方不多，但其对礼的认识与儒家有相通之处。"礼"是否周到成为其情感诉求的符号，具有态度指向性。因此，从讲究祭祀之礼、敬重先人的角度看，儒道两家具有相通之处。《论语》所倡导的"礼"除作为情感诉求的载体外，还具有更多功能。它是恢复社会秩序、巩固君主统治的有效手段和工具，如"君子三年不为礼，礼必坏"（《论语·阳货》）；"上好礼，则民易使也"（《论语·宪问》）；"君使臣以礼，臣事君以忠"（《论语·八佾》）。它是个人立身处世的根本，如"不学礼，无以立"（《论语·季氏》）。它也是君子规范和约束自己行为的标尺，如"非礼勿视，非礼勿听，非礼勿言，非礼勿动"（《论语·颜渊》）。一切都要以礼为标准。可见，在《论语》中"礼"所承担的功能是多方面的，它不单是君主治国的一个重要措施和方法，而且也是君子修心养性的重要依据，同时也是儒家实现"内圣外王"理想的重要途径和手段。无疑，老子对孔子所强调的"礼"持不同态度。他说"夫礼者，忠信之薄而乱之首"（《道德经·三十八章》）。孔子将重建社会秩序的理想完全寄托于对"周礼"的恢复。他对"礼"的过度强调，老子为之所反对。老子认为这种"礼"属于矫枉过正的"礼"，即"礼"所发挥的作用已超出"礼"所能承担的职责和功能，损害了"礼"本身所具备的自然本性。但老子对孔子过度强调"礼"的不满并非表示他对"周礼"全盘否定。

（2）周易。《周易》是中国传统文化的另一大重要的思想源头，如果不了解《周易》对中国传统文化的深远影响就不可能真正懂得中国传统文化的形成发展及基本精神。易分三种：即《连山》、《归藏》和《周易》，其中《周易》是在前两者基础上形成和发展起来。《易》在古代被作为卜筮之书以预测吉凶，其中也蕴藏大量智慧。儒道两家对《周易》智慧的继承表现在对其思想与思维方式的继承。《周易》成为两家思想融通的又一思想渊源。

《道德经》对《周易》思想的继承则主要表现为对其辩证思维方式的继承。正如童书业先生分析："中国古代的朴素的辩证法，是很早就有的，例如《周易》中就有比较显著的辩证法因素，阴阳的概念，可能就是最早的辩证方法论。老子是个史官，古代'史''巫'不分，《周易》是一部卜筮书，本来掌握在史官手里，作为史官的老子，一面掌握着古代巫书中的朴素辩证观点，把它发展起来。他又熟悉史事，知道历史上许多成败兴亡的事件，从里面也可以体会出辩证法的道理来，所以老子的辩证法，是有继承、发展前人遗产的成分。"① 老子的身份和经历无疑会在其著作中有所渗透，具体表现在其运用《周易》体现的辩证思想去认识和理解问题。众所周知，所谓辩证思维是指用矛盾的观点看问题，哲学上讲矛盾是指对立统一关系。这种辩证思维在《道德经》中更多表现为对立双方的共存互补关系。如"有无相生，难易相成，长短相形，高下相盈，音声相和，前后相随"（《道德经·二章》）；"祸兮福之所倚，福兮祸之所伏"（《道德经·五十八章》）；"大方无隅，大器晚成，大音希声，大象无形，道隐无名"（《道德经·四十一章》）；"大成若缺，其用不弊。大盈若冲，其用不穷。大直若屈，大巧若拙，大辩若讷"（《道德经·四十五章》）。这些都可看出事物对立双方成为相互解释对立面的重要参照物，为全面认识事物提供正反两个角度。高晨阳先生将《道德经》中这些互补关系总结为相互依存、相互包容、相互渗透和相互转化四个方面。② 可见，《道德经》对于《周易》思想的继承主要体现在对于其思维方式的继承。

儒家对《周易》思想的继承体现在据传是孔子所作的《易传》。《易传》和《中庸》被学界看作是《周易》思想与儒家思想融合的产物。"韦编三绝"即指孔子为读《易》而多次翻断攒竹简的牛皮带子。孔子曰："加我数年，五十以学易，可以无大过矣"（《论语·述而》）。这里所述"易"即为《周易》，虽然"无大过"的指向学界尚存争论，但孔子对于学习和理解《周易》思想所表现出的相逢恨晚或理解太晚的心情则是共识。再如，《周易》卦像通过阴爻与阳爻数量及位置的变化来表现事物运动、变化的思想，这一思想在《论语》也有体现。如"子在川上曰，逝者如斯夫，不舍昼夜"（《论语·子罕》），在时间和空间上都承认世界生生不息的变化。这种变易思维还渗透到孔子对人生的感悟和认识上。如"君子有三戒：少之时，血气未定，戒之在色；及其壮也，血气方刚，戒之在斗；及其老也，血气既衰，戒之在得"（《论语·季氏》）。

2. 政治主张

《论语》和《道德经》成书于春秋战国的诸侯争霸年代。作为儒家与

---

① 童书业、童教英：《先秦七子思想研究》，中华书局 2006 年版，第 137 页。
② 高晨阳：《中国传统思维方式研究》，科学出版社 2012 年版，第 43—45 页。

道家的创始人孔子与老子均生逢乱世。面对"周文疲弊"的社会现实，如何恢复社会秩序、消除战乱，使人们过上和平安宁有序的生活，则是老子和孔子共同关心的社会问题。从这个意义上说，《论语》和《道德经》均可被视作政治哲学著作。虽然两者的内容侧重点有所不同，但均涉及天道观、人道观、人生观的内容，其出发点与最终的落脚点还是在于如何治国安邦的政治伦理观。当然，两者在人生价值趋向上存有差异，面对乱世，老子不免消极遁世，采取明哲保身之人生态度；而孔子则积极入世，采取"知其不可而为之"人生态度。前者心系江湖，后者身在庙堂；前者厚德载物，后者自强不息。应该说，在人生观方面孔子比老子更加积极有为，更具有社会责任与担当。但是，在治国理念上，或者说在很多重大政治主张上两者却并无根本区别，并且颇多暗合与融通，甚至具有惊人的相同之处，诚可谓英雄所见略同。诸如：

（1）厚生爱民。所谓厚生爱民主要指统治者在为政上坚持以民为本，具有重民、养民、保民思想。以民为本是中国传统政治思想的精华。梁启超先生对此有深刻而全面的认识，他说："申言之，则国为人民公共之国，为人民共同利益故乃有政治。此二义者，我先民见之甚明，信之甚笃。惟一切政治当由人民施行，则我先民非惟未尝研究其方法，抑似并未承认此理论。夫徒言民为邦本，政在养民，而政之所从出，其权力乃在人民以外。此种无参政权的民本主义，为效几何？我国政治论之最大缺点，毋乃在是。"① 这段论述直言以民为本思想的利弊，从积极意义看，以民为本思想蕴藏着厚生爱民思想，这是儒道两家的共同主张。老子说："圣人常无心，以百姓心为心"（《道德经·四十九章》），讲君主为政应以百姓需要为其为政的需要。它也有重民思想，将民众的反映作为衡量政治是否清明的标准，也将其视为比较有为无为的统治方式优劣的标尺。例如，"天下多忌讳，而民弥贫；人多利器，国家滋昏"（《道德经·五十七章》）；"其政闷闷，其民淳淳；其政察察，其民缺缺"（《道德经·五十八章》）；"民不畏威，则大威至"（《道德经·七十二章》）。再如"民之饥，以其上食税之多，是以饥。民之难治，以其上之有为，是以难治。民之轻死，以其上求生之厚，是以轻死。夫唯无以生为者，是贤于贵生"（《道德经·七十五章》）；"民不畏死，奈何以死惧之"（《道德经·七十

---

① 梁启超：《先秦政治思想史》，岳麓书社2010年版，第6页。

四章》）等。钱穆先生对《道德经》的评价并不高，他认为《道德经》讲权谋之术，讲聪明人愚弄民众的把戏。关于他对《道德经》的评价是否恰当姑且不论，但是，钱穆先生也不得不承认老子对于民众的重视，"老子亦知社会民众之不可轻视，不当侵犯，此亦可谓是老子之高明"。①

孔子说："兴灭国，继绝世，举逸民，天下之民归心焉。所重民，食丧祭。宽则得众，信则民任焉，敏则有功，公则说"（《论语·尧曰》）。这段材料可看出君主为政要得民心，以民为本，同时指出要重民，重丧祭，对待人民要宽和，讲信义，这样才可获取民心。《论语》中厚生爱民思想还体现在重民、养民和教民之上。如"道千乘之国，敬事而信，节用而爱人，使民以时"（《论语·学而》），"使民以时"即指要尊重民众的农耕劳作的时间，不劳民伤财。再如，"足食，足兵，民信之矣"（《论语·颜渊》），要取得民众的信任必须有足够的粮食养活民众，要有强大的国防。"因民之所利而利之，斯不亦惠而不费乎？择可劳而劳之，又谁怨？"（《论语·尧曰》）道出以民为本对于君主为政的重要意义。君主治国，最终就在治民上，重视民生，取信于民，获得民众支持就确立为政的基础。而这一思想在《道德经》中也有所体现。可见，《道德经》思想中的重民思想与《论语》有相通之处。

同时，厚生爱民思想在战争思想中也有体现，这是儒道两家共有的思想，都具有人道主义关怀。《论语》认为将没有经过训练的士兵投入战争就是抛弃了这些人，即"以不教民战，是谓弃之"（《论语·子路》）。《道德经》则说，面对战争的胜利，胜利者不仅要"恬淡为上"，更应该"胜而不美"。如此态度是因为"胜而不美，而美之者，是乐杀人。夫乐杀人者，则不可得志于天下矣"（《道德经·三十一章》）。乐杀人不会得志于天下。对于战争中死去的人应"悲哀泣之，丧礼处之"。尊重生民、重视生命是儒道两家共同的观点和主张。

（2）崇尚仁义。《论语》和《道德经》不仅都主张以民为本，而且均崇尚仁义，实行仁政。仁政是建立在民本思想基础之上的德治传统，是民本思想的逻辑延伸和必然结论。

仁义是孔子特别强调的价值理念。他说："能行五者于天下，为仁矣。""恭、宽、信、敏、惠"，"恭则不侮，宽则得众，信则人任焉，敏

① 钱穆：《庄老通辩》，生活·读书·新知三联书店 2005 年版，第 137 页。

则有功，惠则足以使人"（《论语·阳货》）；"君子之于天下矣，无适也，无莫也，义之与比"（《论语·八佾》）。提倡仁义、施行仁政是儒家倡导的主要政治主张之一，这已为人所众知，在此恕不赘述。

这里主要讨论老子对于仁义的态度。传统观点认为老子是反对孔子的仁义思想的，这不能不说是一个极大的误解。同时，《史记·孔子世家》记载孔子适周问礼与老子。辞去，而老子送之曰："吾闻富贵者送人以财；仁人者送人以言。吾不能富贵，穷仁人之号，送子以言。"老子自谦是"穷仁人之号"，这本身就反映出老子对"仁"并不反对。老子绝无鄙薄仁义之意，他所反对的是统治者的假仁假义，违背天道的所谓"仁义"。他认为仁义之说之所以蜂起，是由于当时统治者的不仁不义而致，这一观点并非表明他从根本上反对仁义的价值。对此，他讲得很清楚："大道废，有仁义；智慧出，有大伪；六亲不和，有孝慈；国家昏乱，有忠臣"（《道德经·十八章》）；"心善渊，与善仁"（《道德经·八章》）。他甚至愤怒地控诉说："天地不仁，以万物为刍狗。圣人不仁，以百姓为刍狗"（《道德经·五章》）。该书中也多处提到"仁义"，显示出其对"仁义"的认可。不仅如此，老子还赋予"仁""义"以新内涵，即认为无为和不争就是仁义。"上仁为之而无以为，上义为之而有以为"（《道德经·三十八章》）。他认为"上仁为之而无以为"，即最好的仁是做了好事并不以为意，最好的义是有意的无所为。老子所追求的"仁义"是一种顺其自然、追求内在自发性的仁义。这与《论语》所述"夫仁者，己欲立而立人，己欲达而达人"（《论语·雍也》）的意义相通。质言之，孔子和老子所追求的仁义是注重内心的内在自发性，而不是刻意地伪装和狡诈。1993年郭店楚简《道德经》的出土和研究表明，老子并非反对"仁义"。陈鼓应先生说："通行本为'绝仁弃义'，郭店简本为'绝伪弃诈'，为祖本之书，当据改正。老子八章主张人与人交往要尚仁，可见老子并无弃绝仁义之说，郭店简本出土，始知为人妄改。"[①] 这段话是对《道德经》十九章"绝伪弃诈，民复孝慈"的注解。笔者同意陈鼓应先生的说法，对于仁义，老子并非主张弃绝之，他所反对的"仁义"，是指以仁义之名行不仁义之事。若他反对仁义，又何必在书中倡导与善与仁、以德报怨等重德思想？老子主张废弃的是违反仁义自然本性的虚仁假义。

---

① 陈鼓应：《老子注译及评介》，中华书局2010年版，第134页。

《道德经》中实施仁政的主张主要体现在对善与德的强调上，特别是对"圣人"的期待，不仅提倡无为、不争，而且也强调善与德。如"圣人无常心，以百姓心为心。善者，吾善之；不善者，吾亦善之；德善。信者，吾信之；不信者，吾亦信之；德信"（《道德经·四十九章》）。在老子看来，无为和不争就是最大的善与最大的德。这种无为和不争有助于治理国家恢复秩序。当然，无论老子还是孔子倡仁政、重民心，其最终目的是为维护君主的统治秩序，但这些思想主张的确给民众带来利益。总之，尚仁义，施仁政是儒道共同的政治主张。

（3）天道均平。在政治生活中遵循天道表现为维护社会秩序和公正，这就涉及社会财富的分配问题，也就是公平正义问题。主张天道均平是儒道两家又一共同的政治主张，这对维护社会的稳定秩序与和谐发展具有一定价值。

先秦儒道两家皆不重鬼神，他们用"天"来取代鬼神在人们信仰生活中的地位，将对鬼神的敬畏更多置换为对天的敬畏，倡导人道符合天道。在政治生活中遵循天道表现为秩序和公正的问题，这就涉及社会财富分配问题，也是社会公平问题，它直接涉及社会稳定秩序。

老子说："天地相合，以降甘露，民莫之令而自均"（《道德经·三十二章》）。讲天地无所作为却可以实现自我分配，损有余以奉不足，民众无须命令就可实现自发的均衡分配。老子还明确说"天之道，损有余而补不足。人之道，则不然，损不足以奉有余"（《道德经·七十七章》）。对此，杜光庭在《道德真经广圣义》（卷四十八）中阐释道："天道均平，有余必损，不足必兴。"老子批评当时统治者横征暴敛，厚俸自养、政令繁苛，强作妄为，使得人民不但陷入饥饿，而且动辄得咎，这就迫使人民不畏惧死亡，进行反抗，为生存而斗争。他说："民之饥，以其上食税之多，是以饥。民之难治，以其上之有为，是以难治。民之轻死，以其上求生之厚，是以轻死"（《道德经·七十五章》）。他警告统治者说："民不畏死，奈何以死惧之"（《道德经·七十四章》）。这对历代统治者均具有警示价值。可见，在社会产品的分配上，人道与天道是有差别的。老子在社会财富分配问题上主张人道向天道靠拢，认为真正的道者是顺应天道的人，即"孰能有余已奉天下，唯有道者"（《七十七章》）。可见，老子赞成天道均平的主张。

孔子在社会产品的分配上也主张分配的公平与公正。如孔子在季氏将伐颛臾时评论："丘也闻，有国有家者，不患寡而患不均，不患贫而患不安。盖均无贫，和无寡，安无倾"（《论语·季氏》）。他从社会产品分配的视角讲到均平对于治家治国的重要性。这里所述的均平并非平均主义，而是追求社会产品分配的公正性。这一公正性在《道德经》那里体现为"民莫之令而自均"，在《论语》中则体现为治国治家的重要方面。尽管儒道两家对于天道均平认识的角度不同，道家强调均平的自发性，儒家强调均平的公正性，但是对于社会产品分配的公平的重视，则是两家的共识。

（4）慎重战争。战争作为人类社会产生的伴随物，不断吞噬人类的生命。尤其是"春秋无义战"。先秦时期，人们对战争产生的原因探究也许不够全面和透彻，但对战争带来的惨烈后果则有目共睹。儒道两家皆主张慎重对待战争。

老子则直陈战争危害，需慎重使用，他说："兵者不祥之器，非君子之器，不得已而用之，恬淡为上"（《道德经·三十一章》）。发动战争不是君子的作为，只有逼不得已才可使用。之所以慎战是因为兵强天下引发社会灾难。即"师之所处，荆棘生焉。大军之后，必有凶年"（《道德经·三十章》）。正由于战争给社会生产带来巨大破坏，造成凶年，因而要慎战。当然，主张慎战，并非取消战争，即当暴力的发生妨害正义时，必须要采取暴力来制止暴力、匡扶正义。如上文《道德经》所述"不得已而为之"。

孔子也主张慎重对待斋戒、战争和疾病三件事。"子之所慎：齐，战，疾"（《论语·述而》）。再如，卫灵公问陈于孔子。孔子对曰："俎豆之事，则尝闻之矣。军旅之事，未之学也"（《论语·卫灵公》）。当卫灵公请教如何排兵布阵时，孔子直陈自己没学过。孔子本人博学好问，对待不懂之事乐于求教甚至不耻下问，然而对于他不懂的作战之事却不见其求教的记载。即使有君主向他请教作战之事，他除承认自己不懂之外并未有任何补救措施的记载。孔子是一个充满政治抱负的思想家，为实现其政治理想不惜颠沛流离周游列国。这样的人，对于治国之军事却知之甚少，也可看出他不热衷于军事和战争。《孟子·梁惠王章句上》中记载：齐宣王问曰："齐桓、晋文之事，可得闻乎？"孟子对曰："仲尼之徒无道桓文之事者，是以后世无传焉。臣未之闻也。无以，则王乎？"这应该是实情，符合孔子对战争的思想。再如《论语》中孔子请战的事例。"陈恒弑其君，请讨之"（《论语·宪问》）。可见，孔子和老子在对待战争问题上，既不反对正义战争，又主张慎重战争的观点是基本相同的。

（5）无为而治。无为而治是老子与孔子共同追求的最高政治理想与境界，也是德治思想必然的逻辑延伸与结论。传统认为无为而治属道家政治主张，小国寡民是道家追求的理想社会状态。然而，人们对于道家所讲的无为存有一定误解。老子所主张的无为并非消极的无所作为，而是一种积极的无为，具体说就是有所为有所不为，顺应自然而为。如"为无为，则无不治"（《道德经·三章》）。就讲"无为"的目的是达到"治"，"无为"只是一个实现治国途径和方式。再如，"是以圣人处无为之事，行不言之教"（《道德经·二章》）。无为之事的目的在于形成不言之教，而所谓无为之事就指顺其自然。道家认为最大的德与善就是无为，道法自然，无为而治成为道家德治思想的必然结论。

与老子崇尚自然、反人文的倾向不同，孔子则主张积极有为、刚健有为，但在治国为政上却透露出赞成无为而治的思想。这表现在，第一，向自然学习，以德为政，提倡无为。比如"为政以德，譬如北辰，居其所而众星共之"（《论语·为政》）。北辰为天上星斗，按自身规律运行，以德为政就应该向天上星斗一样顺其自然而行。君主譬如北辰，可无为而治。第二，赞叹尧舜之时的无为之治。如"无为而治者，其舜也与？夫何为哉，恭己正南面而已矣"（《论语·卫灵公》）。舜帝为政，仅仅是"恭己正南面"而已，并无太多作为。这正如老子所述"道常无为而无不为。侯王若能守之，万物将自化"（《道德经·三十七章》）。第三，指出现实政治生活中存在类似的无为之治。即君主"守三年之丧"正是统治者无为之时。"何必高宗，古之人皆然。君薨，百官总己以听于冢宰三年"（《论语·宪问》）。君主在守丧时，通常都不过度干预政事，这种状态近似于无为之治。以上三点可看出儒家赞成的无为存在三种状态，即为政以德，效法有德之领袖尧舜，以及为父母守孝，这都是儒家德治思想在社会生活中的重要表现。这与道家主张有相通之处，即通过无为而治的方式实现以德治国，提倡伦理政治。

3. **本体论基础**

从本体论思想看，具有相同的哲学基础。冯友兰先生说："在未来的世界，人类将要以哲学代替宗教。这是与中国传统相合的。人不一定应当是宗教的，但是他一定是哲学的。他一定是哲学的，他也就有了正是宗教的洪福。"① 关于中国究竟是否存有宗教，学界有诸多争论，毫无疑问中国哲学在中国人的信仰和世俗生活中都起到无可替代的作用。任何思想学说，如果缺乏本体论思想，就缺乏根基与哲学基础，就不能构成思想体系。老子与孔子作为一代哲人，其思想学说自然有其本体论基础，两者也同样存在着相互融通之处。儒道思想的融通之处不仅表现在其思想渊源和政治主张上，而且在哲学本体论上也有所体现。正是哲学基础上的相通才使得儒道两家的思想主张虽有相异相斥之处，但却可在中国文化史上此消彼长、共存共行。

（1）天道观。天与道在中国传统哲学中具有特别重要的意义。它不仅在哲学中作为一种实体而存在，而且也代表一种超自然的力量部分取代了宗教信仰的功能。顺应天道，对天敬重成为儒道两家的共识。

在中国传统哲学上，老子对天道观贡献最大。老子所谓的"道"是指贯通自然、社会、人生的根本规律，它是不可违逆的客观实在。可用两个字概括——"自然"。即"人法天，地法天，天法道，道法自然"（《道德经·二十五章》）。"道法自然"指的是自然而然，顺其自然，理所当然，尊重事物本来的变化过程和状态。个人以为，自然而然、尊重事物的本性的变化过程是老子自然哲学的本意。同时，人生活在自然中，学习效法的对象首先就是自然万物，主张观物取象。基于此，有人评价老子是一个朴素的自然唯物主义者。《道德经》追求的"道"是"效法自然"，即人道追求天道，讲求人们对天道的遵循和效法。这正是"天人合一"观的重要体现。基于此，在《道德经》一书中充满对自然现象的描述，充满人对自然现象的学习和体悟。如"江河所以能为百谷王者，以其善下之，故能为百谷王"（《道德经·六十六章》）；"水善利万物而不争，处众人之所恶，故几于道"（《道德经·八章》）等。换言之，追求人道与天道的相统一，实现"天人合一"就是效法自然的最高境界。

孔子虽然不太讲天道，正如子贡所言："夫子之文章，可得而闻也；夫子之言性与天道，不可得而闻也"（《论语·公冶长》），体现出孔子注重现实、注重社会、注重人生的实践理性精神，即所谓"六合之外，圣人存而不问"的入世精神。但这并不意味着孔子没有天道观思想，事实

① 冯友兰：《中国哲学简史》，北京大学出版社2000年版，第5页。

上孔子也讲天道，讲顺应天道，与老子的天道观一脉相承。他说："大哉尧之为君也！巍巍乎！唯天为大，唯尧则之"（《论语·泰伯》）；"天何言哉？四时行焉，百物生矣"（《论语·阳货》）。与天道有关的还有命："道之将行也与？命也；道之将废也与？命也"（《论语·宪问》）。孔子自述："五十而知天命，六十而耳顺，七十而从心所欲不逾矩"（《论语·为政》），讲其处事立身的经历，同时也看出其人道追寻天道的过程，从"不惑"、"知天命"、"耳顺"到"从心所欲不逾矩"，达到人道与天道的相契合，这是孔子所实现的"天人合一"境界。

当然，老子与孔子的天道有所区别。老子讲的天人合一思想，主要基于自然观的本体论基础，孔子讲的天人合一思想，除自然观外主要基于心性论的本体论基础。孔子的心性论思想后来被思孟学派发扬光大。孟子讲"尽心"、"知性"、"敬天"以实现天人合一。前者主要属于外在超越，后者主要属于内在超越。但无论如何，"天人合一"思想是老子与孔子共同追求的思想境界，两者具有异曲同工之妙。这种境界形成的哲学基础是基于对自然的学习和体悟，追求人道符合天道。儒道两家思想之所以融通，在哲学上表现为哲学本体论之认识上的相通。儒道两家基于共同的思想基础却发展出不同的思想理论主张，在于儒道两家对于自然的认识角度不同，因而在解决社会问题上选择的路径不同。道家悟出的天道是提倡自然的不争和无为，儒家追求的天道是秩序，即各在其位各谋其政的运行秩序。因此，道家的政治主张是小国寡民，自然无为，儒家的政治主张是讲究秩序礼仪，主张人伦，通过刚健有为恢复和重建社会秩序。无论是《道德经》还是《论语》，他们都是在认识自然、学习自然、效仿自然的基础上提出各自的思想主张，儒道两家属于同源而异出。

（2）中庸之道。中庸思想在中国传统哲学中居于中枢地位，同时也得到了道家、佛教的共同认可与推崇，成为中国传统的高级哲理与智慧，其核心内容是排除"过"与"不及"两个极端，以公正客观、不偏不倚的立场与观点来看待与处理问题。中庸思想对后世影响之大是其他思想观念实难望其项背的。对维护社会和谐稳定、实现社会的长治久安产生了非常重大的影响。方东美先生指出："是故，由之开出广大悉备之'中正'原理，创发'中道哲学'迢迢远引，蕲向永恒世界。"[1]

---

[1]　方东美：《中国哲学精神及其发展》（上），中华书局 2012 年版，第 44 页。

关于中庸思想，在中国文化中由来已久。《周易·临》中就有"大君之宜，行中之谓也"的说法。老子说："天之道，其犹张弓欤！高者抑之，下者举之；有馀者损之，不足者补之"（《道德经·七十七章》）。这实际上就是守中的意谓。"多言数穷，不如守中"（《道德经·五章》）。严复解释说："夫'中'者何？道要而已"。[1] 一言中的。作为儒家的创始人孔子对中庸之道大加礼赞，甚至把中庸称为"至德"："中庸之为德也，其至矣乎！民鲜久矣"（《论语·雍也》）。而所谓中庸，主要指"允执其中"（《论语·尧曰》）。可见，无论是老子还是孔子无不认同和赞成中庸的思想。

可见，中国传统文化的总体格局，是由以孔子为代表的儒家文化和以老子为代表的道家文化共同构成的。儒道互补不仅仅是中国传统思想的主体构架，而且也体现在中国传统文化的诸多方面，呈映出中国文化的一种精神品格。两者相互区别，相互补充，相辅相成，相映成趣，构成了中国传统文化的独特景观。儒道思想的互补与融通是中华民族的文化心理形成的基本内核。但由于其解决社会问题的思路不同，因而又产生许多相异点。这种内核一致的多元表达，使得中华文化精神在漫长的历史发展中具备较强的适应性。方东美先生说："假使儒家思想衰退之后，往往可以拯救儒家思想的，是道家，道家在此有极大的功劳。"[2] 他指的是儒家认为自己的生命中心就是宇宙的生命中心。当儒家的精神衰落之后，道家庄子"太空人"的气魄可拯救儒家。儒家思想更多表现为"入世"，道家思想则更多表现为"出世"。然而，无论是主张"入世"还是"出世"，无论主张"刚健有为"还是主张"无为而治"，他们的最终目的却都是关注生命、拯救社会、匡扶民心。这是他们共同追求的理想。尽管儒道两家有相对立相排斥的思想主张，但其相融相通之处才成为二者可在中国思想史上形成共依共存，融合促进的局面，在不同历史时期发挥不同的作用，此起彼伏，并时而存，相互偕行。

---

① 陈鼓应：《老子注译及评介》，中华书局 2010 年版，第 77 页。
② 方东美：《原始儒家道家哲学》，中华书局 2012 年版，第 164 页。

第四章　中国传统文化的核心精神

中国传统文化，可用源远流长、博大精深八个字来形容，毫不为过。关于中国传统文化精神（或基本特质、核心）问题，也是长期以来尤其是五四时期以来中国大陆及海外学术界探讨的焦点问题之一，诸说蜂起，莫衷一是。此研究难度颇大，风险也大，但意义也更为重要。

要深化对中国传统文化精神的研究，一方面必须对文化精神这个概念的内涵与外延做出明确的界定；另一方面则必须对影响中国传统文化精神形成的外因与内因作出深入系统的考察。

笔者认为，中国传统文化精神是以人文主义为核心的由以下多个具有内在逻辑联系的主要思想观念所构成的一个整体价值系统。

一　以人为本①

广义上说，一切以人为本的思想学说，均可称为人本主义。

关于中国传统文化中是否存在人文主义传统问题，学术界争议不休。持否定态度的人主要是以西方人文主义的内涵与尺度来衡量中国传统文化。持肯定态度的人则对人文主义的概念有不同于西方人文主义的内涵与尺度的理解与阐释。问题的关键的确在于对人文主义概念的不同理解。

严格地说，文化是相对于自然而言的，是人类社会的特有现象与产物，没有社会就没有文化，反之，没有文化也就没有了社会。一般而言，文化问题大致不外乎三类关系：一是人与自然的关系，二是广义的人和人的关系（包括人与社会、人与群体、人与他人的关系），三是人与自身的关系（即人生问题）。这三类关系具有逻辑递进关系，即在人与自然的关

---

① 本节有关内容发表在《中国传统人文精神诠释》，《历史教育问题》2012年第4期。

系基本解决以后，人和人的关系、人与自身的关系将会逻辑地依次暴露出来。因此，文化本质上都是关乎人的，都以人为中心的，从这个意义上说，任何文化都是以人为本的。所有的文化类型都充盈着人文主义的传统，但不同的文化类型在人与环境的关系问题上关注的侧重点有所区别，有的侧重于人与自然的关系，导致科学精神的发达，有的侧重于人与神的关系，导致宗教精神发达，有的侧重于人与人的关系，导致伦理精神的发达。以人为本，是相对于以神为本、以物为本而言的。以神为本，产生宗教精神，以物为本，导致科学精神，以人为本，形成人文精神。不同文化类型中人文主义传统具有不同内涵与特色，这则是我们考察各种类型的人文主义传统的出发点与着力点。

对人文主义概念的理解问题，它具有共性，也有个性。与古希腊文化较注重人与自然的关系以及希伯来文化、印度佛教文化较侧重人与神的关系不同，中国传统文化则较侧重于人与社会、人与人的关系以及人自身的修养问题，中国文化传统本质上是关注人的，以人作为文化关注的中心，围绕着人的问题而展开，诸如人的地位、人的本质、人的修养、人生理想、人生价值等问题，是一种人的学问、人的哲学。因此可以说中国传统文化中充满着人文主义的传统。"以人为本"表达出中国古代先哲对人生哲学的高度重视，而主要不是对自然哲学、宗教哲学的关切。即所谓"六合之外，圣人存而不问"（《庄子·齐物论》）。中国古代先哲一方面认为人是自然的产物，是宇宙万物的一部分；另一方面又肯定人是"万物之灵"，在自然与宇宙万物中占有特殊的地位，具有独特的使命与作用。中国文化传统重人世，重社会，重人生，重现实。自孔子"不语怪、力、乱、神，与命与仁"，"敬鬼神而远之"，从此便"天道远，人道弥"。中国文化从本质上来说是重视人的，可以说是一种哲学人类学。

"以人为本"，并非当今才有的术语。据目前掌握的中国古代文献资料来看，最早典出《管子·霸言》，其中说到"夫霸王之所始也，以人为本"。也就是说，无论实行霸道政治还是王道政治，都必须建立在以人为本的这个基础之上。以人为本，向来被认为是中国传统文化的一大特色，也是中国传统文化精神的重要内容。中国传统哲学，无论儒、道、佛，本质上都是一种人生哲学，素有"儒治世，道养生，佛修心"之说。以儒道两家为主要构架的中国传统文化，本质上是一种以人为本位的文化，只不过儒家较侧重的是作为群体中的人，道家则更多关注的是作为个体的人，但两者也有相互融通之处。

中国传统"以人为本"的思想十分丰富，大体包括以人为尊、以民为贵、以仁为本三个方面的精神蕴涵，与当今"科学发展观"中的"以人为本"思想息息相通，创造性地开挖中国传统人本思想对现实具有重大的价值。

1. 以人为尊

所谓以人为尊是指中国传统文化十分重视人在宇宙万物中的重要地位，重视人的生命意识，尊重人的尊严与价值，这实际上涉及人权问题。重视人权与价值是中国传统人本思想的题中应有之义。具体地说，包括以下三个层面的意涵。

第一，重视人的崇高价值。

这是一种哲学层面上的形上境界。中国古代先哲均十分重视人在宇宙体系中的独特的重要地位。

儒家认为，人是万物之王，在宇宙万物中占了中心地位，天地万物莫贵于人，具有人类中心主义的倾向。其实，人类中心主义并非是贬义词，它强调的是人类在天地万物中所占的中心与主导地位。《周易·说卦》中把天、地、人合称为"三才"，把人与天地并立，并强调"天地之间，莫贵于人"。《礼记·礼运》中说："故人者，天地之心，五行之端也。"《礼记·祭义》中说："天之所生，地之所养，无人为大。"《尚书·泰誓上》言："惟天地万物之母，惟人万物之灵。"孔子曰："天地之性，人为贵"（《孝经·圣治章第九》）。那么人何以在天地万物中占有如此重要的地位？按照儒家的说法，人和生物都是得到了天地之性才有了形体，得到了天地之理才有了生命的特性，故称天地之性。其中唯有人得到了天地的全部神灵之气，有气、有生、有知并且有义，尤其是人是有道德的高级动物，人区别于动物的一个重要特质是，人类有道德，而其他动物没有德行。对此，荀子通过比较万物对人的特别地位作了热烈、充分的肯定。他指出"水火有气而无生，草木有生而无知，禽兽有知而无义。人有气、有生、有知并且有义，故最为天下贵"（《荀子·王制》）。此外，荀子还提出人之所以成为万物之王的另外一个原因，这就是与其他动物不能合作不一样，人类的可贵之处还在于能够合作以应对自然社会的各种问题与巨大挑战。他指出人"力不若牛，走不如马，而牛马为用，何也？曰：人能群，彼不能群也"（《荀子·王制》）。正因如此，才决定了人最为天下贵，可与天地参。

道家与儒家的理念略有不同。道家认为宇宙万物是一个系统整体，人不过是其中的一个组成部分，与万物处于一种平等的地位。即所谓"齐万物"。老子说："故道大，天大，地大，人也大。域中有四大，而人居其一焉"（《道德经·二十五章》）。庄子说："天地与我并生，而万物与我为一"（《庄子·齐物论》）。也就是说，人与道、天、地是平列的、平等的，因此与万物浑然一体。不过，尽管如此，道家也并没有否定人在宇宙万物中重要的地位与作用，如道教经典著作《抱朴子》甚至也说："有生最灵，莫过乎人。"

第二，尊重人的生命意识。

这属于个体的生命与群体的生存意义层面上的价值理念。它是以人为尊之价值理念的逻辑延伸与必然结论。既然人在宇宙万物中占有特殊的重要地位，那么人的生命当然是第一宝贵的。道家主张惜身养生、明哲保身，从很大意义上就是对生命意识的觉醒与尊重。老子说："名与身孰亲？身与货孰多？得与亡孰病？甚爱必大费，多藏必厚亡"（《道德经·四十四章》）。在这里，老子想唤醒执迷不悟的世人要尊重生命，不可为了名利而奋不顾身。这与佛学的人生智慧不谋而合。"人随情欲，求于声名；声名显著，身已故矣"（《四十二章经·第二十一章》）。贪求声名之欲，枉功劳形，得不偿失。现在看来，仍不失为醒世之语。儒家也是尊重生命意识的。如马厩失火，孔子曰："伤人乎？"不问马（《论语·乡党》）。充分体现出孔子对于人的生命价值的重视与人道关怀。也正是在这个意义上说，儒家强调"身体发肤，受之父母，不敢毁伤，孝之始也"（《孝经·开宗明义第一》）。对个体而言，这是个人生命意义的觉醒。此外，儒家更进一步把尊重个体生命意识发展到群体生命意识，实际上就是民生问题，统治者应该"节用爱民"。正如孙中山在关于民生主义的演讲中所说的："民生就是人民的生活——社会的生存、国民的生计、群众的生命。"①《礼记·礼运》中所追求的"使老有所终，壮有所用，幼有所长，矜、寡、孤、独、废、疾者皆有所养"这样一种社会理想，则是中国古代开明统治的人道主义精神的典型写照。

第三，彰显人的独立人格。

---

① 孙中山：《三民主义》，九州出版社 2011 年版，第 153 页。

这属于人的人格境界层面上的理念。人之为人，不但要生存，还要发展。人是有尊严的高等动物，必须具有独立的人格尊严，具有特立独行的精神品格。尽管中国传统体制中有压抑与抹杀人的独立人格的弊病，但从文化精神来说，无论是儒家和道家都有对这种独立人格精神的执着追求。如孔子所说的"三军可夺帅也，匹夫不可夺志也"（《论语·子罕》）。"当仁不让于师"（《论语·卫灵公》）。"岁寒，然后知松柏之后凋也"（《论语·子罕》）。孟子所说："虽千万人，吾往也"（《孟子·公孙丑上》）。追求的就是这种高贵的人格尊严。尤其是作为真正意义上的知识分子必须具备特立独行、择善固执的独立人格。在这方面，孟子是杰出的代表，为后世杰出知识分子树立了一种典型与榜样。他提倡善养至大至刚的"浩然之气"，倡导"富贵不能淫，贫贱不能移，威武不能屈"的"大丈夫"人格。他继承了孔子"杀身成仁"的思想，即使"舍生取义"，也在所不辞。他不但是这样说的，也是这样做的。有一次孟子见齐宣王，讨论关于卿的问题，说到贵戚之卿，如君有过则谏，多次劝谏而不听，就可以易君之位，宣王脸色大变，勃然作色，但孟子仍然从容淡定，侃侃而谈（《孟子·离娄下》）。真正做到了"说大人则藐之，无视其巍巍然"的境界（《孟子·尽心下》）。体现了一个真正的知识分子的铮铮风骨。

重视人的地位，尊重人的价值，凸显人的尊严，维护与保障人权，这是中国传统文化的基本理念之一。这些都突出地反映出中国古代先哲对人在宇宙万物中的地位的思考，确立了人在宇宙万物中的重要价值。

2. 以民为贵

在中国文化传统中的"人"，主要不是指的是个体的自然人，而是一个集合的概念。当然，人都具有自然性与社会性，是各种社会关系的总和。但是，不同的文化类型对人的个体性与社会性的关注程度各不相同。近代以来的西方文化比较强调人的个体人格，中国传统文化历来侧重人的社会人格。由于中国传统文化是以家族为本位的，因此，人的类的概念就十分突出。仁，从人从二。在中国文化传统中，单个的个体几乎就不构成人，他必须在与他人发生关系、与他人和善相处、成为某个群体中不可分割的一员，才能构成真正意义上的人。在中国文化传统中的"人"实际上主要指的是"民"。因此所谓"以人为本"，实际上主要指的是"以民为本"。

"以民为本"，是以人为本思想的核心内容，属于政治文化的范畴。

据文献记载，春秋末期齐国政治家晏婴最早提出了"以民为本"的术语："卑而不失尊，曲而不失正者，以民为本也"（《晏子春秋》卷四《内篇问》）。中国文化传统中的所谓"以人为本"，实际上主要是指"以民为本"，典型地体现在民本主义思想，这是根本之义。"民本思想"在殷商时期即已流行，这在《诗经》、《尚书》、《左传》等文献中均可出现，后经儒家、墨家的大力阐发，发扬光大为中国传统政治哲学的主流，在中国社会历史发展中得到广泛的认同和创造性的发展。中国传统民本思想的主要内容包括：

（1）民为邦本。即强调民众是国家社稷的基础与根本。在这些方面的思想资源十分丰富，诸如："邦畿千里，维民所止"（《诗经·玄鸟》）；"民为邦本，本固邦宁"（《尚书·五子之歌》）；"民为贵，社稷次之，君为轻"（《孟子·尽心下》）。传统士大夫及开明君主均喜欢以舟与水比喻君与民的关系，"水能载舟，亦能覆舟"，成为千年古训，这对历代统治者均产生过重要的警示作用。

（2）重视民意。民意即天意，不可违逆。诸如："国将兴，听于民；将亡，听于神"（《左传·庄公三十二年》）；"宜民宜人，受禄于天。保右命之，自天申之"（《诗经·假乐》）；"天聪明，自我民聪明；天明威，自我民明威"（《尚书·皋陶谟》）；"圣人无常心，以百姓心为心"（《道德经·四十九章》）。把民意上升到天意的高度，"民之所欲，天必从之"，因此，统治者若想得天下，维护与巩固自身的统治，就必须得民心，顺从民意，否则就等于违背天意，必遭天谴。

（3）敬天爱民。既然民意即是天意，因此作为统治者就必须爱民，视民如子，作之父母。老子说："民之饥，以其上食税之多，是以饥。民之难治，以其上之有为，是以难治。民之轻死，以其上求生之厚，是以轻死"（《道德经·七十五章》）。也就是说，苛政是政治祸乱的根源，这是对苛政提出的警告。"天下爱民甚矣，岂其使一人肆于民上，以从其淫，而弃天下之性？必不然矣"（《左传·庄襄十四年》）。唯有如此，"民亦劳止，汔可小康。惠此中国，以绥四方"（《诗经·民劳》）。如何才能做到爱民呢？《论语》中有一个生动的案例：子适卫，冉有仆。子曰："庶之哉！"冉有曰："既庶矣，又何加焉？"曰："富之。"曰："既富矣，又何加焉？"曰："教之"（《论语·子路》）。在这里，孔子特别强调了"富民"、"教民"的重要性。孟子更是进一步丰富发展了爱民、富民的思想，提出要"制民之产"。民无恒产即无恒心，社会就难以稳定。"是故明君制民之产，必使仰足以事父母，俯足以畜妻子；乐岁终身饱，凶年免于死亡，然后驱而之善，故民之从之也轻"（《孟子·梁惠王下》）。

（4）革命思想。中国词语学中"革命"一词，较早见于《周易》。"天地革而四时成。汤武革命，顺乎天而应乎人。革之时，大矣哉"（《周易·革》）。老子说："民不畏威，则大威至"（《道德经·七十二章》）。"民不畏死，奈何以死惧之"（《道德经·七十四章》）。在这方面，孟子讲得最多、最为明白。试举两例：

> 齐宣王问卿。孟子曰"王何卿之问也？"王曰："卿不同乎？"曰："不同：有贵戚之卿，有异姓之卿。"王曰："请问贵戚之卿。"曰："君有大过则谏；反覆之而不听，则易位。"王勃然变乎色。曰："王勿异也。王问臣，臣不敢不以正对。"王色定，然后请问异姓之卿。曰："君有过则谏；反覆之而不听，则去"（《孟子·万章下》）。
>
> 齐宣王问曰："汤放桀，武王伐纣，有诸？"孟子对曰："于传有之。"曰："臣弑其君，可乎？"曰："贼仁者谓之贼，贼义者谓之残，残贼之人谓之一夫。闻诛一夫纣矣，未闻弑君也"（《孟子·梁惠王下》）。

就是说，当独夫民贼当政、荒淫无道、百姓绝望时，就可以起来顺天应民把统治者打倒，这是对民本思想的一种延伸。当然，中国古代先哲这种"革命"的观念，只限于卿大夫范围，只有他们才有这种"革命"的资格，并没有提出平民革命的观念。

上述可见，中国传统的民本思想主要属于统治者的思想，与近代意义上的民主思想不能同日而语。从现实的角度来看，民本思想当然有它的诸多局限，但是，从历史主义的眼光来看，它的积极作用是不能抹杀的，对现实来说仍然不能忽视它的积极价值。民本与民主思想并不存在不可逾越的鸿沟，两者有着深刻的一致性，它们的主体都是民众，基础是民意，因此从民本发展到民主是顺水推舟、顺理成章的事情，刻意地把两者对立起来的观点既不符合历史主义的精神，也不符合现实情形。正如韦政通先生所指出的那样："民本思想自然不等于民主思想，民本也不及民主有效，但在近代民主政治未成熟以前，对防范权力，实想不出比民本思想更好的办法。就是在今天,环顾世界各国政治状况,我们能说民本思想业已失去其意义吗?"①

3. 以仁为本

从儒家的观点来说,仁即是人,仁与人是完全相通的。《中庸》说:"仁者,人也。"孔子说:"人而不仁,如礼何? 人而不仁,如乐何?"(《论语·八佾》)孟子也明确指出:"仁也者,人也,合而言之,道也"(《孟子·尽心下》)。这就是说,仁是人之异于其他动物的质的规定性。从这个意义上说,仁与人是合一的。

"以仁为本",较早出自《三国志·魏书·钟会传》:"古之行军,以仁为本,以义治之。""以仁为本",本质上说就是仁爱思想,"仁者爱人",不仅仅是一种社会伦理思想,更是一种统治者的政治理念。"以仁为本"是以人为本在为政上的逻辑延伸,也是中国政治文化的一大异彩。对此孙中山先生给了高度的肯定,他指出:"仁爱也是中国的好道德。古时最讲爱字的莫过于墨子。墨子所讲的'兼爱',与耶稣所讲的'博爱'是一样的。古时在政治一方面所讲爱的道理,有所谓'爱民如子',有所谓'仁民爱物',无论对于什么事,都是用爱字去包括。"② 其实,墨子强调的无差别的爱,与基督教的"博爱"思想很相通,虽然理想高远,但并不现实。儒家强调"仁者爱人",是一种有等差之爱,并非不爱他人,它是建立在血缘基础之上的自然之情,"泛爱众而亲仁","亲亲,仁民,爱物",就是对儒家等差之爱的经典解释。关键在于一个推字,将心比心,推己及彼,"老吾老及人之老,幼吾幼及人之幼",及至天下大同。杜维明指出:"儒家的一个基本预设是把社会理解为一个同心圆,从个人到家庭、家族、社会、国家、人类社群一直到生命共同体。这样,仁需要推己及人,从内到外,从私到公。这个观念有其现实性。"③ 它虽不及墨家兼爱的理想博大,却比它更为现实。正如贺麟所指出的那样:"从现在看来,爱有等差,乃是普通的心理事实,也就是很自然的正常的情绪。"④ 中国传统文化中特别推崇仁爱,是对人类文化的一个极大的价值贡献。

---

① 韦政通:《中国的智慧》,中国和平出版社 1988 年版,第 31 页。

② 孙中山:《三民主义》,九州出版社 2011 年版,第 54 页。

③ [美]杜维明:《儒家文明与文明对话》,彭国强编译,河北人民出版社 2006 年版,第 215 页。

④ 贺麟:《文化与人生》,商务印书馆 2002 年版,第 54 页。

　　中国文化传统强调"以仁为本"，实际上突出强调德治、仁政，这是中国传统政治文化的最大特色，也是"以民为贵"思想的逻辑延伸与必然结论。

　　孔子所创立的儒家学说，大致可概括为"礼仁一体"的政治观。一般公认，"仁"的思想为孔子学说的核心。李泽厚先生客观地指出："孔子思想的主要范畴是'仁'而非'礼'。后者是因循，前者是创造。"[1]他在强调礼治的同时十分强调德治的重要性。他希望统治者能发扬人的向善的本性，将心比心，由己及彼，推己及人，实行仁治，最后达到天下大同。孔子曾勾勒过一幅"大同社会"的理想情境："大道之行也，与三代之英，丘未之逮也，而有志焉。大道之行也，天下为公。选贤与能，讲信修睦。故人不独亲其亲，不独子其子。使老有所终，壮有所用，幼有所长，矜寡孤独废疾者，皆有所养。男有分，女有归。货，恶其弃于地也，不必藏于己；力，恶其不出于身也，不必为己。是故谋闭而不兴，盗窃而不作。故外户而不闭，是谓大同"（《礼记·礼运篇》）。这是对仁德政治的一种理想与向往。他认为只要能推行德治，就可以达到老子所向往的"无为而治"的境界，这是仁政的最高境界。他说："为政以德，譬如北辰居其所，而众星共之"（《论语·为政》）；"无为而治者，其舜也与？夫何为哉，恭己正南面而已矣"（《论语·卫灵公》）。这与道家学说有异曲同工之妙。

　　把孔子的"以人为本"的执政理念发扬光大到极致的要数孟子。孟子对儒学有大贡献之处，在于他提出的性善以及建立在性善论基础之上的一整套仁学思想。孟子为仁学思想奠定了性善论的哲学基础。这为孟子赢得了极高的荣誉，程子评价说："孟子有大功于世，以其言性善也。"[2]在孟子看来，既然人性中皆具有善良的本性，即"不忍人之心"，只要把这种人性固有的善性发扬光大并进而扩充到社会政治领域，以"不忍人之心"行"不忍人之政"，即为"仁政"。"人皆有不忍人之心。先王有不忍人之心，斯有不忍人之政矣。以不忍人之心，行不忍人之政，治天下可运之掌上"（《孟子·公孙句上》）。"仁政"与民本思想是完全一致的，为此，孟子还大力倡导制民之产、轻刑薄税、善教得民、听政于民、尊贤

---

① 李泽厚：《中国古代思想史论》，人民出版社1986年版，第16页。

② （宋）朱熹：《四书集注》，上海古籍出版社1995年版，第235页。

使能、与民同乐等。他主张"以德服人"的王道，反对"以力服人"的"霸道"。

儒家强调的"以仁为本"的德治思想对中国传统政治文化影响至为深远。有人贬之为"人治"传统。其实，首先，儒家并不反对法治，只是认为光有法治而无德治，社会的秩序就不会稳固。对此，孔子曰："道之以政，齐之以刑，民免而无耻；道之以德，齐之以礼，有耻且格"（《论语·为政》）。孟子也明确讲过："徒善不足以为政，徒法不能自行"（《孟子·离娄上》）。至于荀子隆礼崇法更是广为人知。其次，德治思想在历史上对中国传统政治实践也起过相当积极的作用。汉代的文景之治、唐代的贞观之治、开元之治、清代的康乾盛世等，无不都是仁德政治开出的绚烂之花。从现实来看，不管在任何政治体制下都需要德治，不能把"以仁为本"的执政理念与法治精神对立起来，前者主要属于道德范畴，后者主要属于政治范畴，两者完全可以相辅相成，相得益彰。

为深入把握中国文化中的人文主义传统，就有必要以西方文化中人文主义传统为参照系，把两者作些比较。中国传统文化中充盈着强烈的人文主义的色彩，而西方文化中也同样具有深厚的人文主义传统。不过，中西人本主义传统在文化精神上存在着本质区别，两者不能混为一谈，这是需要我们特别关注的地方。

西方人文主义传统，同样源远流长，最早应追溯到古希腊、罗马文化，古希腊文化基本上奠定了西方文化的两大潮流，一是清明理性的科学主义精神（阿波罗精神），二是充满狂热宗教意味的人文主义精神（狄奥尼索斯精神）。其时人文主义精神已相当发达，突出了一个大写的人字，人成了万物的尺度。至14—16世纪西欧文艺复兴时期，西方的人文主义（或称人道主义）精神空前激昂，思想艺术成就也达到了极高的程度。17—18世纪启蒙主义思潮是西方人文主义高峰时期，19—20世纪盛行的萨特主义、柏格森哲学、弗洛伊德主义、尼采、叔本华哲学等，实际上标志着西方的人文主义已经走向了衰败。近代以来西方文化中的人文主义则侧重个体的价值，强调个人的权利与自由，强调人与人之间的平等契约关系，实质上是一种个性主义（即个人主义）。不少人一提起个人主义，就斥之曰"自私自利"，这是对西方文化中人文主义传统的一个极大曲解。对此，深谙西方文化的胡适在1920年发表的《非个人主义的新生活》一文中引用杜威的说法解释道："个人主义有两种：（1）假的个人主义——

就是为我主义（Egoism）。他的性质是自私自利：只顾自己的利益，不管群众的利益。（2）真的个人主义——就是个性主义（Individuality）。他的特性有两种：一是独立思想，不肯把别人的耳朵当耳朵，不肯把别人的眼睛当眼睛，不肯把别人的脑力当自己的脑力；二是个人对于自己思想信仰的结果要负完全责任，不怕权威，不怕监禁杀身，只认得真理，不认得个人的利害。"[1] 个人主义（或称个性主义）是西方自由主义思想的核心内容，胡适甚至直接把西方的个人主义等同于自由主义，其核心的思想范畴即"自由"，其实诸如民主、法制、平等、博爱、人权等均是由此派生的，它构成了西方民主制度和法律体系的重要思想基础。我国五四新文化运动所倡导的自由、民主、平等、法治、博爱、人权等，无不都是这种个人主义思想的体现。当然，自由主义作为目前西方资本主义的主流意识形态，具有超阶级性、抽象性、虚伪性、欺骗性的一面，但是我们也要看到它在历史上的反封建斗争中巨大的思想启蒙作用，其中也包含了不少西方进步启蒙思想家的积极思想精华，具有一定的合理内核，西方个人主义思想也具有高贵的精神品质，这些都属于人类文明的优秀成果，应该对此进行批判、继承与扬弃。

由此可见，中国文化传统中的人文主义，与西方人文主义传统相比有一个根本区别，即它并非主要侧重个体的价值和自由发展，而是将个体融入群体，强调五伦，强调个体对于宗族和国家的义务，是一种宗法集体主义的人学，一种以道德修养为旨趣的道德人本主义。中西文化中的人文主义传统的差异主要在于：中国的人本主义传统以家庭为本位，以伦理为中心，西方的人文主义传统（主要是指近代以来）则以个人为本位，以法治为中心。两者互有短长，从西方的角度看中国，可以认为中国的人文主义传统缺乏独立的个体人格，缺乏法治精神，从中国的角度看西方，也可以认为西方的人文主义传统缺乏社会的人格，缺乏伦理精神，个体与集体、权利与义务、德治与法治、公德与公德、内倾与外倾之间正好形成互补之势。

中国传统文化中的人本主义传统，重视人权与价值，重视以民为本，注重德政，这对维系社会正常运转、人际和谐和人生修养等方面都具有积极意义，但也存在着重人伦轻自然、重德治轻法治、重群体（家族）轻

---

[1]　欧阳哲生：《胡适文集》第 2 卷，北京大学出版社 1998 年版，第 564 页。

个体、重义务轻权利等倾向，与专制主义和皇权主义也有一定关联，这是它的消极因素。

二　崇德重义

中国传统文化主要是伦理型文化，伦理型文化是中国传统文化的又一显著特色。究其原因，一方面客观上是受到自然经济、宗法血缘制度及家国同构的社会结构等因素的深刻制约；另一方面主观上主要受到了儒家思想的深远影响。农耕经济、家族制度及家国同构的格局构成了它的经济与社会基础，儒家学说则阐发了它的伦理价值。人伦道德在中国传统文化中占有特别重要的地位，是中国传统文化精神的一大异彩。虽然不能把伦理道德等同于中国传统文化本身，但是如果抽去了伦理道德的精神内涵，中国传统文化精神的内容也就所剩无几了。当然，这并不等于说其他文化如西方文化就缺乏伦理道德精神，但它们均不及中国传统伦理道德思想内容丰富，中国传统伦理道德精神内涵大致包括崇尚仁义、礼教传统、礼仁一体三个方面。

1. 崇尚仁义

孔子提倡智、仁、勇为三达德，孟子提倡仁、义、礼、智四端，董仲舒倡导仁、义、礼、智、信五常。总的来说，中国传统道德的德目主要包括仁、义、礼、智、信、勇这六个德目。但后来以董仲舒为代表，把中国传统的道德德目主要概括为仁义礼智信五个德目，被称为五常，勇则被淡出，这也许与长期受中庸之道的文化浸淫有关。

仁、义、礼、智、信，是中国传统道德的主要内容，很大程度上也可以说是中国传统文化的核心价值。孙中山先生在讲到中国传统道德精神问题时指出："讲到中国固有的道德，中国人至今不能忘记的，首是忠孝，次是仁爱，其次是信义，其次是和平。"[①] 应该说，孙中山先生对中国传统文化的理解是深刻的，对中国传统道德精神的概括也十分精炼，当然，孙中山先生对此也有创造，例如，忠孝已经不是传统意义上的愚忠愚孝，忠已经不是忠于国君，而是忠于国家、忠于民族，孝主要指中国传统良好

---

① 孙中山：《三民主义》，九州出版社 2011 年版，第 53 页。

的孝道。"仁、义、礼、智、信"与"忠孝、仁爱、信义、和平"两者在精神实质上完全相通。

在中国传统伦理道德的诸德目中其中占主导地位的应是仁义的思想。"立天之道曰阴与阳，立地之道曰柔与刚，立人之道曰仁与义"（《周易·说卦》）。仁义是中国传统伦理文化的核心精神。所谓仁，主要就是道德，是内在的价值，所谓义，主要就是实行仁的途径，是外在的行为。两者的结合，就构成了中国传统伦理文化的主体框架。对此，孟子讲得最为明白，他说："仁，人心也；义，仁路也"（《孟子·告子上》），"仁，人之安宅也；义，人之正路也"（《孟子·离娄上》）。仁是道德本体的最高原则，义是实现道德的具体途径，两者相互依存，密不可分。儒家把仁义上升到天道的高度，并把它落实到人生、社会和政治领域。也就是说仁义不仅是道德主体的自我修养问题，也是处理各种人伦关系的基本准则，更是治国安邦的重要理念。它不仅是伦理道德的修养问题，还是治国安邦的政治问题，具有相当浓厚的政治文化色彩，这才是问题的重要性与关键所在。《贞观政要·论君道》中记载："贞观初，太宗谓侍臣曰：为君之道，必须先存百姓，若损百姓以奉其身，犹割股以啖腹，腹饱而身毙。若安天下，必须先正其身，未有身正而影曲，上治而下乱者。"这就是仁义思想在政治领域的运用。对此，孙中山先生指出："中国有一段最有系统的政治哲学，……就是《大学》中所说的'格物、致知、诚意、正心、修身、齐家、治国、平天下'那一段的话。把一个人从内发扬到外，由一个人的内部做起，推到平天下止。像这样精微开展的理论，无论外国什么政治哲学家都没有见到，都没有说出，这是我们政治哲学的智识中独有的宝贝，是应该要保存的。"①

无疑，中国传统伦理文化主要受到儒家伦理的深刻影响。儒家伦理主要是建立在对人的社会属性的认识与判断的基础上的，形成了一个完整的思想体系，而且被奠基于人性问题的哲学本体论之上，理论形态相当完备。

关于人性善恶问题，这是一个千古命题，儒家学说对此也有探讨，因为这涉及仁义学说的哲学基础问题。

孔子对人性善恶问题并没有作出评判，他提出："性相近也，习相远

---

① 孙中山：《三民主义》，九州出版社2011年版，第56页。

也"(《论语·阳货》)，即认为人之初，不存在人性善恶的问题，人性善恶是后来的社会习染。但后来各种学说流派对此作了各种不同阐述，而且发生了激烈的辩论。

据《孟子·告子上》记载，孟子所处的时代，关于人性的看法，主要有三种：性无善无不善；性可以为善，可以为不善；有性善，有性不善。持第一种观点的即是与孟子同时代的哲学家告子，他与持性善论的孟子曾进行了激烈的辩论。下面是其中两则著名的论辩案例：

> 告子曰："性犹湍水也，决诸东方则东流，决诸西方则西流。人性之无分于善与不善，犹水之无分于东西也。"孟子曰："水信无分于东西，无分于上下乎？人之性善，犹水之就下也。人无有不善，水无有不下"。
>
> 告子曰："生之谓性。"孟子曰："生之为性也，犹白之为白与？"曰："然。""白羽之白，犹白雪之白色；白雪之白，犹白玉之白与？"曰："然。""然则犬之性，犹牛之性；牛之性，犹人之性与？"

从上述案例中可以看出，首先，孟子所说的人性主要指人的社会属性，并非人的自然属性。从人的自然属性来说，人与动物并没有多大区别，如"食色，性也"，在这方面"人之异于禽兽者几希"（《孟子·离娄上》）。这其实与孔子的说法是一致的，只不过孟子对孔子"性相近，习相远"的思想有所发展，认为人的社会属性都有向善的天性，即"不忍人之心"。在这个问题的探讨上，孟子的确有大功于世。这也为孟子赢得了极高的荣誉。

表面上，荀子的性恶论是针对孟子的性善论而言的。孟子说："人之性善。"荀子针锋相对地说："是不然，人之性恶"（《荀子·性恶》）。但两人其实没有真正的思想交锋。因为荀子所理解的人性与孟子所说的人性概念并不相同。如果说孟子所说的人性主要指的人的社会属性，那么荀子讲的人性主要是指人的自然属性。荀子认为"生之所以然者谓之性"（《荀子·正名》），人一生下来就是"目好色，耳好声，口好味，心好利"（《荀子·性恶》）。如果从人的自然属性而言，荀子与孟子的说法并不矛盾。不过由于孟子与荀子对人性的本质总的价值判断大相异趣，因此提出了治理国家社会的不同思路，即主要重德治还是重法治，这是两者的根本区别。

此后的儒家学者探讨人性问题，肯定人性有多样性，无论是董仲舒的性三品说，以及程朱提出的"天命之性"与"气质之性"之辨等，其实是对孟子的性善说与荀子的性恶论的综合与延伸。董仲舒及二程、朱熹都对人性的认识，既包括人的自然属性，也包括人的社会属性，人的自然属性是有恶有善的，而就人的社会属性而言，都有向善的属性。人之所以为人，人之异于禽兽的根本区别就在于人的社会属性，即人是有道德的高等动物。在这一点上，儒家学者的观点基本上是一致的，并无多大分歧，它成了儒家仁义学说的重要的理论基础。

仁义学说，是儒家伦理思想的核心。孔子虽然并未把仁与义并用，但在《论语》中经常使用这两个术语。尽管孔子对义并没有多加阐述，但他十分重视义，并将仁与义作为崇高的道德原则则是无疑的。

孟子作为儒家学说的重要传人，他对孔子的仁义学说的阐扬也不遗余力。他从"性善"论的假设出发，主要在心性论、修养论、五伦说、仁政说等方面极大地拓展了孔子的仁学理论，形成了一整套较为完善的仁学思想体系，在儒学思想发展史上占有重要地位，对中国传统文化也产生了深远影响。除对仁作了系统的阐扬外，孟子尤其强调义，他说："羞恶之心，义也"（《孟子·告子上》），"非其有而取之，非义矣"（《孟子·尽心上》）。孟子还进一步对于仁与义的关系作了阐述，他说："仁之实，亲亲是也，义之实，从兄是也"（《孟子·离娄上》）。更值得称道的是，他较早地将仁义并举。孟子见梁惠王，王曰："叟不远千里而来，亦将有利于吾国乎？"孟子对曰："王何必曰利？亦有仁义而已矣"（《孟子·梁惠王上》），"孔子之道不著，是邪说诬民、充塞仁义也。仁义充塞，则率兽食人，人将相食"（《孟子·滕文公下》）。孟子不仅重视仁义学说，更重视仁义的教育，使之真正成为国民的精神信仰与自觉行为。他在谈到古代教育时曾说："设为庠序学校以教之；庠者养也，校者教也，序者射也；夏曰校，殷曰序，周曰庠，学则三代共之：皆所以明人伦也"（《孟子·滕文公上》）。

道家表面上看对儒家的仁义思想颇不以为然，但是道家并不是从根本上反对仁义学说；相反，道家对仁义的价值是肯定的。老子崇尚自然，否定天地的人格化，并不认为仁义为天道，甚至说"天地不仁，以万物为刍狗。圣人不仁，以百姓为刍狗"（《道德经·五章》）。这反映了老子的自然主义的哲学观，把自然与社会相区分，这是老子的高明之处。老子表面上对儒家的仁义学说也有非薄之词，诸如"大道废，有仁义；智慧出，有大伪"（《道德经·十八章》）；但是，老子对"仁义"这种核心价值并没有否定。他说："我有三宝，持而保之：一曰慈，二曰俭，三曰不敢为天下先。"并特别强调"慈"这个价值观念，"夫慈，以战则胜，以守则固。天将救之，以慈卫之"（《道德经·六十七章》）。老子之所以特别强调"慈"，是由于他身处乱世，目睹暴力的残酷和纷争的危害，深深地感到人与人之间太缺乏同情与怜爱之心，以至于争战杀伐不止，所以竭力宣扬"慈"。所谓慈即是慈爱之心，与仁义学说从根本上说并不矛盾。老子也强调修身在齐家治国平天下中的重要性与核心地位，指出："修之于身，其德乃真；修之于家，其德乃余；修之于乡，其德乃长；修之于邦，其德乃丰；修之于天下，其德乃普"（《道德经·五十四章》）。这与《大学》中的"三纲领"、"八德目"颇有异曲同工之妙。在政治主张上，道家与儒家、墨家等学派也存在颇多相近相通的地方，这正如梁韦弦所指出的，"《老子》书中类似的要求统治者减少政事活动，主张薄税敛、轻刑罚、慎用兵、尚节俭的说法，实与儒墨两家的一些具体政治主张又息息相通"。① 这是符合事实的。

真正鄙薄儒家仁义学说的当属法家。韩非指出："世主美仁义之名而不察其实，是以大者国亡身死，小者地削主卑。何以明之？夫施与贫困者，此世之所谓仁义；哀怜百姓不忍诛罚者，此世之所谓惠爱也。夫有施与贫困，则无功者得赏；不忍诛罚，则暴乱者不止。国有无功得赏者，则民不外务当敌斩首，内不急力田疾作，皆欲行货财事富贵，为私善立名誉以取尊官厚俸。故奸私之臣愈众，而暴乱之徒愈胜，不亡何待？夫严刑者，民之所畏也；重罚者，民之所恶也。故圣人陈其所畏以禁其邪，设其所恶以防其奸，是以国安而暴乱不起。吾以是明仁义爱惠之不足用，而严刑重罚之可以治国也"（《韩非子·奸劫弑臣》）。他认为治国之道在于法治，仁义学说并不中用。其学说有其合理之处，治国之道首推法治，秦始皇之所以能够统一中国，建立丰功伟绩，法家学说的确功不可没，但是，法家一味强调严刑峻法，鄙薄仁义，统一中国后又很快激化了社会矛盾，终致秦朝二世而亡，贾谊在《过秦论》中总结秦亡的教训时指出："然秦

---

① 梁韦弦：《中国传统伦理思想研究》，黑龙江人民出版社 2007 年版，第 129 页。

以区区之地，致万乘之势，序八州而朝同列，百有余年矣；然后以六合之家，殽函为官；一夫作难而七庙隳，身死人手，为天下笑者，何也？仁义不施而攻守之势异也。"这足可证明儒家的仁义学说在战乱动荡年代往往显得迂阔，但在和平年代的治国安邦过程中其作用与价值就会得到呈现。

秦亡以后，尤其是汉代中叶以来，儒家的仁义学说在中国传统思想中的主导地位逐渐得到确立。董仲舒说"爱在人，谓之仁；义在我，谓之义。仁主人，义主我也。故曰仁者人也，义者我也，此之谓也"（《春秋繁露·仁义法》）。韩愈在《原道》中说："博爱之谓仁，行而宜之之谓义"。被宋儒列为四书之一的《中庸》中说"仁者，人也，亲亲为大。义者，宜也，尊贤为大"。经历代儒家学者的大力倡导，儒家的仁义学说也恢复了它的权威，得到社会的广泛认同，中国历代开明的统治者都以仁义之说为治理国家社会的重要理念，使之成为全社会普遍认同的核心价值之一，融进了中国传统文化的精神与血脉，构成了中国文化精神的重要内容与特色。

中国传统伦理道德主要受儒学的影响，对其中的主要伦理精神，道家与佛教也无不认同。老子说："大道废，有仁义；六亲不和，有孝慈；国家昏乱，有忠臣"（《道德经·十八章》）。这并不是说不要仁义、孝慈、忠臣，只是由于社会动荡不安，这些美德就显得更加急切与难能可贵。汉末佛教初入中国，与中国传统伦理精神有所冲突与违背，与儒家学说产生了某种紧张关系。如东汉时从印度传到中国的第一部佛经《四十二章经》中说："人系于妻子舍宅，甚于牢狱"（《四十二章经·十三章》）。这显然与以家庭本位的中国伦理传统不符。至唐代六祖彗能所作《坛经》中，对此作了一定的修正，说"若欲修行，在家亦得，不由在寺"；"心平何劳持戒？行直何用修禅？恩则孝养父母，义则上下相怜。让则尊卑和谐，忍则众恶无喧"（《坛经·疑问品第三》）。这样就与中国传统伦理精神协调起来了。

2. 礼教传统

儒家倡导仁义学说，其主要目的在于"明人伦"，即通过人们自身的良好的道德修为，以建立良好的人伦关系，达到人和的目的，以维系社会的秩序与和谐。这就是礼教传统。

《周易》中就有"父父，子子，兄兄，弟弟，夫夫，妇妇，而家道正。正家，而天下定矣"的说法（《周易·家人》）。齐景公问政于孔子，孔子对曰："君君，臣臣，父父，子子"（《论语·颜渊》）。孟子继承了这个道统，更是大力倡导"五伦"："父子有亲，君臣有义，夫妇有别，长幼有序，朋友有信"（《孟子·滕文公上》）。孟子倡导的"五伦"在中国传统社会中产生了极为深刻的影响，极大地影响与规范着中国传统人际关系的基本格局。

《礼运》中提出"父慈，子孝，兄良，弟悌，夫义，妇听，长惠，幼顺，君仁，臣忠"的"十义"，被宋儒列为四书之一的《大学》云："为人君，止于仁；为人臣，止于敬；为人子，止于孝；为人父，止于慈；与国人交，止于信。"这些不过是对"五伦"说的具体演绎而已。

对以五伦为核心的礼教传统，既有精华的成分，也有糟粕成分，既有积极的因素，也有消极的成分，问题的复杂性还在于，这些思想内容中精华与糟粕并存，往往难分难解地糅合在一起。对此，有必要对之作系统的清理。

贺麟指出："五伦的观念是几千年来支配了我们中国人的道德生活的最有力量的传统观念之一。它是我们礼教的核心，它是维系中华民族的群体的纲纪。"[1] 这就道出了中国古代礼教传统的实质。在他看来，以五伦为核心的传统礼教，主要包括以下四层意思：（1）五伦是五个人伦或五种人与人之间的关系的意思。注重人与人之间的关系，特别注重道德。（2）五伦又是五常的意思。人伦乃是常道，人与人之间这五种关系，乃是人生正常永久的关系。（3）就实践五伦观言，须以等差之爱为准。（4）五伦观念的最基本意义为三纲，五伦观念的最高最后发展，也是三纲说。[2] 这种看法的确很有见地。这五伦实际上不仅是规范中国古代人际关系的基本准则，如果剔除其中一些不合时宜的因素并对之作创生性转化，对维护当今社会和谐与稳定未尝不具有现代价值。

3.　"礼仁一体"

礼仁一体是儒家思想体系的核心构架。它代表了儒学的人道观。所谓人道观即社会观，是关于处理人与社会及人与人的关系的学问，这是儒学关注的焦点问题。

礼的实质是一套赖以维持社会稳定、和谐秩序的典章制度和行为规

---

[1]　贺麟：《文化与人生》，商务印书馆2002年版，第51页。
[2]　同上书，第52—57页。

范。李泽厚先生指出"它的一个基本特征，是原始巫术礼仪基础上的晚期氏族统治体系的规范化和系统化"，[①] 应是事实。孔子生活的春秋战国之际，正是社会动荡、礼崩乐坏的时代，他对此痛心疾首，认为这是"天下无道"，治国之道在于"为国以礼"，即恢复大一统的社会局面。子曰："道之以政，齐之以刑，民免而无耻；道之以德，齐之以礼，有耻且格"（《论语·为政》）。子曰："上好礼，则民易使也"（《论语·宪问》）。孔子的政治理想和治国方案——"为国以礼"，孔子要求人们做到"非礼勿视，非礼勿听，非礼勿言，非礼勿动"（《论语·里仁》）。一切言行均要以礼为依归，并把它提到人们在社会中安身立命的高度。他指出"不知礼，无以立也"（《论语·尧曰》）；"不学礼，无以立"（《论语·季氏》）。孔子所说的礼主要是周礼。子曰："周监于二代，郁郁乎文哉！吾从周"（《论语·八佾》）；"如能用我者，吾其为东周乎"（《论语·阳货》）；"甚矣，吾衰也！吾不复梦见周公"（《论语·述而》）。孔子崇尚的礼又是从夏、商之礼演变而来。他说："殷因于夏礼，所损益，可知也，周因于殷礼，所损益，可知也"（《论语·为政》）。子曰："夏礼，吾能言之，杞不足徵也；殷礼吾能言之，宋不足徵也；文献不足故也。足，则吾能徵之矣"（《论语·八佾》）。可见他是一个博学的思想家，对礼的沿革十分娴熟。礼的实质是一套赖以维持社会稳定、和谐秩序的典章制度和行为规范。其核心内容即是"君君，臣臣，父父，子子"（《论语·颜渊》）这种长幼有序的等级制度。那么，如何行礼呢？孔子认为必须从"正名"入手。有个学生子路问他，若要您治理国家，先做什么？孔子回答说："必也正名乎！""名不正，则言不顺；言不顺，则事不成；事不成，则礼乐不兴；礼乐不兴，则刑罚不中；刑罚不中，则民无所措手足"（《论语·子路》）。子曰："政者，正也。子帅以正，孰敢不正"（《论语·子路》）。尽管孔子这种社会政治理想在当时社会大变革时代不免有因循守旧的特征，但其中包含着恢复社会稳定秩序以及建立统一的中央集权制王国的要求，自有着合理因素。

荀子已经认识到传统儒家思想的一些局限性，试图吸取一些法家的思想加以充实，不过，他仍然是站在儒家立场对法家思想进行吸取。所以他主张将礼与刑结合起来。他的学说主要特色是综合百家、调和儒法，在儒

---

① 李泽厚：《中国古代思想史论》，人民出版社1986年版，第8页。

学中独树一帜，把孔子的礼学思想发展到极致，代表和发展了儒家的现实主义传统与"外王"走向。他看到只讲"礼义"，不重法度，只重教化，不重"刑罚"，并不足以维护社会统治秩序，因而，他不再仅仅局限于个体的仁义孝悌，而是强调整体的礼法纲纪，主张既隆礼，又重法，"援法入礼"。荀子隆礼，是因为"礼者，人道之极也"（《荀子·礼论》）；"礼者，治辨之极也，强国之本也，威行之道也，功名之总也"（《荀子·议兵》）。他同时重法，因为"法者，治之端也"（《荀子·君道》）。在荀子看来，礼和法是应该统一的，他提出"礼者，法之大分也"（《荀子·劝学》）。这是荀子对孔子礼学思想的最大贡献。

在儒家看来，仁与礼应该是统一的。一方面仁是礼的基础，另一方面礼是仁的目标，两者相辅相成，缺一不可。从孔子开始，儒家就援仁入礼。在孔子的儒学思想体系中，礼和仁是统一的。仁存于内，礼形于外。一方面仁是礼的基础，"人而不仁，如礼何？人而不仁，如乐何？"（《论语·八佾》）另一方面，礼是仁的目标，"一日克己复礼，天下归仁矣"（《论语·颜渊》）。此后，礼仁一体就成为儒家学说的一大特色，也成为中国传统政治智慧的重要内容。

社会管理及社会的秩序规范仅靠赤裸裸的外在强制是难以稳固的，它必须与道德主体的内在自觉结合在一起才能长久。儒家从孔孟起就开始"援仁入礼"，把"礼"奠基于"仁"之上，规范与修养，权利与义务，外在控制与内在自觉被巧妙地结合在一起，社会的稳定性便大大加强了，这是儒家社会政治伦理观的最显著特色，值得我们认真总结、创造性地汲取和借鉴。

对中国传统伦理道德精神，我们也应该以理性的态度加以甄别与创造性的继承与弘扬。具体地说：

首先，对其中包含着一些封建性的糟粕必须加以清除。如"三纲"说，是集权主义的典型反映，与民主法制精神背道而驰。"三纲说"较早发轫于韩非子，他说："臣事君，子事父，妻事夫，三者顺则天下治，三者逆则天下乱，此天下之常道也，明王贤臣而弗易也"（《韩非子·忠孝》）。汉代大儒董仲舒则正式提出"三纲"说，他说："君臣、父子、夫妇之义，皆取诸阴阳之道。君为阳，臣为阴，父为阳，子为阴，夫为阳，妻为阴，阴阳无所独行，其始也不得专起，其终也不得分功，有所兼之义。……王道之三纲，可求于天"（《春秋繁露·基义》）。此后"君为臣纲，父为子纲，夫为妻纲”就成为历代统治者所倡导并为全社会所广泛认可的名教。“三纲说”是中国传统专制主义、权威主义、男性中心主义的渊薮。在“三纲说”的长期浸淫之下，诸如“天下定于一尊”的王权思想，“刑不上大夫，礼不下庶人”的等级意识，“父为子隐，子为父隐”的人治传统，“为民父母”的官本位意识、家长制作风等，在中国社会大肆泛滥，专制主义、皇权主义的传统根深蒂固，《水浒传》中描写的宋江等人一心向往被“招安”的观念，就是这种“愚忠愚孝”的思想反映。在中国古代社会专制主义的长期统治与影响之下，中国传统社会始终缺乏民主与法制的传统，这与现代启蒙意识包括民主、自由、平等、博爱、人权等核心价值大相径庭，格格不入，必然遭到历史的批判。五四新文化运动对此进行了严厉的抨击，起到了空前的思想启蒙作用，其伟大的历史功绩是不容抹杀的。但有人却否定五四新文化运动的启蒙价值，说五四时期事实上是中国文化的一个断层。其实，这是非历史主义的观点，文化的发展是一个连续性的过程，不可能有一刀两断、戛然而止的现象，五四新文化运动尽管存在一些激烈的反传统与要求西化的形式主义的偏向，但它所倡导的中国文化发展的精神方向是基本正确的，这种反封建的思想启蒙任务至今尚未完成，封建主义思想仍然是目前我国政治现代化的一个重要的文化障碍。与“三纲”说相应的还有由来已久的男尊女卑的传统，积弊深重。从《诗经》中描写的“乃生男子，载寝之床，载衣之裳，载弄之璋”、“乃生女子，载寝之地，载衣之裼，载弄之瓦”之类的重男轻女到妇女的“三从四德”说，从纳妾制、“七出三不去”的休妻制到寡妇“饿死事小，失节事大”的节烈观、女子的缠脚陋俗，成为“以理杀人”的工具，形形色色，不一而足，长期以来一直备受后人诟病。对这些封建性的伦常名教的批评自然是合理的。对此，毛泽东也曾作过尖锐的批评。早在 1917 年毛泽东在湖南第一师范学校跟从杨昌济先生学习伦理学时，他在德国泡尔生的《伦理学原理》批注中说：“吾人应充分发达自己身体及精神之能力。”“凡有压抑个人，违背个性，罪莫大焉。故我国之三纲在所必去，而与宗教、资本家、君主国四者，同为天下之恶魔也。”如果说毛泽东在当时对“三纲说”的批判还是基于近代西方资产阶级的民主主义思想之上的话，那么他在 1927 年 3 月《湖南农民运动考察报告》中对“三纲说”的批判就是建立在马克思主义阶级分析的基础之上了，他把“三纲”加上神权看成是束缚中国人民思想的“四大绳索”而大张挞伐。

他指出："中国的男子，普通要受三种有系统的权力的支配，即（一）由一国、一省、一县以至一乡的国家系统（政权）；（二）由宗祠、支祠以至家长的家族系统（族权）；（三）由阎罗天子、城隍庙王以至土地菩萨的阴间系统以及由玉皇上帝以至各种神怪的神仙系统——总称之为鬼神系统（神权）。至于女子，除受上述三种权力的支配以外，还受男子的支配（夫权）。这四种权力——政权、族权、神权、夫权，代表了全部封建宗法的思想和制度，是束缚中国人民特别是农民的四条极大的绳索。"①

其次，对其中的一些夹杂着精华与糟粕的矛盾的思想内容要加以必要的分析剥离，创造性地汲取其中的合理性因素。诸如"义利之辨"及"理欲之辨"等。

关于"义利之辨"。不少人认为儒家强调"重义轻利"，对此要作历史的具体的分析。虽然孔子说过"君子喻于义，小人喻于利"（《论语·里仁》）这样的话，但他并未从根本上将义利对立起来。从《论语》一书中可以看出，孔子虽然重义，但他并不排斥利，无论是公私还是私利，他都加以了肯定。在公利上，他曾经提出"因民之所利而利之，斯不亦惠而不费乎"（《论语·尧曰》）的政治主张。对于私利，他也没有否定个人正当的利益追求，他说："富而可求也，虽执鞭之士，吾亦为之；如不可求，从吾所好"（《论语·述而》）；"饭疏食饮水，曲肱而枕之，乐亦在其中矣。不义而富且贵，于我如浮云"（《论语·述而》）。孔子注重的是获取利益的道义上的正当性与手段上的合理性，而且他重公利甚于私利。这种义利观，从现在看来也并无过失，而且具有相当的现代性。

孟子的义利观集中在他见梁惠王时的一段话。孟子见梁惠王。王曰："叟！不远千里而来，亦将有以利吾国乎？"孟子对曰："王！何必曰利？亦有仁义而已矣。王曰：'何以利吾国？'大夫曰：'何以利吾家？'士庶人曰：'何以利吾身？'上下交征利而国危矣。万乘之国，弑其君者，必千乘之家；千乘之国，弑其君者，必百乘之家。万取千焉，千取百焉，不为不多矣。苟为后义而先利，不夺不餍。未有仁而遗其亲者也，未有义而后其君者也。王亦曰：仁义而已矣，何必曰利？"（《孟子·梁惠王上》）不少人据此认为孟子把义与利对立了起来，其实这是望文生义、曲解其意。其实孟子何尝轻利，他历来重视强调天下国家民众的公利，讲仁政是

---

① 《毛泽东选集》第 1 卷，人民出版社 1991 年版，第 31 页。

最大的公利，孟子大力倡导推行仁政、制民之产、轻刑薄税、善教得民、听政于民、尊贤使能、与民同乐等，追求的是广大民众的利益，岂非义的题中应有之义？他所反对不是天下之公利，而是一人一国之私利，因为私利是战乱之源，应该列入反对的行列。对此，司马迁在《史记·孟子列传》中评述道："太史公曰：余读《孟子书》，至梁惠王问'何以利吾国'，未尝不废书而叹也。曰：嗟乎！利，诚乱之始也！夫子罕言利者，常防其源也。"可谓一针见血。孟子的这种以公利反对私利的观点有很大的合理性。

后来荀子提出"义胜利者为治世，利克义者为乱世"（《荀子·大略》）。董仲舒更提出"仁人者，正其谊不谋其利，修其道不计其功"（《春秋繁露·对胶西王越大夫不得为仁》）。在这里荀子与董仲舒所讲是反对私利，并不反对兴天下之利，主张见利思义，这有合理性，但是其中的确存在重道义轻功利的倾向，对实际利益不够重视，对后来产生了不利的影响。

在这一点上，《周易·乾》中提出过一个重要观点："利者，义之和也；利物足以和义。"把义与利统一了起来，这具有重要意义。墨子继承了这一思想，提出："义，利也"（《墨子·经说上》）。如果我们把儒家的义利观加以创造性的利用，并把国家社会的利益置于个人利益之上，同时尊重个体的合理利益，主张见利思义，反对见利忘义，强调义利并重，义利统一，这与现实市场经济条件下伦理道德观并不矛盾，相反还可相得益彰，相辅相成，大放异彩，对提升个人的精神境界与国人的道德素质也不无价值。

关于理欲之辨。理欲之辨与义利之辨有密切关系。前者主要讲道德原则与物质利益的关系，后者主要讲精神需要与物质需要的关系。宋明理学家在坚持"义利之辨"的基础上更进一步宣扬"理欲之辨"。尤其以朱熹为代表，他继承了张载、二程的观点，提出了"存天理，灭人欲"的重要命题。他说："学者须是革尽人欲，复尽天理，方始是学。""天人一心，天理存而人欲亡，人欲胜而天理灭，未有天理人欲夹杂者，学者须于此体认省察之"（《朱子语类》卷十一）。对此，连与理学派相对立的心学派代表王阳明先生也赞成此说，他说："只要去人欲，存天理，方是功夫"（《传习录》）。这里关键在于对天理人欲的界定。当然，宋明理学家对天理人欲有特定的界定，如在中国传统社会，"三纲"说也被提升到天理的高度，自然具有封建性的糟粕，男子可以三妻四妾，女子则被要求从一而终，连寡妇都不能改嫁，"饿死事小，失节事大"，甚至鼓吹"殉夫"等女子的节烈观，很多所谓"贞节"的女子就死在这无形的观念之下，成为"以理杀人"的工具，这自然要遭到批判。当然，宋明理学家主要把儒家仁义思想提升到天理的高度，有时也把人的一些合理的自然需要也归入天理的范畴。据载，朱熹曾与弟子相与问答："问：饮食之间，孰为天理，孰为人欲？曰：饮食者，天理也；要求美，人欲也"（《朱子语类》卷十三）。我们如果能对天理人欲作出新的合理的诠释，那么这种"存天理，灭人欲"的说法未尝没有合理的成分，它未尝不可以成为加强道德修养、提升精神境界的自我修养的功夫与方法。

最后，对其中大量的优秀传统伦理道德精华要不遗余力地加以开挖弘扬。我们不要简单地把以儒学为代表的中国传统伦理道德等同于封建伦理道德而一概加以排斥，这其中凝聚着中华民族的集体智慧，更多地则表现为中华民族的传统美德，具有广泛的群众基础，有着鲜活的生命力，散发着人类社会的普世价值之光。如"五伦"说，强调的是人际关系的双向性，权利与义务的统一性，在现代社会中仍有它的生命力。对此李光耀就十分赞同，他说："五伦的次序是君臣关系、父子关系、夫妻关系、兄弟关系和朋友关系。""五伦里的权利和义务受到适当的遵循，社会就会稳定和有秩序。"[1] 与五伦相对应的"仁、义、礼、智、信"五常，几乎就是中国传统文化的核心价值，从现代性的眼光来看，如果对此进行创造性转化，赋予新的时代精神与内涵，未尝不是社会现代化的重要精神动力。

总之，崇德重义是中国传统文化的重要精神之一，作为一种伦理准则和道德情操，曾经极大地激发了民族正气与社会正义。正如李宗桂先生指出：崇德重义"培育了中国优秀知识分子和广大人民的正义感和是非之心，形成了民族的浩然正气"。[2] 崇德重义是一种十分丰厚的宝贵的传统文化资源，具有一定的普世价值的光辉，对当今中国乃至世界仍然具有重要的意义。

---

① 《李光耀40年政论选》，现代出版社1994年版，第403—404页。
② 李宗桂：《中国文化导论》，广东人民出版社2002年版，第356页。

三　持中贵和

崇尚和谐是中国传统文化精神的最高价值。如果不了解中国传统文化中所崇尚的"普遍和谐"的思想，就无法真正了解中国文化的神髓。

（一）以和为贵

中国传统文化中充满了和的理念，"和"的思想，其内在蕴涵相当丰富，既是一种价值观念，一种审美情趣，也是一种致思方式、一种行为模式。既有天道观的含义，又具有人道观、人生观的蕴涵。中国文化重和谐统一，与西方文化重分别对抗形成强烈反差。中西文化这一重大差异很大程度上反映了不同文明类型的不同特性。

在人与自然的关系上，西方文化较侧重人征服自然、改造自然，在极大地促进科技发达、物质昌盛的同时也一度导致了自然社会环境的恶化。中国传统文化则较强调人与自然的和谐统一，虽然荀子、刘禹锡等也提出了"明于天人之分"、"制天命而用之"，天与人"交相胜，还相用"等命题，但这在中国传统思想中并不占主导地位，中国文化传统都比较重视人与自然的和谐统一，尤其以道家思想最为典型，诸如道家倡导的"人法地，地法天，天法道，道法自然"（《道德经·二十五章》），"天地与我并生，而万物与我为一"（《庄子·齐物论》）等。无论是儒家还是道家，都主张天人合一，反对天人对立。

在人与人的关系（包括人与社会及个人与个人的关系）问题上，西方文化强调竞争，以社会达尔文主义为代表，"物竞天择，适者生存"，把自然丛林法则也引入了社会领域，中国传统文化则着重人际和谐，"以和为贵"主要侧重于人与社会以及个体与个体之间的和谐统一，这从有子所谓"礼之用，和为贵"到孟子所说的"天时不如地利，地利不如人和"的思想中，可得到明确印证。

在人与自身的关系中（即人生问题上），西方文化强调不知足，不断进取，中国传统文化则强调知足，适可而止，并认为这是事物发展的长久之道。老子说："知止可以不殆"（《道德经·二十五章》）。"故知足不辱，知止不殆，可以长久"（《道德经·四十五章》）。《大学》中也说："知止而后有定，定而后能静，静而后能安，安而后能虑，虑而后能得。"

胡适在研究中西文化的差异时曾指出，"知足"与"不知足"是中西文化的一大"分水岭"，相当精辟。

究其原因，从根本上说是由于中国传统文化植根于农耕文明，表现出一种"静态"的特征，西方文化很大程度上奠基于商业文明、工业文明，因而表现为一种"好动"的特性。

"持中贵和"不仅是中国传统文化中极其重要的思想观念，而且也培育了中华民族的群体心态，在中国文化的各个领域都有明显的体现。"极高明而道中庸"、"执其两端而用其中于民"、"致中和"等，无不是农业自然经济和宗法社会培育的人群心态。因此，如果说西方文化主要是科学的、宗教的，那么中国传统文化则主要是艺术的、伦理的。经过长期的历史积淀，和谐精神逐渐泛化为中华民族普遍的社会心理习惯。诸如：

政治上"大一统"、"协和万邦"的观念。中华民族历来有爱好和平的传统，在中国历史上虽然也战乱频仍，除了北方游牧民族入主统治中原时期以外，基本上是抵御外来侵略的民族战争及由于阶级矛盾导致的国内战争，其主要的目标，对内在于实现大一统的政治局面，对外实行"亲仁善邻"、"协和万邦"的政策，它成为处理民族关系、国家关系的基本准则。

经济上"不患贫而患不均"的思想。这是实现社会和谐的重要基础。这就是要实现孔子说的"均无贫，和无寡，安无倾"的目的（《论语·子路》）。

文化上"道并行而不相悖，万物并育而不相害"的情怀。这是孔子"和而不同"的文化观的具体体现。

个性上"中行"的人格。"不得中行而与之，必也狂狷乎！狂者进取，狷者有所不为也"（《论语·子路》）。狂与狷都不是理想的人格，因此孔孟推崇"中行"的人格。

艺术上"物我通情相忘"的意境。中国传统文化艺术精神相当发达，与西方文化中科学精神十分发达形成了强烈的反差。科学精神以主体与客体相对立为主要特征，艺术精神则以主体与客体相统一为主要特征。中国传统艺术精神的灵感主要来自天人合一的宇宙观，强调情景合一，形神合一，知行合一，侧重意境，气韵生动，给人一种"独上高楼，望断天涯路"般的无限遐想空间。王国维先生指出："言气质，言神韵，不如言境界。有境界，本也，气质神韵，末也。有境界而二者随之"（《人间词话》

卷下，十二）。这种境界说，实际上道出了中国传统艺术精神的精髓与实质。如绘画，与西洋画受科学精神影响一般追求形似不同，中国古代国画受艺术精神影响更侧重神韵，意境深远，这才是真正的艺术精神。这种艺术境界在中国古典诗词中也反映得淋漓尽致，如辛弃疾的《木兰花慢》："可怜今夕月，向何处，去悠悠？是别有人间，那边才有，光景东头。"给人一种穿越时空的感觉。这种艺术境界对中国现代诗词也有着深远的影响，典型地体现在卞之琳的《断章》上：

　　　　你站在桥上看风景
　　　　看风景的人在楼上看你
　　　　明月装饰了你的窗子
　　　　你装饰了别人的梦。

　　这是一幅有诗也有画的美轮美奂的艺术品，体现出了天人合一、情景合一的悠远意境。

　　文学上的"大团圆"结尾。这最为典型地反映了中国人独特的审美情趣。中国古典文学多以才子佳人、花好月圆、有情人终成眷属的喜剧结尾，与西方文学充满着悲剧意识不同，中国古典文学则缺乏这种悲剧意识，充满了虚幻的喜剧色彩，这就是被鲁迅所批评的"大团圆"病，不敢正视现实，以鸵鸟式的方式逃避残酷的现实，幻想着一种精神胜利法。如梁山伯与祝英台这样的爱情悲剧，最后还是以"化蝶"为结尾，在悲剧后续上喜剧的尾巴，极为典型地反映了中国人传统的审美心理与情趣。当然也有例外，如《红楼梦》就是悲剧作品，这也是它们能够成为伟大的不朽的文学名著的一个重要原因。如果它们最终也是以喜剧结尾，其文学价值将会大打折扣。但这毕竟不吻合中国传统的审美习性，以至于后来《红楼梦》系列作品中还产生了《续石头记》、《红楼春梦》等，它们不是描写林黛玉小姐没有死，最终与贾宝玉幸福地结为连理，就是描述林黛玉小姐死后成仙，经常偷偷下凡与贾宝玉过着一种神人相通的生活。对此，胡适先生评论道："本来在中国的文字中——戏剧中、小说中，悲剧作品很少，即如《红楼梦》一书，原是一个悲剧，而好事者偏要做些圆梦、续梦、复梦等出来，硬要将林黛玉从棺材里拿起来和贾宝玉团圆，而认为以前的不满意，这真不知何故，或者他们觉得人类生活本来是悲剧的，历史是悲剧的，因此却在理想的文学中，故意来作一段团圆的喜剧。"① 这一猜想的确有趣。事实上，无独有偶。继《水浒传》后，生于晚明的陈忱著有《水浒后传》，其中描述"混江龙"李俊率领众好汉以及梁山英雄的遗孤，"流亡"海外，在"暹罗国"称王，给悲剧性的《水浒传》的结局增添了一点光明。这些均是中国人传统典型的审美心理，也是和谐精神在文学审美上的具体体现。这种传统的审美心理一直延伸到现在，始终未曾改变。

（二）中庸之道

中国传统思想中不仅倡导"和合"理想，而且还提出了实现和谐的根本途径即中庸之道。中庸思想在儒家思想中居于中枢地位，同时也得到了道家、佛教的认可与推崇，成为中国传统的高级哲理政治哲学与人生哲学，它不仅是世界观，更是方法论，对后世影响之大之深远，其他思想观念实难望其项背。

关于中庸的思想，在中国文化中由来已久。据《尚书·大禹谟》，舜帝在把君位传给大禹的时说："人心惟危，道心惟微；惟精惟一，允执厥中。"《周易·临》中就有"大君之宜，行中之谓也"的说法。作为儒家的创始人孔子对中庸之道更是大加礼赞，甚至把中庸称为"至德"："中庸之为德也，其至矣乎！民鲜久矣！"（《论语·雍也》）他还把是否实行中庸之道视作君子与小人的一大区别："君子中庸，小人反中庸。君子之中庸也，君子而时中；小人反中庸也，小人而无忌惮也"（《中庸》）。孟子曾说过："执中无权，犹执一也"（《孟子·尽心上》）。孟子所说的"中道"、"执中"，显然是对孔子中庸思想的承继与发展。被宋儒列为四书之一的《中庸》更是对中庸思想作了反复铺陈与系统的阐述，并提出"极高明而道中庸"的著名论断。

事实上，中庸之道，不仅儒家倡导，道家与佛教也无不赞同。老子说："天之道，其犹张弓欤？高者抑之，下者举之，有馀者损之，不足者补之"（《道德经·七十七章》）。这就是中道的意谓。他还说："是以圣人方而不割，廉而不刿，直而不肆，光而不耀"（《道德经·五十八章》）。这就是中和的人格。

庄子也是中庸的推崇者，据记载，庄子行于山中，见大木，枝叶盛

---

① 欧阳哲生编：《胡适文集》第 12 卷，北京大学出版社 1998 年版，第 103 页。

茂。伐木者止其旁而不取也。问其故，曰："无所可用。"庄子曰："此木以不材得终其天年。"夫子出于山，舍于故人之家。故人喜，命竖子杀雁而烹之。竖子请曰："其一能鸣，其一不能鸣，请奚杀？"主人曰："杀不能鸣者。"明日，弟子问于庄子曰："昨日山中之木，以不材得终其天年；今主人之雁，以不材死。先生将何处？"庄子笑曰："周将处乎材与不材之间"（《庄子·山木》）。这"材与不材之间"，即是中庸的体现。当然庄子认为这并不为人处世之道的最高境界，他从道家的眼光来看，"材与不材之间，似之而非也，故未免乎累"。只有"物物而不物于物，则胡可得而累邪"，这才是真正的自由境界。

佛教也提倡"处中得道"。据记载，沙门夜诵迦叶佛遗教经，其声悲紧，思悔欲退。佛问之曰："汝昔在家，曾为何业？"对曰："爱弹琴。"佛言："弦缓如何？"对曰："不鸣矣。""弦急如何？"对曰："声绝矣。""急缓得中如何？"对曰："诸音普矣。"佛言："沙门学道亦然，心若调适，道可得矣"（《四十二章经·第三十四章》）。

经儒释道的大力倡导，使中庸之道深入人心，成为中华民族的普遍共识与行为准则。

何为中庸？后世的人们对之误解颇深，它往往被一些人们理解为一种不讲原则的"折中主义"、妥协之道、苟安之道。对此，我们唯有借助于《四书》、《易经》、《老子》、《庄子》及佛经的相关典籍，才能真正体悟中庸的真义。笔者认为，中国传统中庸之道，至少有以下四层意谓。

第一，中道。也就是"中正"。就是说中庸以道为基础和原则，其目标是实现仁道。程子曰："不偏谓之中，不易谓庸。'中'者天下之正道，'庸'者，天下之定理。"朱熹解释说："中者，不偏不倚、无过不及之名。庸者，平常也"（《中庸》）。平常即道，平平淡淡才是真，道就在平淡的日常生活中。所谓中道，就是切合于道，从心所欲，从容中道。老子说："孔德之容，惟道是从"（《道德经·二十一章》）。孔子说："夫人不言，言必有中"（《论语·先进》）。中即中道之意。"中道而立，能者从之"（《孟子·尽心上》）。这与《管子》说的"凡言与行，思中以为纪"（《管子·弟子职》）是一脉相承的。

第二，执中。孟子还提到另一个中道的问题，即"执中"。这实际上是中道的实践路径问题。他说："杨子取为我，拔一毛而利天下，不为也。墨子兼爱，摩顶放踵利天下，为之。子莫执中，执中为近之。"（《孟子·尽心上》）孟子所谓执中，即执于中道。对此，《中庸》中引用孔子的话说："舜其大知也与！舜好问而好察迩言，隐恶而扬善，执其两端，用其中于民，其斯以为舜乎！"这里所谓中是正的意思。"用其中于民"，即把握什么是事物中的正道，并以此用政于民。

第三，时中。《中庸》中有"君子而时中"的说法。所谓时中，就于中时，也就是根据事物发展的状态作出适时的行为，一切要因地制宜，因时而动。"君子藏器于身，待时而动"（《周易·系辞下》）。见善则迁，有过则改，善于权衡，与时偕行。

第四，中和。《中庸》中说："喜怒哀乐之未发，谓之中；发而皆中节，谓之和。中也者，天下之大本也；和也者，天下之达道也。致中和，天地位焉，万物育焉。"这已上升到本体论层面上了，就是说实现中庸的目标与理想就是实现最高意义上的和谐。对此，孔子一方面强调以和为贵，另一方面又强调"和而不同"，"君子和而不同，小人同而不和"（《论语·子路》）；"知和而和，不以礼节之，亦不可行也"（《论语·学而》）。可见，孔子讲的和是有原则的，绝不是无原则的不分是非的一团和气。

中庸的具体表现很多，诸如：

人格上，倡导冲和的气象。"君子惠而不费，劳而不怨，欲而不贪，泰而不骄，威而不猛"（《论语·尧曰》）。

认识上，强调"毋意，毋必，毋固，毋我"（《论语·子罕》）。要兼听兼明，不可固执己见。

性格上，倡导"中行"的人格。孔子讲的"中行"就是"中道"。他说："不得中行而与之，必也狂狷乎！狂者进取，狷者有所不为也"（《论语·子路》）。对此，孟子诠释道："孔子不得中道而与之，必也狂狷乎"（《孟子·尽心上》）。

情感上，"发乎情，止乎礼"。一切以礼为依归。

言行上，"从心所欲，不逾矩"（《论语·为政》），恰到好处。

教育上，因材施教。"中人以上，可以语上也；中人以下，不可以语上也。"（《论语·雍也》）"求也退，故进之；由也兼人，故退之"（《论语·先进》）。

行政上，"允执其中"（《论语·尧曰》）。不偏不倚。"刑罚不中，则民无所措手足"（《论语·子路》）。

如此等等，不一而足。

细察中庸的内蕴，可以用以下的一句话来概括：它要求人们摒弃"过"与"不及"两个极端，以不偏不倚、中正客观的整体立场观点来看待与处理问题，以达到从容中道与社会和谐的目的。举例来说，正如现今流行的辩论赛，辩论双方的辩题各持一端，中庸的智慧就在于，把各持一端的辩题各自所包含的部分真理整合成一个整体，以此作为看待问题与处理问题的原则与方法。

对于中庸的思想，毛泽东于1939年2月在《关于〈孔子的哲学思想〉一文给张闻天的信》中解释说："'过'的即是'左'的东西，'不及'的即是右的东西。依照现在我们的观点说来，过与不及乃指一定事物在时间与空间中运动，当其发展到一定状态时，应从量的关系上找出与确定其一定的质，这就是'中'或'中庸'，或'时中'。……孔子的中庸观念没有这种发展的思想，乃是排斥异端树立己说的意思为多，然而是从量上去找出与确定质而反对'左'右倾则是无疑的。这个思想的确如伯达所说是孔子的一大发现，一大功绩，是哲学的重要范畴，值得很好地解释一番。"[①]

中庸之道，是实现和谐的根本途径，也是事物长久发展之道。凡事不能太过，否则就不可长久。过犹不及，"过"与"不及"这是两个极端，必须排除。凡事不可走极端，"反者道之动"，物极必反，任何事物发展到极端就会走向反面，并非事物的长久发展之道。中庸的智慧在于事事恰到好处，把握好一个恰当的度。《周易·乾》中就有"亢龙有悔，盈不可久"的说法，就是说任何事物过于鼎盛是不可持久的。老子说："天长地久。天地所以能长且久者，以其不自生，故能长生。"（《道德经·五十八章》）所谓"不自生"，应作不妄为解。这种思想对中华民族的思想观念产生了深远的影响。《史记·李斯列传》中有一段记载：斯长男由为三川守，诸男皆尚秦公主，女悉嫁秦诸公子。三守川李由告归咸阳，李斯置酒于家，百官长皆前为寿，门庭车骑以千数。李斯喟然而叹曰："嗟乎！吾闻之荀卿曰'物禁太盛'。夫斯乃上蔡布衣，闾巷之黔首，上不知其驽下，遂擢至此。当今人臣之位无居臣上者，可谓富极矣。物极则衰，吾未知所税驾也！"果不其然，不幸而言中。二世二年七月，具斯五刑，腰斩

---

① 《毛泽东文集》第2卷，人民出版社1999年版，第162页。

咸阳市。斯出狱，与其中子俱执，顾谓其中子曰："吾欲与若复牵黄犬俱出上蔡东门逐狡兔，岂可得乎！"遂父子相哭。而夷三族。

又如《红楼梦》第八十七回描述道，贾宝玉与妙玉二人走至潇湘馆外，在山子石坐着静听林黛玉抚琴，始时觉音调清切，后妙玉感到"君弦太高了，与无射律只怕不配呢。"后来妙玉听了，呀然失色道："如何忽作变徵之音？音韵可裂金石矣。只是太过。"宝玉道："太过便怎么？"妙玉道："恐不能持久。"就议论时，听得君弦蹦地一声断了。① 这里所说的太过就不能持久，这是这个道理。

中庸思想对中华民族的思想与行为及国民性格影响极为深远。这也是中国文明历经五千多年沧桑变化而从未中断的重要文化奥秘。中庸的智慧对现实社会经济的发展也不无思想价值。郑永年先生在评论当代中国经济模式的特点时指出："从经济上看，我觉得可以把中国模式称之为重合型或者混合型经济模式。……包括很多方面。所有制当然很重要，所谓的混合就是说各种所有制之间的平衡。在所有制之外，混合模式也应当包括对外开放和内部需求之间的平衡、政府和市场两者在经济领域的作用的平衡等。""从哲学上说，混合经济是中国人的'中庸'哲学在实践上的反映。在中庸哲学下，中国人努力避免走极端路线。"② 不得不承认，这种评论慧眼独具，令人折服。对领导者而言，中庸之道也是一种领导哲学与政治智慧，所谓政治，从操作层面上来说，就是一种平衡的艺术，妥协的艺术，说白了就是要各种势力的利益摆平，否则就难以成为一个出色的领导者。总之，中庸思想对加强道德个体的自我修养、消除人际矛盾、维护统一体的稳定及事物的"长生久视"有着重要的积极意义。

但是，也应该指出，中庸思想也有它的消极影响。这主要体现在中华民族在历史的演进中，长期深受中庸之道的浸润，使中华民族缺乏一种冒险、竞争、敢为天下先的精神元素。老子曰："吾有三宝，持而保之：一曰慈，二曰俭，三曰不敢为天下先"（《道德经·六十七章》）。孔子倡导智仁勇三达德，但后来被视作中国传统核心价值的仁、义、礼、智、信这五常中，就少了勇。毛泽东《体育之研究》（原载 1917 年 4 月 1 日《新青年》第三卷第二号）中指出，"国力苶弱，武风不振，民族之体质，日

---

① （清）曹雪芹：《红楼梦》（上），人民文学出版社 2002 年版，第 1227 页。

② 郑永年：《中国模式：经验与困局》，浙江人民出版社 2010 年版，第 101 页。

趋轻细。此甚可忧之现象也"。中国国国民性中缺乏一种尚武精神，与国力的衰弱确有关系。这对后来社会历史文化发展也产生过一些消极的影响。邓小平在南方谈话中指出："看准了的，就大胆地试，大胆地闯。深圳的重要经验就是敢闯。没有一点闯的精神，没有一点'冒'的精神，没有一股气呀，劲呀，就走不出一条好路，走不出一条新路，就干不出新的事业"①。这种闯的精神、冒的精神，却是传统中华民族国民性中所缺乏的精神元素。这是我们必须看到的缺点。

（三）天人合一

中国传统文化以和为贵的和合精神，重视自然的和谐、人与自然的和谐、人与人之间的和谐、人与社会的和谐，以及人与自身的和谐，即"普遍和谐"的思想，最为典型地体现在"天人合一"的思想传统中。唐君毅先生指出："中国文化精神之本原，吾人即可为中国思想，真为本质上之天人合一之思想。"② 钱穆也认为"天人合一"论是中国文化对人类的巨大贡献。

"天人合一"论，是中国哲学的重要命题，其思想源远流长，是一个十分庞杂的命题。因而学术界对之的理解历来见仁见智。其中有一种普遍性的误解是认为，所谓的天人合一，就是指人与大自然的和谐统一。季羡林就明白地说："天人合一就是人与大自然的合一"，并呼吁人类在生态危机面前重视研究"天人合一"思想。③ 这是一个认知误区！

要了解中国传统的天人合一论，关键在于对"天"这个概念的理解。事实上，中国传统哲学中的"天"的概念相当庞杂，并不统一。据冯友兰研究，"天"有五种含义，即物质的天，主宰的天，命运的天，自然的天和义理的天。中国古代哲人历来以"究天人之际"为最大学问，以追求"天人合一"为至高境界，它不仅仅局限于人与自然的关系问题，而总是把天人作为一个有机整体来思考，把宇宙本体与社会人事及人生价值密切相连，成为贯通自然、社会、人生等问题的宇宙图式，是中国古典系统论思想。据笔者研究，中国传统天人合一论整体上说大致有以下三种致思模式：

一是自然论的"天人合一"模式。在这方面，主要要归功于老子的

---

① 《邓小平文选》第3卷，人民出版社1993年版，第372页。
② 唐君毅：《中国文化之精神价值》，江苏教育出版社2006年版，第319页。
③ 季羡林：《"天人合一"方能拯救人类》，载《东方》1993年创刊号。

自然说。这里所说的自然，并不等同于物质界的大自然，主要指的道，或者说是天道。老子在《道德经》中多次讲到"自然"："功成事逐，百姓皆谓：'我自然'"（《道德经·十七章》），"希言自然"（《道德经·二十三章》）。"人法地，地法天，天法道，道法自然"（《道德经·二十五章》）。"道之尊，德之贵，夫莫之命而常自然"（《道德经·五十一章》）。"以辅万物之自然而不敢为"（《道德经·六十四章》）。这里的自然，"不是指客观存在的自然界，乃是一种不加强制力量而顺任自然的状态"。①也就是是指顺其自然、自然而然、理所当然、势所必然的意谓。老子哲学从自然主义的宇宙观始，后落实到政治哲学、人生论，独树一帜，对自然论的天人合一模式的形成居功至伟，对孔子的天、天道、天命的思想影响不可忽视，如孔子说："唯天为大，唯尧则之"（《论语·泰伯》）。这与老子的天道观存在某种承继关系。

　　自然论的"天人合一"模式，当然也包括人与自然的统一关系。老子说："天地不仁，以万物为刍狗"（《道德经·五章》）。这里的天地是指自然界的客观存在。庄子对此有重要贡献："天地与我并生，而万物与我为一"（《庄子·齐物论》）。"与天和者，谓之天乐"（《庄子·天道》）。孔子提出："天何言焉？四时行焉，百物生矣"（《论语·阳货》）。这里讲的"天"或者"天道"主要是指自然界运动变化的客观规律。荀子进一步提出"天人相分"和"制天命而用之"的卓越命题。荀子眼中的天是"自然之天"，在人与自然的关系问题上，一方面人要顺应自然，另一方面人可以利用、改造自然。唐代刘禹锡则较系统地阐述了天与人"交相胜"、"还相用"的理念，具有相当积极的意义。正因为人与大自然存在着这种紧密的唇齿相依的关系，因此处理好人与大自然的关系，就是理所当然的事情，传统生态伦理思想就这样产生了。如孔子"钓而不纲，弋不射宿"（《论语·述而》），孟子主张"不违农时，谷不胜食也；数罟不入洿池，鱼鳖不可胜食也；斧斤以时入山林，材木不可胜用也"（《孟子·梁惠王上》）。儒家强调与"与天地万物为一体"，这与自然经济有密切的关涉，与现代人们讲的可持续发展思想也有相通之处。中国传统文化的和谐理念十分重视人与自然、天地间万物的和谐统一，他们将人与万物一视同仁，认为不能违背自然，不能超越自然的承受力去改造自然、征服

---

①　陈鼓应：《老子今注今译》，商务印书馆 2009 年版，第 49 页。

自然，让自然界的万物随着它自身规律生长发展。自然万物是人类赖以生存的基础，不仅为人类的生产生活提供各种物质条件，但是也制约着人类的发展水平。历史的经验证明，只有人与自然万物和谐共处、协调发展，才是人类生存与发展的必由之路。

二是心性论的"天人合一"模式。在这方面主要要归功于儒家学说。孔子对心性论的思想论述不多，正如其学生子贡所言："夫子之文章，可得而闻也；夫子之言性与天道，不可得而闻也"（《论语·公冶长》）。但事实上，孔子在这方面天道观的思想是存在的，其道一以贯之，忠恕而已。这种思想后来被思孟学派所继承与发扬光大。孟子提出："尽其心者，知其性；知其性，则知天矣。存其心，养其性，所以事天也"（《孟子·尽心上》）。完整地提出了一套"尽心—养性—知天—事天"的心性论的思想理路。在思孟学派眼中的天，主要指的是"仁义之天"，或者说是义理之天。在他们看来，所谓天或者说天道，即是仁义、义理，它本身内存于人性当中，是人性中所固有的善端，因而，人道与天道、人性与天性是相类相通的，因而可以达到合一。人只要能保存本心，涵养善性，就能与天道相通融为一体。宋儒对思孟学派所开创的心性论的天人合一模式进一步加以发扬光大，并吸收了佛教中的心性论的本体论基础，形成了完整的天人合一论。从张载正式提出"天人合一"这个命题，到二程的"天人本无二"，直到王阳明的"万物一体"，在他们看来，人只要把自己内在的德性发扬出来，就能与天道合而为一了。在大多数宋明理学家看来，天道主要是"理"（客观理性）、是心性，它跟人性、人道是统一的。《中庸》中说："天命之谓性，率性之谓道，修道之谓教"，讲的就是这个意思。这就是"天人合德"的深刻内涵，它要求人在大化流行、生生不已的生命之流安身立命，以达"赞天地之化育"，进而"与天地参"的目的，儒家的天人合一论，主要就是这种心性论的天人合一的模式。

三是有神论的"天人合一"模式。殷商时期，鬼神迷信流行，"天"更多的是"帝"的代名词。这种天的含义，实际上是"鬼神之天"、"上帝之舌"。孔子对这种鬼神迷信思想历来持一种清明理性的态度，"子不语怪，力、乱、神"（《论语·述而》）。这在中国文化史上具有划时代的意义。但至汉代董仲舒则把"天"神秘化了，使天成了有意志、有目的、有道德属性的最高主宰，具有了"神"的灵性，是一种"人格神"的存在，又回到殷商时期鬼神迷信那种思想观念，这在中国传统思想史上不能不说是一种倒退。受他的影响，汉晋时代使中国思想文化陷入了一种类似宗教化、神秘化的泥潭。当然，他的神学化的"天人相类"与"天人感应"学说，旨在寻求天人的和谐统一，维持现存的社会秩序，对统治者也不无警戒作用。

可见，中国传统文化中的"天人合一"论内涵十分宽泛、庞杂，关键在于对"天人合一"论中的"天"的含义如何理解。其中既有精华，也有糟粕，既有科学的因素，也有迷信的成分，当然从主流上看，精华因素占着主导地位，即表明人与天地万物的一致与相通。

四 实践理性

实践理性，是中国传统哲学的重要命题，也是中国传统文化的一个重要精神，它强调求实务实，实事求是，知行合一，身体力行，经世致用，重现世、重实践、重事实、重经验、重功效。这是中国人最为典型的思维方式与价值取向。

（一）经世传统

经世致用的思想，在中国古代学术传统中由来已久，而以理论形态去呈现则在先秦时期诸子百家的经典之中，它们均是"入世"、"经世"、"治世"的学问，主要探讨经世治邦的大道，即所谓"经济之道"。司马谈在《论六家要旨》开篇引用《易大传》"天下一致而百虑，同归而殊途"说法，指出："夫阴阳、儒、墨、名、法、道德，此务为治者也，直所从言之异路，有省不省耳"（《史记》卷一百三十《太史公自序》）其中尤其以儒、墨、法最为突出。

孔孟所创立儒家学说，是一门入世的学问。孔子十分重视现实、重视社会、重视人生。《论语》一书主要围绕着"为人"、"为学"、"为政"三个方面展开，主要是一种政治哲学。孔子是一位哲人气质浓厚的思想家，一生追求大道，他曾说："朝闻道，夕死可矣"（《论语·八佾》）。"加我数年，五十以学《易》，可以无大过矣"（《论语·述而》）。他对天道观有自己独特的看法，但却很少谈论天、命、道、性等玄而又玄的充满哲学性的命题，他对当时流行的鬼神迷信也抱着敬而远之的态度，虽然不能肯定地说孔子是无神论者，但至少他对此抱着"君子有所不知，盖阙如也"这样一种清明理性的态度，"子不语怪，力，乱，神"（《论语·述而》）。子曰："务民之义，敬鬼神而远之，可谓知矣"（《论语·雍也》）。季路问鬼神之事，孔子回答说："未能事人，焉能事鬼"（《论语·先进》）。原因就在关注现世的缘故。从此便"天道远，人道弥"。孔子也知道他的学说在当时"滔滔者皆是也"的乱世很难有所作为，但他却抱着"知其不可而为之者"（《论语》卷七《宪问》）的态度，一直没有放弃践行自己的理想，当时有人形容他"累累若丧家之狗"，孔子不但不以为恼，反而"欣然笑曰：'似丧家之狗，然哉！然哉！'"这又是何等乐观豁达的心胸，并非营营之辈所能理解。孟子十分推崇孔子，其人抱负远大，他曾说："夫天未欲平治天下也；如欲平治天下，当今之世，舍我其谁也？"（《孟子·公孙丑下》）司马迁评价孟子学说时曾说："当是之时，秦用商君，富国强兵；楚、魏用吴起，战胜弱敌；齐威王、宣王用孙子、田忌之徒，而诸侯东面朝齐。天下方务于合从连衡，以攻伐为贤，而孟轲乃述唐、虞、三代之德，是以所如者不合"（《史记·孟子荀卿列传》）。其学说在当时也被讥为"迂远而阔于事情"，但"孟子的'义利之辨'、'王霸之辨'、'仁政'之说，对'独夫'暴君的批判，对'重民'思想的强调，同样是鲜明的'经世致用'之学"。① 孟子的学说具有超越时空的长远价值。朱熹赞扬中庸一书，"其书始言一理，中散为万事，末复合为一理，'放之则弥六合，卷之则退藏于密'，其味无穷，皆实学也"。② 可见儒家对实学的推崇。

　　与孔子同时代的墨子同样深具济世救民的情怀，倡导兼爱、非战、尚同等思想至今仍不减其色。虽然墨子对儒家学说颇有非议，使孟子对他也多有抨击，说："杨氏为我，是无君也；墨氏兼爱，是无父也。无父无君，是禽兽也"（《孟子·滕文公下》）。尽管如此，孟子对墨子的"摩顶放踵，利天下而为之"（《孟子·尽心上》）的精神还是予以了高度的肯定。

　　儒家的入世精神，经世致用传统，关心国事民瘼、以天下国家为己任的情怀对中国后世的人们尤其是志士仁人的精神情操与思想行为均产生了至为深远的影响，从而也奠定了中国传统学术中的经世传统。

　　如孔子作《春秋》，就是为了使乱臣贼子惧。这是因为"《春秋》，天

---

①　孙家洲、高宏达：《"经世致用"学术传统的定位与诠释》，《光明日报》2011 年 3 月 31 日。

②　（宋）朱熹集注：《四书》，上海古籍出版社 1995 年版，第 27 页。

子之事也。是故孔子曰：'知我者其惟《春秋》，罪我者其惟《春秋》乎！罪我者其惟《春秋》乎！'"（《孟子·滕文公下》）受此影响，司马迁呕心沥血、忍辱负重制作宏篇巨制《史记》，其旨在于"通古今之变，成一家之言"。司马光编《资治通鉴》，其目的也在于"监前世之兴衰，考当今之得失"。

再如，孔子曾对子夏曰："女为君子儒，无为小人儒"（《论语·雍也》）。对此罗贯中所著《三国演义》（第四十三回）"诸葛亮舌战群儒"中有一段生动描述，对君子儒与小人儒做了极好的诠释：

忽有一人大声曰："公好为大言，未必真有实学，恐适为儒者所笑耳。"孔明视其人，乃汝阳程德枢也。孔明答曰："儒有君子小人之别。君子之儒，忠君爱国，守正恶邪，务使泽及当时，名留后世。若夫小人之儒，惟务雕虫，专工翰墨；青春作赋，皓首穷经；笔下虽有千言，胸中实无一策。且如杨雄以文章名世，而屈身事莽，不免投阁而死，此所谓小人之儒也；虽日赋万言，亦何取哉！"① 其中所说的君子之儒"忠君爱国，守正恶邪，务使泽及当时，名留后世"，正是对儒家经世致用传统的很好注脚。

魏晋玄学、宋明理学曾一度偏离了这个经世致用的传统。在中国政治、学术思想发展史上，尽管宋明理学具有重要地位，无论在理论与实践中均产生过积极的影响，但是，宋明理学的确存有缺陷，其中一个重要缺陷是游谈无根、不务实际，理论脱离实际、理想超越现实。宋亡明亡之时，正是宋明理学昌盛之际。有人讥刺一些宋明理学家的形象——"平时袖手谈心性，临危一死报君王"。经世致用，是早期儒学的传统。宋明理学在一定程度上偏离了这个传统，空谈心性，不务实际，学术与社会实际严重脱节。有鉴于此，明清之际的启蒙思想家在总结宋亡明亡的教训时得出一个重要结论，这就是宋明理学清谈误国。当然，这种说法并不客观全面，宋亡明亡的主要原因应从军事、政治等方面去求解，但也在一定程度上暴露出宋明理学的弊端。

明清之际兴起实学思潮，实际上是对宋明理学的纠偏。实学思想的起源，可以追溯到明代中叶的罗钦顺、王廷相，至清朝初期发展到高峰。在这个阶段出现了一大批杰出的思想家，著名的有顾炎武、黄宗羲、王夫

---

① （元）罗贯中：《三国演义》（上），人民文学出版社 2005 年版，第 359 页。

之、李颙、颜元、李塨等一批著名学者，力倡"经世致用"之学，使之形成了一股有影响的实学思潮。其内容的丰富、思想的深刻是罕见的。这也与当时处于一个动乱的时代，思想统治相对放松的环境有密切联系，明清实学的核心便是高扬经世致用的务实精神，反对学术研究脱离社会现实，强调把学术研究和现实政治联系起来，用于改革社会。明清之际，以顾宪成、高攀龙为代表的东林党人，面对"天崩地解"的严峻现实，反对王学末流的"落空学问"，倡导"风声、雨声、读书声，声声入耳；家事、国事、天下事，事事关心"，顾炎武更提倡"天下兴亡，匹夫有责"，集中反映了当时先进知识分子救世济民的崇高理想。他们在实践上也身体力行，诸如顾炎武的《日知录》、《天下郡国利病书》，黄宗羲的《明夷待访录》、王源的《平书》等，都是一代"明道救世"之作。

　　总之，中国传统的经世思想主要有两个方面的蕴涵：一是以天下为己任、关心国事民瘼的政治情怀，这种传统情愫不知感染与熏陶了中国历代多少志士仁人，从范仲淹的"先天下之忧而忧，后天下之乐而乐"到顾炎武的"天下兴亡，匹夫有责"，从文天祥的"人生自古谁无死，留取丹心照汗青"到林则徐的"苟利国家生死以，岂因祸福避趋之"……都一以贯之。二是学问为现实服务的学术传统。这也是中国优秀学术传统的精髓，至今仍影响深远。这两个方面的内涵可用张载的"四绝句"来涵括："为天地立心，为生民立命，为往圣继绝学，为万世开太平。"

（二）求是学风

　　实事求是，原意是一种严谨治学的科学精神与学风。东汉班固在《汉书·河间献王传》中谓河间献王刘德"修学好古，实事求是"。唐代颜师古在注《汉书》时指出它意指"务得事实，每求真是也"。无疑，实事求是的学风，是一种科学的精神、态度和方法。在这种精神的影响下，明清之际不仅出现了一批著名的科学家和划时代的科学巨著，提出了许多有价值的科学思想，也开创了重实践、重考察、重验证、重实测的一代新学风。顾炎武开创的一代学风，其治学特点是方法精密，重视证明，提倡实用，这成了当时的时代精神。胡适先生对明清之际的考据方法极为推崇，认为这就是一种科学的精神与治学方法。不仅如此，他还身体力行，花了极大的时间与精力去考证《红楼梦》、《水经注》等古籍，当时的人们对此很不理解，胡适解析其真实的意图时说："我借着小说的考证，来解说治学的方法。同样地，我也是借《水经注》一百年的糊涂官司，指出考证的方法。"① 他还说："在这些文字里，我要读者学得一点科学精神、一点科学态度、一点科学方法。科学精神在于寻求事实、寻求真理。科学态度在于撇开成见，搁起感情，只认得事实，只跟着证据走。科学方法只是'大胆的假设，小心的求证'十个字"。②

对实事求是的精神与学风，毛泽东也十分推崇。在延安整风时期，毛泽东对实事求是的态度做了马克思主义的解释。"'实事'就是客观存在着的一切事物，'是'就是客观事物的内部联系，即规律性，即规律性，'求'就是我们去研究。我们要从国内外、省内外、县内外、区内外的实际情况出发，从其中引出其固有的而不是臆造的规律性，即找出周围事变的内部联系，作为我们行动的向导。"③ 新中国成立后他又指出："河北省有个王叫河间县，汉朝封了一个王叫河间献王。班固在《汉书·河间献王刘德》中说他'实事求是'，这句话一直流传到现在。……我们党是有实事求是传统的，就是把马列主义的普遍真理同中国的实际相结合。"④ 虽然毛泽东阐述的实事求是的思想路线与中国古代思想史上的实事求是的思想观念在内涵上并不相同，但其思想渊源关系应该是无可怀疑的。毛泽东一贯倡导的中国共产党的实事求是的思想路线在很大程度上可以说是对中国传统实践理性精神的继续、升华与发展，既是马克思主义唯物史观与中国传统实践理性相结合的产物，也是马克思主义中国化的一个典范。

（三）批判精神

与求是学风相联系，实事求是的精神必然包括批判的理性。科学精神，从另一个侧面来看，则主要体现为一种特立独行的立场，应该具有怀疑意识与启蒙理性。马克思有句名言：怀疑一切。即一切都应该在理性的法庭面前判别一个是与不是。对于学术来说，终极目标是不断地追求真理。因此，必须具有独立的怀疑与批判精神。

春秋战国时期形成的百花齐放、百家争鸣的生动局面，各种学派自由争论，就充满了这种理性精神、批判意识。儒家讲求格致之学，即《大学》中说的"致知在格物"。程朱理学讲的即物穷理，就是这种科学的方法，"即凡天下之物，莫不因其已知之理而益穷之"（《二程语录》卷十

---

① 欧阳哲生编：《胡适文集》第12卷，北京大学出版社1998年版，第143页。
② 同上书，第431页。
③ 《毛泽东选集》第3卷，人民出版社1991年版，第801页。
④ 《毛泽东文集》第8卷，人民出版社1999年版，第237页。

一）。宋明理学家强调怀疑在学问研究中的重要性。张载说："在可疑而不疑者，不曾学。学则须疑"（《张横渠集》卷八）。《朱子语类》中提到："若用功粗略，不务精思，只道无可疑处，非无可疑，理会未到，不知有疑尔。"继朱熹之后又有书《广近思录》言："小疑则小进，大疑则大进，不疑则不进。盖疑者不安于故而进与新者也。"这对胡适有很大的影响。胡适之先生说："做学问要在无疑处求疑，做人要在可疑处不疑"。这种建立在怀疑基础上的科学精神与方法，就是考证或考据的方法。这与近代科学精神与方法有相通之处。但是，中国古代考据方法只局限于书本与文献，而没有深入到自然界物质界，这也是这种科学精神与方法没有产生自然科学的主要原因。明清之际兴起的一股巨大的社会批判思潮，是经世致用思想和科学态度的必然产物。它与资本主义萌芽的产生与市民阶层的要求相适应，也体现出一种朦胧的启蒙意识。这种批判精神和启蒙意识体现在许多方面，如在政治上，反对君主专制，主张庶民议政；在经济上，主张"均田"，反对土地兼并；主张"工商皆本"，反对"崇本抑末"；在伦理道德上，批评纲常名教，追求个性解放；在教育上，反对科举八股，主张改革教育制度等，从不同角度冲击了封建主义的传统思想，闪耀着新时代的火花。

李泽厚先生用"实用理性"一词解释中国文化传统中的这一基本特质。他指出这一更深层次的文化心理结构"便是求现实生存、肯定世俗生活并服务于它的实用理性"。他还进一步解释说："从传统心态说，中国的实用理性有与实用主义相近的一面，即重视真理的实用性、现实性，轻视与现实人生与生活实用无关的形而上学的思辨抽象和信仰模式，强调所谓'道在伦常日用之中'。但也有与实用主义并不相近的一面，即实用理性更注重长远的效果和具有系统内反馈效应的模式习惯，即承认有一种客观的'道'支配着现实社会和日常生活，从而理性并非只是作为行为的工具，而且也是认识（或体认）道体的途径。"① 应该肯定，李泽厚先生对中国这种传统心理结构的论述是独到的、深刻的，至今尚未遭到真正意义上的批评。事实上，李泽厚讲的"实用理性"与笔者所说的"实践理性"，概念是基本一致的。之所以用"实践理性"而不用"实用理性"的概念，主要目的在于避免把中国文化传统的这种精神与实用主义相混

----

① 李泽厚：《中国现代思想史论》，东方出版社 1987 年版，第 150、154 页。

渭。实践理性是中国人最为典型的思想方法与价值趋向。作为一种思想方法，它注重客观事实、历史经验，重视实践，重视直觉顿悟和整体思维，对玄而又玄的抽象思辨与狂热的宗教信仰一般不感兴趣。作为一种价值取向，它注重身体力行、经世致用的行动哲学，重实践，重行动，重结果，重功效。这是积淀于民族思想情感之中的更深层次的"文化心理结构"。

中国传统实践理性精神与美国的实验主义精神有相似的地方，也有不同之处，两者不能混同。相似之处在于两者都是一种科学的精神、科学的态度、科学的学风，凸显理性精神，并以科学理性指导实践，为现实服务。区别在于，实践理性精神特别强调实践，以实践为基础和依归，通过总结历史经验与现实经验，在这个基础上形成相关的理论，并作为再实践的理论指导，发挥其积极的现实效应。而实验主义精神除总结实践经验外，更关注科学实验的手段与方法，形成具有高度思辨色彩的理论，并以此作为实践活动的指导。前者基本上停留在经验科学与工具理性的层面，后者则已上升到理论科学与价值理性的层面。

实践理性精神在近代中国得到了广泛的回响，亡国灭种的危局呼唤着实学精神与求是学风。近代先进的中国知识分子为了挽救民族危亡，努力向西方寻求救国救民的真理，并为此作了坚持不懈的实践努力。在五四时期一批先进的中国知识分子之所以能够接受马克思主义学说，除其他各种主客观原因以外，跟这种传统文化心理结构有相当的关系，这些中国先进的知识分子正是从中国革命救亡运动需要这个角度，对各种主义进行比较推求，最后选择接受马克思主义的，并对中国以后的社会历史产生了深远的影响。

实践理性对中国文化精神和民族精神的影响至为深远，在实践中也带来了双重效应，但积极效应占主导地位。深得人心的"实事求是"的思想路线是实践理性学术传统在实行中的积极效应。它反映了中华民族求真务实、反对空谈的精神风貌，对中国社会历史发展起了极大的推进作用。它使中国人比较务实，比较理性，能够脚踏实地干一番大事。中国共产党之所以能够取得成功，很大程度上与这条"一切从实际出发，理论联系实际，实事求是"的思想路线有着密切关联。但是，也不得不指出，它的消极方面也是存在的，主要表现在：在理论上往往容易停留于事实经验的水平，忽视对理论的深入探讨与指导价值；重视实用理性，忽视纯粹理性；在实践中，过于重功效、重结果、急功近利，忽视长远利益，又容易陷入实用主义的泥沼。对此，我们需要反思，以进一步提升中华民族的科学理性与精神境界，正如李白的诗句中所说的那样，"登高壮观天地间，大江茫茫去不还"。我们要站得更高一些，看得更远一些，从战略的高度、长远的眼光来统筹社会历史发展的全局。

第五章　中国传统文化精神的现代转型①

社会主义和谐社会的构想，主要属于社会建设的范畴，但由于社会建设涉及政治、经济、文化、生态等各个层面，需要各方面统筹兼顾、协调发展，因此和谐社会建设包含着诸多方面丰富的内涵。它同建设社会主义物质文明、政治文明、精神文明、生态文明有机地统一在一起，它们既有各自的特殊领域和规律，又有不可分割的紧密联系。

中华优秀传统文化是中华民族的突出优势，是我们最深厚的文化软实力；中国特色社会主义植根于中华文化沃土。中国传统文化精神对和谐社会建设来说，是一种潜力巨大的社会资源和丰厚的精神遗产，创造性地开挖中国优秀传统文化资源为和谐社会建设服务，已是当务之急。

一　治理之道

中国共产党的治国理政思想与现代化事业息息相关，也是执政合法性的重要基石。

如何维护社会稳定、实现社会发展，是社会建设与社会管理要实现的一个重要目标。这就涉及执政党的执政理念与发展理念问题。在这方面，中国传统文化精神中的很多思想精华，值得作进一步的阐发。中国共产党的执政理念有着重要的传统文化背景，具有广泛的群众基础。

（一）以民为本

早在千百年前，中国人就提出"民惟邦本，本固邦宁"、"天地之间，莫贵于人"，重视尊重与保障人权，强调要利民、裕民、养民、惠民，以

① 本章主要内容以原标题《中国传统文化精神对和谐社会建设的价值》，发表在《西安交通大学学报》（社会科学版）2011 年第 5 期。

民为本。这是中国传统文化中的人本主义传统的主要内容与特色。

中国传统文化中的"以人为本"的思想十分丰富，尤其是以民为本的思想，是中国传统政治思想中最重要的内容之一。它与当今我国强调的科学发展观中的第一要义"以人为本"，虽然内涵不尽相同，但其精神实质是完全相通的。科学发展观强调的"以人为本"的发展理念，奠基于马克思主义的人民群众的观点与群众路线的领导方法与工作方法，与中国传统文化中的人本主义传统也密切相关。对此，毛泽东响亮地提出中国共产党的宗旨就是"全心全意为人民服务"。共产党就必须坚决站在最大多数人的利益一边，否则就失去了立足之本。中国共产党之所以能够领导革命取得胜利，关键就在于取得了广大人民的拥护与支持。在中国现代化建设中能不能取得成功，关键还在于能否取得广大民众的广泛支持。邓小平对此明确指出："凡是符合最大多数人的根本利益，受到广大人民拥护的事情，不论前进的道路上还有多少困难，一定会得到成功。"① 江泽民《在庆祝中国共产党成立八十周年大会上的讲话》中更提出："全心全意为人民服务，立党为公，执政为民，是我们党同一切剥削阶级政党的根本区别。"②

至于中国传统文化中以人为本与当今科学发展观中以人为本的内在联系，胡锦涛于 2006 年 4 月 21 日在美国耶鲁大学发表重要演讲中说得十分明白，他说："中华文明历来注重以民为本，尊重人的尊严和价值。今天，我们坚持以人为本，就是要坚持发展为了人民、发展依靠人民、发展成果由人民共享，关注人的价值、权益和自由，关注人的生活质量、发展潜能和幸福指数，最终是为了实现人的全面发展。保障人民的生存权和发展权仍是中国的首要任务。我们将大力推动经济社会发展，依法保障人民享有自由、民主和人权，实现社会公平和正义，使 13 亿中国人民过上幸福生活。"在这里，胡锦涛明确肯定了中国传统以民为本思想的积极作用，并进一步阐发了传统文化中以人为本、以民为本思想的现代价值。

2013 年 3 月 17 日，李克强总理在与采访两会的中外记者见面并回答记者的提问时说："我想说的是，在我个人的经历中，从读书、做事、文化熏陶当中，悟出一个道理，就是行大道、民为本、利天下。这九个字不

---

① 《邓小平文选》第 3 卷，人民出版社 1993 年版，第 142 页。
② 《江泽民文选》第 3 卷，人民出版社 2006 年版，第 279 页。

是什么典籍的原话，是我的心得。我坚信，做人要正、办事要公，才能利国利民。"这"行大道、民为本、利天下"九个字，充满了中国传统文化中以民为本的人文底蕴。这将成为中国共产党坚实不移的执政理念，也是中国共产党加强与巩固执政合法性的基础。

在当今我国社会主义和谐社会的建设中，中国共产党十分强调必须坚持以人为本，始终把最广大人民的根本利益作为党和国家工作的根本出发点和落脚点，在经济发展的基础上不断满足人民群众日益增长的物质文化需要，促进人的全面发展，强调推进以民生为重点的社会建设。只有把这种以民为本的执政理念真正落到实处，社会才能得到和谐的发展。

（二）以民生为重点

民生问题是社会建设的重心，也是维护社会和谐稳定的前提。民生一词最早见于《左传·宣公十二年》："民生在勤，勤则不匮。"孙中山先生指出，所谓民生就是人类求生存的活动，具体地说，"就是人民的生活——社会的生存，国民的生计，群众的生命"。① 民生问题是一切社会问题的根源，民生问题与社会问题存在着直接的因果联系，"因为民生不遂，所以社会的文明不能发达，经济组织不能改良和道德退步，以及发生种种不平的事情。像阶级战争和工人痛苦，那些种种压迫，都是由于民生不遂的问题没有解决"，"社会中的各种变态都是果，民生问题才是因。"因此民生是"政治的中心，经济的中心和种种历史活动的中心"。② 他认为民生是社会历史的发展的重心，它是人类社会发展的原动力。可见，民生问题对社会稳定和发展的极端重要性。

中国传统的民生思想主要体现在富民问题上。孔子就十分关注"富民"问题。《论语》中记载，孔子有一次去卫国，跟冉有有一段对话。子曰："庶之哉！"冉有曰："既庶矣，又何加焉？"曰："富之。"曰："既富矣，又何加焉？"曰："教之。"（《论语·子路》）在这里，孔子特别强调了富民、教民的重要性。孟子继承发展了孔子的富民思想，进一步提出要"制民之产"，使民有"恒产"，从而有"恒心"，这具有朴素的唯物论之思想光辉。他指出："民之为道也，有恒产者有恒心，无恒产者则无恒心。苟无恒心，放僻邪侈，无不为己。及陷乎罪，然而从而刑之，是罔

---

① 孙中山：《三民主义》，岳麓书院 2000 年版，第 167 页。
② 同上书，第 197 页。

民也。焉有仁人在位，罔民而可也"（《孟子·滕文公上》）。为此，统治者必须以民为本，实行仁政，推行王道，反对苛政与霸道政治。"是故明君制民之产，必使仰足以事父母，俯足以畜妻子，乐岁终身饱，凶年免于死亡；然后驱而之善，故民之从之也轻"（《孟子·梁惠王上》）。尽管孟子提出的解决民生问题的措施如井田制等不脱小农经济的局限，但他十分强调民众的物质生活对社会稳定的重要性，这对现实仍具有重要的思想价值。他提出的"有恒产者有恒心，无恒产者则无恒心"的著名格言，也是一条颠扑不破的真理。《管子》中继承了孔孟的富民思想，明确提出："凡治国之道，必先富民。民富则易治也，民贫则难治也。……故治国常富，而乱国必贫。是以善治国者，必先富民，然后治之"（《管子·治国》）。这也是十分可贵的执政思想与治国理念。

对于民生问题的重要性，邓小平在总结新中国成立以来社会现代化建设的经验教训时指出："我们要想一想，我们给人民究竟做了多少事情呢？我们一定要根据现在的有利条件加速发展生产力，使人民的物质生活好一些，使人民的文化生活、精神面貌好一些。"[①] 民生问题解决得好坏，直接关系到广大民众能否支持改革开放与现代化大业。我国现代化建设过程中，经济发展取得举世瞩目的成就。我国经济总量从世界第六位跃升到第二位，社会生产力、经济实力、科技实力迈上一个大台阶，人民生活水平、居民收入水平、社会保障水平迈上一个大台阶，综合国力、国际竞争力、国际影响力迈上一个大台阶，国家面貌发生新的历史性变化。这是有目共睹的事实。但是，也应该看到，经济发展的成果在较大程度上并没有充分被广大民众所共享，现实社会建设中民生问题依然突出，就业、教育、住房、社会保障等领域的矛盾尤为突出，这一方面制约着内需发展，另一方面也影响到社会公平正义及稳定和谐，与社会主义的本质要求也不相符合。经济增长与经济发展是既有联系又有区别的两个概念，其中最大的区别就在于，经济发展要使经济增长的成果为广大民众所享。我们要在大力发展生产过程中不断解决民生问题，使经济发展的成果能真正为广大人民群众所享，极大地提高人民群众的经济生活水平，这才是经济发展的真正含义，是社会建设的重点所在，也是实现社会公平正义的重要基础与体现。发展中出现的问题只有在发展中得到解决。解决民生问题，以经济

---

① 《邓小平文选》第2卷，人民出版社1993年版，第128页。

建设为中心，仍然是第一位的根本任务，也是党和国家的工作重心，不能有丝毫的动摇，同时还要重视社会的公平正义。

现实的问题是，如何在进一步搞好经济建设的基础上加快以民生为重点的社会建设，这已是刻不容缓的问题。如果民生问题长期得不到有效解决，社会问题越积越多，使社会矛盾激化，就会严重影响社会和谐稳定。因此，中共十七大报告强调要"加快推进以改善民生为重点的社会建设"，指出："社会建设与人民幸福安康息息相关。必须在经济发展的基础上，更加注重社会建设，着力保障和改善民生，推进社会体制改革，扩大公共服务，完善社会管理，促进社会公平正义，努力使全体人民学有所教、劳有所得、病有所医、老有所养、住有所居，推动建设和谐社会"。其中所说的"学有所教、劳有所得、病有所医、老有所养、住有所居"，则是社会建设的主要问题。具体地说，主要的民生建设的工程有：优先发展教育，建设人力资源强国；实施扩大就业的发展战略，促进以创业带动就业；深化收入分配制度改革，增加城乡居民收入；加快建立覆盖城乡居民的社会保障体系，保障人民基本生活；建立基本医疗卫生制度，提高全民健康水平。中共十八大报告中又一次强调："加强社会建设，必须以保障和改善民生为重点。提高人民物质文化生活水平，是改革开放和社会主义现代化建设的根本目的。要多谋民生之利，多解民生之忧，解决好人民最关心最直接最现实的利益问题，在学有所教、劳有所得、病有所医、老有所养、住有所居上持续取得新进展，努力让人民过上更好生活。"如何把保障和改善民生问题落到实处，这是一项重大挑战，正在考验着党与政府的执政水平与能力。

（三）注重公平正义

邓小平在1992年的南方谈话中提出了一个著名的论断："社会主义的本质，是解放生产力，发展生产力，消灭剥削，消除两极分化，最终达到共同富裕。"[①] 这实际上基本揭示了社会主义所要追求的两大核心价值：效率与公平。解放生产力，发展生产力，即要创造出比资本主义发展更高的生产力，这就是效率问题。消灭剥削，消除两极分化，最终达到共同富裕，这就是公平问题。可见解放与发展社会生产力，实现社会公平与正义，是社会主义的本质特征与根本任务。其中实现社会公平正义问题在现

---

① 《邓小平文选》第3卷，人民出版社1993年版，第373页。

实社会中更为突出，对实现社会的和谐稳定有着极为重要的意义。中共十八届三中全会决议中指出要"坚持社会主义市场经济改革方向，以促进社会公平正义、增进人民福祉为出发点和落脚点，进一步解放思想、解放和发展社会生产力、解放和增强社会活力，坚决破除各方面体制机制弊端，努力开拓中国特色社会主义事业更加广阔的前景"。这是在中共中央会议决议中首次提出"公平正义"的问题。

实现社会公平正义问题，首先并主要表现在分配领域。在中国传统思想中，在分配领域中实现社会公平正义的思想资源十分丰富。无论道家、儒家和法家等学派均不约而同地主张社会财富分配的均贫富，并把它提到治国安邦的高度加以阐述。老子指出："天之道，其犹张弓与？高者抑之，下者举之。有余者损之，不足者补之。天之道，损有馀而补不足。人之道，则不然，损不足以奉有馀。孰能有馀以奉天下，唯有道者"（《道德经·七十七章》）。对此，杜光庭在《道德真经广圣义》（卷四十八）中阐释道："天道均平，有余必损，不足必兴。"老子批评当时统治者横征暴敛，民不聊生，结果必然导致官逼民反，改朝换代。他说："民之饥，以其上食税之多，是以饥。民之难治，以其上之有为，是以难治。民之轻死，以其上求生之厚，是以轻死"（《道德经·七十五章》）。他警告统治者说："民不畏威，则大畏至"（《道德经·七十二章》）；"民不畏死，奈何以死惧之"（《道德经·七十四章》）。老子对当时社会贫富差距的严酷现实（即"人之道"）作出了严厉的批评，希望重新恢复和建立一个相对公平合理的理想社会（即"天之道"）。这种"天道均平"的思想是难能可贵的，这对历代统治者均具有警示作用，对现实社会也不无启迪意义。

在"天道均平"问题上，孔子与老子的主张是基本一致的。他说："丘也闻，有国有家者不患贫而患不均，不患寡而患不安。盖均无贫，和无寡，安无倾"（《论语·季氏》）。孔子提出"不患贫而患不均，不患寡而患不安"的思想，后来一直遭受诸多诟病，往往被视作平均主义的思想渊薮而受到抨击，但事实上这种指责是不符合历史事实的，相当程度可以说是望文生义、断章取义。尽管孔子所说的"均无贫，和无寡，安无倾"不无平均主义的色彩，但其侧重点并不在于此，而主要在于反对社会财富分配领域中贫富差距过大而产生两极分化与对立。这是从维护社会稳定这个角度上说的，具有相当的合理性。此后的儒家学者也多受这种思想观念的影响，对严重的贫富两极分化现象持批评的态度。

法家韩非子则明确提出了"均贫富"的思想，并认为这是明君的重要治国理念。他指出："故明主之治国也，适其时事以致财物，论其税赋以均贫富"（《韩非子·六反》）。从此，"均贫富"就成为中国传统思想的重要主张，历代农民起义均以"均贫富"为旗帜，反映了广大农民群众对平等的理想社会的普遍向往。

尽管中国传统思想中"天道均平"、"不患贫而患不均"、"均贫富"等观念，不免带有小农经济的色彩与平均主义的倾向，但是其中所包含的反对贫富差距过大、反对两极分化的思想内涵的积极意义是值得肯定的。

对现实而言，分配问题关系到社会主义的本质特征与要求，关系广大人民群众的切身利益、积极性的发挥与生产力的提高。收入分配制度是经济社会发展中一项带有根本性、基础性的制度安排，是社会主义市场经济体制的重要基石。合理的收入分配机制是社会公平的重要体现。在我国现代化建设过程中，毛泽东曾提出了"统筹兼顾，合理安排"的方针，要处理好国家、集体与个人的利益分配关系，还提出了"既反对平均主义，也反对过分悬殊"的著名论断。[①] 这个观点现在看起来仍不失其时代价值。但问题在于，自从新中国成立以来直至 1978 年改革开放以前，由于诸多因素导致在我国社会经济生活中吃"大锅饭"，大搞平均主义政策，极大地伤害了广大劳动者的积极性与创造性，对经济建设也带来了严重后果，这是我国社会主义经济建设中的一大败笔，教训十分深刻。改革开放以来，改革很大程度上是从打破平均主义和"铁饭碗"入手的。邓小平在总结这段时期的历史经验教训时深刻地指出："我们坚持走社会主义道路，根本目标是实现共同富裕，然而平均发展是不可能的。过去搞平均主义，吃'大锅饭'，实际上是共同落后，共同贫穷，我们就是吃了这个亏。改革首先要打破平均主义，打破'大锅饭'，现在看来这个路子是对的。"[②] 为了发展社会生产力与国民经济，在分配制度上进行了深刻的改革，确定了"效率优先，兼顾公正"的分配原则，这对调动广大民众的劳动积极性与经济发展起了极大的促进作用，功不可没。中共十六大决议中仍肯定了"效率优先，兼顾公正"的分配原则。

但是，随着改革开放的快速发展，分配领域存在的矛盾日益突出，地

---

① 《毛泽东文集》第 8 卷，人民出版社 1999 年版，第 130 页。
② 《邓小平文选》第 3 卷，人民出版社 1993 年版，第 155 页。

区、城乡、行业、人员之间的贫富差距越拉越大，城乡区域发展差距和居民收入分配差距依然较大，对社会的和谐稳定产生了不利的影响，社会公平问题就日益被提到议事日程上来。对此，中国共产党自从十六届四中全会以来，就不断强调以后要更加注重社会公平正义问题，并明确提出社会的公平正义是社会主义的本质要求与重要任务。2004 年中共十六届四中全会决议指出："要适应我国社会的深刻变化，把和谐社会建设摆在重要位置，注重激发社会活力，促进社会公平和正义，增强全社会的法律意识和诚信意识，维护社会安定团结。"即要按照构建和谐社会的要求，强调以后要注重社会公平。2005 年中共十六届五中全会公报强调，要"完善按劳分配为主体、多种分配方式并存的分配制度，坚持各种生产要素按贡献参与分配，更加注重社会公平，加大调节收入分配的力度，努力缓解地区之间和部分社会成员收入分配差距扩大的趋势"。

温家宝谈到邓小平关于社会主义本质的科学认识时指出："这就告诉我们，巩固和发展社会主义，必须认识和把握好两大任务：一是要解放和发展社会生产力，极大地增加全社会的物质财富；二是逐步实现社会公平与正义，极大地激发全社会的创造活力和促进社会和谐。上述两大任务相互联系、相互促进，是统一的整体，并且贯穿于整个社会主义历史时期一系列不同发展阶段的长久进程中。"① 其中把"逐步实现社会公平与正义，极大地激发全社会的创造活力和促进社会和谐"也作为社会主义的一大重要任务，这是个重要的新提法，很有价值。

从"坚持效率优先，兼顾公平"到"更加注重社会公平"，这是一大思想发展，体现了新时期的新要求，也是党的方针政策与时俱进的精神体现。

当前，我国已经进入全面建成小康社会的决定性阶段。要继续深化收入分配制度改革，优化收入分配结构，调动各方面积极性，促进经济发展方式转变，维护社会公平正义与和谐稳定，实现发展成果由人民共享，为全面建成小康社会奠定扎实基础。

（四）德法并重

从中国传统政治思想来看，中国古代先哲历来认为德治与法治应该相

---

① 温家宝：《关于社会主义初级阶段的历史任务和我国对外开放政策》，《人民日报》2007年2月27日。

辅相成，不可偏废。礼法并重，德刑并施，王霸并用，宽猛相济，这是中国传统政治智慧的最主要的特色。

孔子曰："道之以政，齐之以刑，民免而无耻。道之以德，齐之以礼，有耻且格"（《论语·为政》）。孟子曰："徒善不足以为政，徒法不能自行"（《孟子·离娄上》）。尽管儒家有过于强调德治的倾向，但是，孔孟从未偏废法治而一贯主张德法并举。在强调礼治的同时，也十分重视法治的重要性。荀子较早主张"授法入礼"，他继承了孔子"为国以礼"主张，坚持认为"为政不以礼，政不行也"（《荀子·大略》）。荀子对礼学思想的贡献主要有二：一方面，荀子隆礼，是因为"规矩者，方圆之至；礼者，人道之极也"（《荀子·礼论》）；"礼者，治辨之极也，强国之本也，威行之道也，功名之总也"（《荀子·议兵》）。另一方面，他同时重法，因为"法者，治之端也"（《荀子·君道》）。在荀子看来，礼和法是应该统一的，他提出"礼者，法之大分也"（《荀子·劝学》）。"援法入礼"，这是荀子对孔子礼学思想的最大贡献。他看到有些儒者侧重"礼义"，不重法度，侧重教化，不重"刑罚"，并不足以维护社会统治秩序，因而，他不再仅仅局限于个体的仁义孝悌，而是强调整体的礼法纲纪，既隆礼，又重法，"援法入礼"。

德治与法治，都是社会治理的重要手段。德治可以扬善但不能惩恶，法可以惩恶但不能扬善，各有侧重，相辅相成，相得益彰，不可偏废。这在中国古代历史上是有深刻的经验教训的。法家在治理国家过程中曾经发挥过相当积极的作用，如商鞅、李斯、韩非等法家人士分别相秦、辅秦，使秦邑大治，使秦国由小变大、由弱变强，最终统一六国，成就霸业，完成中国历史上史无前例的空前的大一统局面。但是由于法家过度强调严刑峻法，缺乏柔性，容易激化社会矛盾，不利于社会的长治久安，商鞅、李斯、韩非等人自身也均死于非命，就是明证。至于先秦儒学，重德治、轻事功，在社会大转折大动荡的年代，不免显得迂腐、阔于事理，致使孔子发出"知其不可而为之"的无奈感叹。孟子虽然怀抱平治天下的盖世豪情，但始终壮志难酬，对此，司马迁有一段评论十分精辟："当是之时，秦用商君，富国强兵；楚、魏用吴起，战胜弱敌；齐威王、宣王用孙子、田忌之徒，而诸侯东面朝齐。天下方务于合从连横，以攻伐为贤，而孟轲乃述唐、虞、三代之德，是以所如者不合"（《史记·孟子荀卿列传》）。尽管如此，我们也不能贬低德治思想的积极效应，汉初的文景之治、唐代的贞观之治、开元之治以及清代的康乾盛世很大程度上即是仁德政治的结晶和产物。

在当今和谐社会建设过程中，社会管理也应德法并重。江泽民同志在十六大报告中指出，要"实行依法治国和以德治国相结合"。依法治国属于法律范畴，以德治国属于道德范畴，但两者并不是泾渭分明的，而是相辅相成的。片面地强调法治与德治，都会导致不良的后果。也就是说，依法治国与以德治国要紧密结合，同步推进。这是从我国社会主义初级阶段的实际出发作出的重大战略抉择，是发展社会主义市场经济的客观要求，也是我们党要始终遵循的治国方针。

二　社会和谐[①]

狭义上说，现代化就是发展问题，主要指的是由传统社会向现代社会的整体性变迁过程。这是一个充满激荡与矛盾的复杂的发展进程，它无疑"是人类历史上最剧烈、最深远并且显然是无可避免的一场社会变革"[②]。但现代化与社会稳定却存在着一种"二律背反"现象。一方面，现代化的推进最终必将有助于整体社会稳定局面的实现，另一方面，现代化的快速推进，社会矛盾与利益冲突就会层出不穷，会导致社会的不稳定，如果处理不当还会酿成严重动荡甚至动乱，使现代化事业毁于一旦。美国学者亨廷顿指出："现代性孕育着稳定，而现代化的过程滋生着动乱。"[③] 这是很有见地的。

社会稳定或政治稳定是现代化建设的重要前提与条件。从世界范围内来看，任何一个国家的现代化不可能在战乱与动荡中进行，现代化事业要取得成功，就必须有一个前提条件——稳定的社会秩序，尤其是对发展中国家来说。新加坡前总理李光耀在总结新加坡治国经验时指出："在发展现代国家的过渡时期，政治稳定受到很大的压力。但政治稳定是成功的基

---

① 本节有关内容以原标题《和谐思想的传统蕴涵与现代诠释》，发表于《西安交通大学学报》（社会科学版）2013 年第 1 期。

② ［美］吉尔伯特·罗慈曼主编：《中国的现代化》，江苏人民出版社 1995 年版，第 5 页。

③ ［美］塞缪尔·亨廷顿：《变化中社会的政治秩序》，王冠华等译，生活·读书·新知三联书店 1989 年版，第 38 页。

本条件。"①"政治稳定是未来经济和社会发展的必需条件，就如经济成功是达到更高生活水平的必需条件一样，对新加坡来说，情形更是这样。"②从中国的情形而言，社会稳定和政治稳定同样是中国现代化过程中极为重要而紧迫的大事。事实证明，这是有深远的战略眼光的，对我国现代化建设具有长远的指导意义。

（一）和谐是中国传统文化的最高价值

"和"与"德"一样，是中国传统哲学中的一个十分古老的观念，"和文化"与"德文化"不仅是中国传统文化中的两大异彩，而且密不可分。这正如庄子所说："德者，成和之修也"（《庄子·德充符》）。其中"和"是中国传统文化的最高价值，是中华文化的精髓。

"和"的思想在中国传统文化典籍中俯拾皆是。早在中国文字形成阶段，即在甲骨文与金文中就出现了"和"字。在《尚书》、《诗经》、《国语》等上古时期的文献典籍中已有大量的"和"的字眼及相关思想观念出现。《诗经》中热烈地歌咏"和"的精神，诸如"叔兮伯兮，倡予和女"（《诗经·山有扶苏》），"兄弟既翕，和乐且甚"（《诗经·常棣》），"既和且平，依我盘声"（《诗经·那》），"鼓瑟鼓琴，和乐且湛"（《诗经·鹿鸣》）。《国语》中记载史伯提出"和实生物，同则不继"的不朽命题（《国语·郑语》）。《周易》中更提出了"保合太和，乃利贞"的杰出思想（《周易·乾·象》）。这些思想在后来得到了充分的发挥，对中国传统文化的主干——儒道传统产生了深刻影响并得到深入的阐发，最终成为了中华民族根深蒂固的思想基础与价值核心。诸如：有子曰："礼之用，和为贵。先王之道，斯为美。小大由之"（《论语·学而》）。孟子曰："天时不如地利，地利不如人和"（《孟子·公孙丑章句下》）。荀子曰："万物其和以生。各得其养以成"（《荀子·天论》）。老子曰："万物负阴而抱阳，冲气以为和"（《道德经第四十二章》）。庄子说："至阴肃肃，至阳赫赫，肃肃出乎天，赫赫出乎地，两者交通成和而物生焉。"（《庄子·田子方》）《中庸》中更提出："中也者，天下之大本也；和也者，天下之达道也。致中和，天地位焉，万物育焉。"……诸如此类，不胜枚举。

中国传统文化中充满了"和"的理念，"和"的思想，其内在蕴涵相

---

① 《李光耀40年政论选》，现代出版社1994年版，第556页。
② 同上书，第230页。

当丰富，既是一种普遍的价值观念和行为方式，也是一种审美情趣和致思方式，既具有天道观的含义，又具有人道观人生观的蕴涵。

就天道观上说，"和"主要被理解为万物生成、运行、发展的前提和条件，具有本体论意义。对此张载表达得最为明晰："太和所谓道，中涵浮沉、升降、动静相感之性，是生絪缊、相荡、胜负、屈伸之始终"（《正蒙·太和》）。中国传统先哲不仅认为"和"是天地万物本体的基本状态，而且还是万事万物生存与发展的根本动因。这就是《吕氏春秋》中所说的"天地和合，生之大经也"。

从人道观上说，"和"是处理人与人之间关系的根本准则。孔子的学生有子曰："礼之用，和为贵。先王之道，斯为美，小大由之"（《论语·学而》）。庄子说："与人和者，谓之人乐"（《庄子·天道》）。中国传统文化中强调的"和为贵"，主要还是指的"人和"，即各种广义的人际关系（社会关系）的协和。

从人生观来说，"和"指的是人的自我和谐的精神境界。换言之，即通过道德主体的自我修养以达到身心和谐的崇高境界，它突出了人的自我修养对社会和谐的积极作用。这以儒家经典《中庸》中的解释最为典型："喜怒哀乐之未发谓之中，发而皆中节谓之和。"道家对此的理解与儒家相近，如老子所言："知和曰常，知常曰明"（《道德经》第五十五章）。

中国传统文化中的和谐思想（即和合精神），重视自然的和谐、人与自然的和谐、人与人之间的和谐以及人与自身的和谐，最为典型地体现在"天人合一"的思想之中。唐君毅先生指出："中国文化精神之本原，吾人即可为中国思想，真为本质上之天人合一之思想"。[①] 钱穆也认为"天人合一论是中国文化对人类的巨大贡献"。[②] 和谐可以被视作为中国传统文化精神的核心，其根本目标是实现社会和谐。温家宝于2009年2月2日在英国剑桥大学具有500年历史的"瑞德讲坛"发表了题为《用发展的眼光看中国》的演讲中指出："中华传统文化底蕴深厚、博大精深。'和'在中国古代历史上被奉为最高价值，是中华文化的精髓。"可谓一语中的。和谐是中国传统文化精神的最高价值，是中华民族发展的强大的精神动力，也是中华文明历经五千多年的曲折发展而从未中断的重要的文

---

① 唐君毅：《中国文化之精神价值》，江苏教育出版社2006年版，第319页。
② 钱穆：《中国文化对人类未来可有的贡献》，《中国文化》1991年第4期。

化奥秘，如果能够赋予新的时代精神与内涵，它必将为人类文明进步散发出迷人的普世价值之光。

自从中共十六届六中全会提出要"建设和谐文化"的重要命题以来，和谐文化已成为人们家喻户晓的共同理念，对我国先进文化建设乃至整个现代化事业发生了极为积极的作用，在国际上也产生了广泛的影响。我国社会主义和谐文化建设，有必要从优秀传统文化中汲取丰富的思想资源。和谐精神是中国传统文化的最高价值，它是贯通自然、社会、人生等各个方面的古典系统论思想和宇宙图式，包括太和、心和、家和、人和、政和、协和万邦等丰富内容及普遍和谐、和而不同、中庸之道等价值准则，是中国文明历经几千年曲折发展而从未中断的重要的文化奥秘。现阶段我国社会主义和谐文化建设应该建立在对传统和合精神的创造性转化与现代诠释的基础之上。创造性地挖掘与阐发传统和谐精神的深刻底蕴及思想价值，对我国社会主义和谐社会建设乃至人类文明的进步均有重大价值。

（二）积极挖掘和谐思想的传统底蕴

中国传统和谐思想内涵丰富。对现实而言，它是一种潜力巨大的精神资源，如何以现代化为主体与参照系，对之进行创生性的转化与现代诠释，赋予其创造性的活力，为和谐文化建设提供合法性基础与合理性内涵，这才是当务之急。主要内容有：

1. "太和"

《易经》中说："乾道变化，各正性命。保合太和，乃利贞"（《周易·乾·象》）。这里所谓"乾道"，即天道，而"太和"是最高的和谐状态。这种天道、地道、人道的和谐统一、万物之间自然而然的和谐秩序便是"太和"，或曰"天和"，"中和"。当然，这种"太和"是建立在差别、矛盾、对立、斗争、冲突之上并高于它们的本体存在，是多样性的统一。中国传统先哲不仅认为"和"是天地万物本体的基本状态，而且还是万事万物生存与发展的根本动因。《周易·系辞下》中说："天地絪缊，万物化醇"。这就为史伯说的"和实生物"（《国语·郑语》）这一不朽命题提供了充实的哲学基础，"和实生物"也因此成了具有本体论价值的命题。

这种"太和"的思想，实际上就是贯通自然、社会、人生的古典系统论思想与宇宙图式，具有普遍的意义与本体论价值，与中国传统的"天人合一"思想一脉相承，虽然具有一定的历史局限，但其思想价值不可磨灭，尤其对现代生态文明建设的指导价值不可低估。

2."心和"

即个体的自我和谐。自我和谐是一切关系和谐的出发点。中国儒、道、佛对此都有深刻的阐释，其中以儒家的学说居功至伟，对社会和谐意义巨大。

儒家所倡导的"修身"就是基于这种认识，其最终目标是克己复礼，天下归仁。即克服人性中的诸种弱点，使自己成为一个内在欲望合于仁、外在行为不违礼的仁人君子，如果一个人能修养他的善性，涵养天性，就能达到自我身心内外的和谐，这便是"心和"的境界。孔子提倡君子要内外兼修，他说："质胜文则野，文胜质则史。文质彬彬，然后君子"（《论语·雍也》）。不仅如此，孔子深信，每个人都可以通过自己的努力，达到仁的境界，即"为仁由己"。"仁远乎哉，我欲仁，斯仁至矣"（《论语·述而》）。因此，他曾多次赞美其弟子颜渊，"贤哉回也！一箪食，一瓢饮，在陋巷。人不堪其忧，回也不改其乐。贤哉回也！"（《论语·雍也》）孟子更是十分注重个体的自我修养，认为修身是治理国家与社会的根本前提，"天下之本在国，国之本在家，家之本在身"（《孟子·离娄上》）。《大学》继承了孟子这个观点，提出："自天子以至于庶人，壹是皆以修身为本。"虽然，儒家把社会和谐的理想主要奠基于作为道德主体的个人自我修养与完善的基础之上，具有理想主义色彩，但是，儒家主张以此作为建立个人与个人、个人与群体、个人与社会的和谐关系的重要途径来说，则不无价值。美国哈佛大学教授杜维明指出："现今的流行观点认为，儒家是一种特别重视人际关系的社会伦理学，这一见解是基本正确的。但是，它未考虑到作为一种独立、自主和具有内在导向过程的自我修养在儒家传统中的中心地位。"[①] 这种见解十分精辟。汤一介先生也指出："儒家和谐社会的理想既然是建立在个人的道德修养提高的基础上，因此儒家特别重视个人自我身心内外的和谐。"[②]

道家对"心和"的理念也有重要贡献。道家的人生观总的法则是"法自然"。"和其光，同其尘"（《道德经·五十六章》），即顺应自然而行，不违背自然法则。不否认老子的人生观具有明哲保身的消极色彩，但

---

① ［美］杜维明：《儒家思想新论——创造性转换的自我》，黄幼华等译，江苏人民出版社1995年版，第52页。

② 汤一介：《儒学十论及外五篇》，北京大学出版社2009年版，第65页。

是，老子的人生观的要义是法自然，讲道修德，对促进身心和谐来说不无裨益，而且其旨意并不仅仅限于个人的修心养性，而主要是针对统治者而言的，主要目的在于由修身而推之于治天下，主张统治者要有良好的修养，以此躬行天下，就可达到"无为而治"的目的，这在当时具有相当积极的政治意义。

佛教对于"心和"的论述也颇丰，具有较大的理论贡献。它强调端正身心，广植众德，调伏诸根，身心柔软，使内心光明彻照，洞达无极，从而达到身心和谐。诸如"心垢灭尽，净无瑕秽，是为最明"（《四十二章经·第十五章》）；"行道讨真者善，志与道合者大"（《四十二章经·第十四章》）；"宜自决断，洗除心垢，言行忠信，表里相应"，"至心求愿，积累善本"（《无量寿经·第三十四章》）。

3. "家和"

家庭是社会的细胞，家庭和睦是建构和谐社会的重要基础。由于中国传统社会很大程度上说是以家族为本位的，家文化相当发达，"家和"观念最为普及并得到了广泛认同。重视家庭伦理是儒家思想的一个重要特色。儒家十分重视依靠人伦道德来调适父子、夫妻、兄弟之间的关系，使家庭成员间充满亲情、温润与仁爱之情。在家庭伦理中，孔子最重孝悌。子曰："孝悌之至，通于神明，光于四海，无所不通"（《孝经·感应章第十六》）。孝与悌相联系，是为适应古代家庭宗法制度提出来的，儒家视"孝悌"为"仁"的根本。孔子的学生有子说："孝悌也者，其为仁之本与！"（《论语·学而》）这的确反映了孔子的一贯主张。孔子不仅把孝悌作为处理各种家庭成员间关系的准则，而且还把孝悌泛化为处理社会、政治领域中一切关系的准则，作为治理国家社会的一个重要手段与途径，具有了浓厚的社会与政治的意味。

在儒家看来，家庭成员之间建立在血缘基础之上的爱是最真挚可靠的，这种爱既出于天性，又在朝夕相处、休戚与共的生活中不断强化。以这种亲情之爱为基础，将其推广到社会关系与政治关系之中。从现实上讲，如果能剔除中国传统家庭伦理中一些不合时宜的封建因素，赋予新的时代精神与内涵，对和谐社会建设仍具有积极意义。只有维护家庭的和睦，才能促进社会和谐。

4. 人和

所谓"人和"，包括个人与个人之间、个人与社群之间、个人与社会之间的各种关系，实际上是要建立各种良好的人际关系。中国传统文化中强调的"和为贵"，主要是指的人和，具体体现在孟子倡导的"五伦"上，这是中国古代人际关系的基本格局。李光耀十分赞同儒家"五伦"学说，"五伦的次序是君臣关系、父子关系、夫妻关系、兄弟关系和朋友关系"。"五伦里的权利和义务受到适当的遵循，社会就会稳定和有秩序。"①

以儒家为主体的传统文化中的"人和"思想，不仅是关于人际关系的学问，还具有相当浓厚的政治哲学意味。也就是说，人和是政和的基础，是为政和服务的。孟子强调"天时不如地利，地利不如人和"（《孟子·公孙丑下》）。这里的"人和"，是指上下同心，和衷共济，众志成城，抵御外侮，这是孟子认为的战争取得胜利的关键因素。荀子则从哲学上说明了"人和"内含巨大力量的原因。他指出："和则一，一则多力，多力则强，强则胜物"（《荀子·王制》）。就是说，如果能保持统一，就能产生强大的合力，无坚不摧，攻无不克。这就是团结的力量，诚如《易传》中所说"二人同心，其利断金；同心之言，其臭如兰"（《周易·系辞上》）。

马克思说过："人们在生产中不仅仅同自然界发生关系。他们只有以一定方式共同活动和互相交换其活动，才不能进行生产。为了进行生产，人们相互之间便发生一定的联系和关系；只有在这些社会联系和社会关系的范围内，才会有他们对自然界的关系，才会有生产。"② 因此，建设和谐社会就必须要建立和谐的人际关系，只有在和谐的人际关系中，人类生存必不可少的生产活动和交往活动才能得以顺利地进行，这对于社会的稳定、社会的良性运行具有非常重要的价值。

5. "政和"

"政和"就必须均衡与协调各种不同的阶级、利益集团之间的关系。早在西周初年，周王室就十分崇尚"民欲天从"的"政和"文化。为使天下归心，迎纳贤才，周公"一沐三捉发，一饭三吐哺"（《史记·鲁周公世家第三》）。正是对人民主体地位的充分认识和认真贯彻，人口极为有限的周部落才能够成功统辖整个商王朝的广大地区，甚至还扩大了原来

---

① 《李光耀40年政论选》，现代出版社1994年版，第403—404页。
② 《马克思恩格斯选集》第1卷，人民出版社2012年版，第340页。

的版图。正是广大人民的衷心拥护，才造就了周王朝政治和谐的局面。

"政和"的理念最为典型地反映在"大同"社会的理想中。据记载，孔子曾对其弟子说："大道之行也，天下为公，选贤与能，讲信修睦；故人不独亲其亲，不独子其子；使老有所终，壮有所用，幼有所长；矜寡孤独废疾者，皆有所养；男有分，女有归；货恶其弃于地也，不必藏于己；力恶其不出于身也，不必为己；是故谋闭而不兴，盗窃乱贼而不作；故外户而不闭，是谓大同"（《礼记·礼运》）。无论这种和谐社会的设想是否为孔子所设计，它的确反映了儒家对和谐社会的理想追求。虽然这种和谐社会的理想有一定的空想色彩，但其中提出的一些原则值得借鉴。

其一，"天下为公"的目标。统治者要以公心治理国家，天下才能太平安宁，这是社会和谐的主要标志。

其二，"选贤与能"的用人准则。举贤才，尚贤使能，推举、使用德才兼备的人才，是实现社会和谐的重要举措。

其三，"讲信修睦"的道德氛围。一个和谐的社会必须充盈着良好的道德氛围，其中尤其以诚信最为重要。

其四，"不独亲其亲，不独子其子"的仁爱原则。将心比心，推己及人，把仁爱道德推广到整个社会，修己、安人、安百姓，老吾老及人之老，幼吾幼及人之幼，发扬"泛爱众"的仁爱精神，社会才能和谐。

其五，"老有所终"、"幼有所长"、"矜寡孤独废疾者，皆有所养"的人道精神。一个良好的社会，除了能使人人各尽其能、各得其所外，还要关怀弱势群体，体现了人道主义原则的要求。

大同社会理想，是人类孜孜以求的理想社会，对此我们不能简单地把它归之"乌托邦"而加以否定。事实上，大同社会理想在中国传统历史文化中对仁人志士与广大民众都产生过深刻的影响，从历代农民起义的"均贫富"的口号到洪秀全的《天朝田亩制度》中"人间天国"，从康有为的《大同书》至孙中山提倡的"天下为公"，历来都有一种对理想社会追求的传统。五四时期一批先进的中国知识分子之所以能选择、接受马克思主义的学说，一个重要原因就在于马克思学说中同样有对理想社会的追求——实现社会主义、共产主义社会。现阶段我国的和谐社会建设，也是对理想社会的一种诉求，中国大同社会的理想无疑也是和谐社会建设的重要思想渊源。

6. "协和万邦"

即是处理民族关系、国家关系的基本准则。关于邦国关系，《尚书》中赞扬尧的政绩："克明俊德，以亲九族。九族既睦，平章百姓。百姓昭明，协和万邦，黎民于变时雍"（《尚书·尧典》）。《易经》有"万国咸宁"之说。从很大程度上说，协和万邦也是"政和"思想的组成部分与逻辑延伸。中华民族历来有爱好和平的优良传统，无疑，现阶段我国奉行的"和谐世界"的外交理念与走和平发展的道路，很大程度上说是对中国优秀文化传统的继承与发展。

（三）深入阐发传统和谐思想的现代价值

中国传统和合精神具有普世价值，对我国和谐文化建设乃至对人类文明进步具有极为重要的价值引领作用，我们应该有这样的文化自信、文化自觉与文化认同，这主要表现在以下三个方面。

1. "普遍和谐"的价值趋向

汤一介先生指出："由'自然的和谐'、'人和自然的和谐'、'人与人的和谐'、'人自我身心内外的和谐'所构成的'普遍和谐'观念是儒家的重要思想。"①

当然，崇尚和谐，并非完全是儒家的主张。如果说道家主要侧重"自然的和谐"、"人和自然的和谐"，佛教主要注重"人自我身心内外的和谐"，那么儒家则更侧重"人与人的和谐"。当今我国社会主义和谐文化建设应该并且十分有必要从中创造性地汲取中国传统中普遍和谐思想的精髓。中国传统文化精神的最主要的价值趋向就在于追求一种稳定和有序的状态，它已成为我国现在倡导的"和谐社会"、"和谐世界"理念的重要思想来源与组成部分。当然，中国传统"普遍和谐"的思想，并不是十全十美的，存有一定的局限，但是，作为一种中华民族普遍的价值理念，它为全人类文明进步提供了重要的价值观，如果我们能够消除其中的消极因素，并赋予现代性的诠释与意义，的确具有一定的普世价值。

2. "和而不同"的价值理念

史伯提出"和实生物，同则不继"（《国语·郑语》），较早地区别了和与同的界限。在此基础上，孔子提倡"君子和而不同，小人同而不和"（《论语·子路》）。他认为我们行事处世一方面强调"以和为贵"，另一

① 汤一介：《儒学十论及外五篇》，北京大学出版社2009年版，第66页。

方面和也不是无原则的，"知和而和""亦不可行也"（《论语·学而》）。这是一个重要的价值理念。儒家、道家均认为"物之不齐，物之性也"，不能强求同一，而且多样性的存在与竞争，还是事物发展的重要动力。这不仅对国内和谐社会建设有指导价值，而且也为和谐世界建设、促进国际关系民主化提供了重要的准则。由于各国的历史背景、社会制度、发展水平、文化传统和价值观念不同，世界上不可能也不应该只有一种文明、一种社会制度、一种发展模式、一种价值观念。各国文明的多样性，是人类社会的基本特征，也是人类文明进步的动力。只有尊重世界的多样性，各个民族、各种文明才能和谐相处，相互学习，相互借鉴，相得益彰，共同发展。

3. "极高明而道中庸"的价值法则

中国传统思想中不仅倡导"和合"理想，而且还提出了实现和谐的根本途径——中庸之道。孔子甚至把中庸称为"至德"："中庸之为德，其至矣乎！"（《论语·雍也》）"君子中庸，小人反中庸"（《中庸》）。中庸之道并非一些人们所谓的"折中主义"，它是中国传统文化中的高级哲理、政治哲学与人生智慧，它要求人们摒弃"过"与"不及"两个极端，以不偏不倚、中正客观的整体立场观点来看待与处理问题。对于中庸之道，不仅儒家倡导，道家与佛教也莫不推崇。在长期的历史演进中，中庸之道成为中华民族普遍的思维定式与方法论原则。具体表现在诸多方面，诸如：认识上，"毋意，毋必，毋固，毋我"；性格上，倡导"中行"的人格；情感上，主张"发乎情，止乎礼"；行为上，提倡"时中"……这对加强道德个体的自我修养、消除人际矛盾、维护统一体的稳定秩序都有着相当积极的作用。尽管中庸之道也存在着某些局限，但其积极方面是主导的，它为我们提供了一种看待与处理问题的辩证的智慧，对和谐文化建设具有重要的方法论意义。

三 民主政治

政治建设，即政治发展，其核心是政治民主。换言之，政治民主是政治建设或者说政治发展的主要内容与根本目标。由于各国的历史文化传统与具体国情不同，决定了政治发展道路必然是多元的。中国特色的政治发展道路，主要指的是中国式的民主政治建设。中国特色的社会主义民主政治建设，当然离不开中国的历史文化传统，尤其是中国政治文化传统。

中国传统文化与民主政治的关系问题，历来是一个颇有争议的话题。一方面，不可否认，以儒家为主体的传统文化具有维护中央集权的专制政体、长幼有序的等级制度和"刑不上大夫，礼不下庶人"的人治传统等弊端，也缺乏民主制度的政体设计与具体安排，具有专制主义、皇权主义的流弊，缺乏民主与法制的传统，与现代民主政治建设，背道而驰，对民主政治的发展起着严重的障碍作用，这也是长期以来中国传统文化遭受诟病与批判的主要根由。余英时先生曾经指出："中国传统没有发展出民主的政治制度。这尤其是近代中国知识分子鄙弃自己文化的最重要的根据。"[1] 五四新文化运动力倡以自由为核心的西方启蒙思想，高举民主与科学两大旗帜，向封建专制主义与思想迷信发起猛烈的抨击，其反封建的思想启蒙价值是永远不可磨灭的。在当代中国，受封建文化传统的影响，封建主义的余毒依然根深蒂固，反对封建主义思想残余势力的斗争至今仍然任重道远。"个人迷信"、"官本位"、等级制、"家长制"、"一言堂"等习惯意识流弊深远，还需要花大力气加以清除。邓小平在谈到我国社会主义民主政治建设问题时曾尖锐地指出："我们过去的一些制度，实际上受了封建主义的影响，包括个人迷信、家长制或家长作风，甚至包括干部职务终身制。……我们这个国家有几千年封建社会的历史，缺乏社会主义的民主和社会主义的法制。"[2] 这是我国政治现代化进程中所面临的一个文化障碍，如果这种政治文化意识得不到有效的清理，那么中国政治体制改革也很难搞得通。对此，我们必须有一种清明理性的科学认识。

但是，这仅仅是事情的一个方面，如果因此就全盘否定了中国政治文化中民主思想因子，认为中国政治民主化必须以全盘抛弃传统文化为前提，这就从一个极端走向了另一个极端。另一方面，中国传统文化精神不乏民主传统与思想因子，与现代民主思想有颇多相融相通之处。余英时先生指出："中国文化把人当作目的而非手段，它的个人主义（personalism）精神凸显了每一个个人的道德价值；它又发展了从'人皆可为尧舜'到'满街皆是圣人'的平等意识以及'为仁由己'到讲学议政的自由传统。

---

[1]　余英时著，辛华、任青编：《内在超越之路》，中国广播电视出版社1993年版，第38页。

[2]　《邓小平文选》第2卷，人民出版社1994年版，第348页。

凡此种种都是中国民主的精神凭借，可以通过现代的法制结构而转化为客观实在。"① 从历史事实上看，余英时先生的这种说法大致不谬。如果我们能对中国传统政治文化中的人本主义传统加以深入开挖、作出进一步的阐发，并以法制加以落实，就能结出民主政治之花。根据笔者研究，主要有以下几个方面民主思想因子，对当代中国的民主政治建设有积极的价值。

（一）民本思想

民本思想在中国由来已久，是中国传统政治思想的一大主要特色。中国传统"以人为本"的思想，主要就体现为"以民为本"的理念。关于中国传统的民本思想的丰富内涵，在本书第四章第一节已有详细的论述，在此不再赘述。在本节，我们主要关注传统民本思想与近代以来民主思想的内在关联。对这个问题学术界讨论很多，分歧很大。时人往往强调民本与民主的本质区别，因而对中国传统的民本思想颇不以为然。诚然，中国传统民本思想与近代以来的民主思想的确存在着重要区别。简单地说，民本思想本质上仍然属于统治阶级的思想意识，是一种"为民作主"的清官意识。中国古代流行一句俗语："当官不为民作主，不如回家卖红薯"即是例证，就是把官员当作民之父母，为官一任，造福一方。民主思想本质上是广大民众的思想观念，是一种"以民为主"的理念，即所谓民主就是"大多数人的权力"、"多数人的统治"。当然，按照马克思主义的民主理论，民主是一个具体的历史的范畴，它是有阶级性的，即只有在承认阶级性的前提下才能承认民主就是"大多数人的权力"。正如列宁所指出的那样，"如果不是嘲弄理智和历史，就不能说'纯粹民主'，而只能说阶级的民主"。② 因此，民本与民主的确是有区别的，主要在于阶级性与立场观点有差别，不能混为一谈，从民本发展到民主之间还有不少距离，但是是否能因此把民本与民主相对立呢？显然，把两者对立起来的观点也是有失偏颇的。无论从理论与实践上来说，民本与民主并不是水火不容、相互对立的，而是存在着相互融通与转化的趋势。

从理论上说，民本与民主在主权在民、限制君权的内涵上是相通的。《尚书》中有"民为邦本，本固邦宁"的说法，界定了民众在国家中所占

---

① 余英时著，辛华、任青编：《内在超越之路》，中国广播电视出版社 1993 年版，第 40 页。

② 《列宁选集》第 3 卷，人民出版社 1972 年版，第 629 页。

的基础地位。老子说："圣人常无心，以百姓心为心"（《道德经·四十九章》）。提出民心就是天意，因此要重视民意。孟子有句名言："民为贵，社稷次之，君为轻"（《孟子·尽心下》），明确了民贵君轻的地位。他又说："贼仁者谓之贼，贼义者谓之残，残贼之人谓之一夫。闻诛一夫纣矣，未闻弑君也"（《孟子·梁惠王下》）。独夫民贼，人人可得而诛之，实际上提出了限制君权的理念。荀子更强调"君者，舟也；庶人者，水也。水则载舟，水则覆舟。"这是对君民关系的经典表达，对中国历代统治者都有深刻的警示作用。这实际上就是民权思想。所谓民权，是相对于君权而言的，正如孙中山先生所说："民权就是人民的政治力量。"① 实际上就是推崇人民的主体地位与权利。所谓民权，就是人民的权力，国家的主权在民。中国近代意义上的民权思想，是从西方的思想中引进来的，但是在古代中国传统并不缺乏民权思想，这主要体现在民本思想上，两者息息相通，从民本发展到民主应是顺水推舟、顺理成章的事情。中国近代先进的思想家如康有为、孙中山等正是以中国固有的民本思想为桥梁接受西方的民主主义思想的。从历史主义的眼光来看，民本主义的思想价值弥足珍贵，对现实来说也并没有失去它的思想价值。

由于经济基础、政治结构及文化传统等各种因素的综合影响，中国传统的民权思想并没有真正被统治者所广泛接受，他们所崇尚的还是"普天之下，莫非王土。率土之滨，莫非王臣"的君王意识，广大极权官僚系统中的文武百官一般也只是对上不对下，对百姓的民意可以漠视，对民众的利益可以侵害，只要得到其顶头上司的青睐，便可以达到往上爬的目的。这样就使"民为贵、君为轻"的思想成了没有法理基础与依据的格言，最多成为历代清官为民请命、变革维新的一面思想旗帜。由于缺乏相应的商品经济的基础，文化传统中皇权主义的思想根深蒂固，在政治构架中也缺乏相应的民主体制的制度设计与具体安排，使中国传统社会中政治民主长期缺位。这是我们应该正视的事实。但这也并不意味着，受中国文化传统影响较深的国家与地区就无法实行民主政治。由于民本思想与民主理念从根本上是相通的，因此，深受儒家传统影响的东南亚国家与地区，诸如韩国、日本、新加坡、中国台湾地区、中国香港地区在接受西方民主思想、发展民主政治过程中几乎也不存在障碍，而且显得那么顺理成章、

---

① 孙中山：《三民主义》，九州出版社 2011 年版，第 64 页。

理所当然，这也在事实上印证了民本与民主可以相互融通这个结论。当然，我们尽管可以说民主与民本思想相容相通，真正的民本思想蕴含着民主思想，但并不意味着民本自然会导致民主，它需要一系列民主制度的设计与运作程序，需要有一种更开放的理性，广泛借鉴与吸收人类文明中一切关于民主思想的精华与成功经验，结合本国实际，从实践经验中去学习，从学习中去不断推进。

（二）法治传统

从理论上说，民主逻辑地包含着的法治的内容。在实践中，民主与法治是现代民主政治的两个轮子，缺一不可。法治构成了政治民主的重要基石，没有法治也就没有了政治民主。

当然，应该承认，在中国政治传统与政治实践中，存在着一种人治的传统，法治传统有所缺失。在中国政治、法律文化传统中缺乏在法律面前人人平等的观念，"王子犯法，与庶民同罪"，从来只是一个没有法理意义的口号，真正推行的司法观念倒是"礼不下庶人，刑不上大夫"。集权体制、等级制度、官本位、宗族主义、庸俗关系盛行，在民族心理中形成了根深蒂固的人治意识、臣民意识、官本位意识、宗法意识，而与此相对应的法制意识、公民意识、民主意识、权利义务意识等则相当淡薄。这也是中国传统社会民主政治缺位的一大因由。这种政治法律文化传统根深蒂固，至今仍影响着我国政治民主化的进程，诸如权力过分集中、官本位意识、家长制作风、一言堂以及在改革开放以前存在的干部职务终身制问题，都是传统社会的封建遗风，仍是我国民主政治化过程中的一大文化障碍，我们必须清醒地意识到这一点。对此，邓小平在 1980 年 8 月 18 日所作的《党和国家领导制度的改革》的重要讲话中深刻地指出："我们进行了二十八年的新民主主义革命，推翻封建主义的反动统治和封建土地所有制，是成功的，彻底的。但是，肃清思想政治方面的封建主义残余影响这个任务，因为我们对它的重要性估计不足，以后很快转入社会主义革命，所以没有能够完成。现在应该明确提出继续肃清思想政治方面的封建主义残余影响的任务，并在制度上做一系列切实的改革，否则国家和人民还要遭受损失"。①

但是，这也只是问题的一个方面，不能因此而否认了中国传统文化中

---

① 《邓小平文选》第 2 卷，人民出版社 1994 年版，第 335 页。

的法治精神。对此，我们也应该有科学的态度，划清文化遗产中民主性精华同封建性糟粕的界限。在中国传统政治、法律文化中也不乏民主性的精华，并不缺乏法制理论与法治精神，认真总结吸收中国传统法治思想精华对当前我国社会主义法治建设不无启迪意义。

儒家学说尽管有侧重德治的倾向，但从未偏废法治。应该清除儒家重德治轻法治的偏见。孔子曰："道之以政，齐之以刑，民免而无耻。道之以德，齐之以礼，有耻且格"（《论语·为政》）；"刑罚不中，民无所措手足"（《论语·颜渊》）。在这里，孔子一方面突出强调了为政以德的重要性，但另一方面也肯定了法制的重要作用。孟子慨叹："上无道揆也，下无法守也"；"徒善不足以为政，徒法不能自行"（《孟子·离娄上》）。在国家治理上，他和孔子一样都是主张德法统一的。尽管儒家有过于强调德治的倾向，但是，孔孟从未抹杀法治的重要性，只是认为法治须奠基于仁政与道德的基础之上罢了。

对法制思想有重大贡献的当然首推法家的学说。法家思想影响之下，在中国古代历史并不缺法治精神与实践传统。据记载，秦国商鞅变法，"令行于民期年，秦民之国都言初令之不便者以千数。于是太子犯法。卫鞅曰：'法之不行，自上犯之'。将法太子。太子，君嗣也，不可施刑，刑其傅公子虔，黥其师公孙贾。明日，秦人皆趋令。行之十年，秦民大说，道不拾遗，山无盗贼，家给人足。民勇于公战，怯于私斗，乡邑大治"（《史记·商君列传》）。这是中国历史上以法治国取得成功的典型案例。此后法治之风在秦国大盛。在李斯的建议下，"明法度，定律令，皆以始皇始"（《史记·李斯列传》）。

作为先秦法家思想的集大成者韩非子则十分鄙薄俗儒们的仁义玄谈，极力主张推行法治。他指斥"儒以文乱法"（《韩非子·五蠹》），"天下皆以孝悌忠顺之道为是也，而莫知察孝悌忠顺之道而审行之，是以天下乱"（《韩非子·忠孝》）。他提出"明王峭其法而严其刑也"（《韩非子·五蠹》）；"法令所以为治也"（《韩非子·诡使》）。为此，他构建了一个包括法、术、势在内法治理论体系。所谓"法"指法律，"术"指权术，"势"指权势。他认为，国君只有掌握权势，运用权术，依法治国，才能治理好国家。赏罚乃法之"二柄"，"有功虽疏贱必赏，有过虽近爱必诛"（《韩非子·主道》）。国君只有赏罚分明，才能使民众归服。当然，也应该指出，韩非的法治学说还不是近代意义上的法治，根本上说是"帝王之术"。近代法治思想的核心是"在法律面前人人平等",首要任务是制约君主的权力,而韩非的法治思想本质上还是为维护封建专制制度服务的,尤其是他还把公正执法的希望寄托在最高统治者个人的品德修养之上,这在很大程度上具有不确定性。但是,历史地看,韩非一整套法治学说在一定程度上体现了比较严肃的法治精神,在中国传统政治思想史上是难能可贵的,对现代民主与法制建设仍具有借鉴意义。当然,法家所主张与推行的"此种法治有时虽可收富强的速效,但上养成专制的霸主,中养成残忍的酷吏,下养成敢怒不敢言的顺民,或激起揭竿而起的革命"①。后来由于法家过于强调严刑峻法,很快激化了社会矛盾,秦王朝二世而亡,与此有很大的关系。这是需要认真总结与吸取的经验教训,但我们并不能因此而全盘否定法家的思想与法治精神,它对儒家思想的丰富与完善功不可没,中国历代统治者实际上多是"外儒内法"的。

把法治与德治有机结合的思想作了合理阐述的当推荀子与管子。荀子既隆礼,又重法。一方面,荀子隆礼,是因为"规矩者,方圆之至;礼者,人道之极也"(《荀子·礼论》)。"礼者,治辨之极也,强国之本也,威行之道也,功名之总也"(《荀子·议兵》)。另一方面,他同时重法,因为"法者,治之端也"(《荀子·君道》)。在荀子看来,礼和法是应该统一的,他提出"礼者,法之大分也"(《荀子·劝学》)。"援法入礼",这是荀子对孔子礼学思想的最大贡献。《管子》一书综合百家,尤其是综合儒法,在中国传统思想史上富有特色,作为一种治国思想与理念值得引起重视。《管子》中一方面十分强调以法治国的重要性,"法者,天下之仪也,所以决疑而明是非也,百姓所县命也"(《管子·禁藏》);"故法者,天下之至道也,圣君之实用也"(《管子·任法》);"所谓胜者,法立令行之谓胜"(《管子·正世》);"名正法备,则圣人无事"(《管子·白心》)。另一方面则又强调法与仁义道德的统一,"所谓仁义礼乐者,皆出于法"(《管子·任法》)。

在我国现阶段社会主义民主法制建设、推行以法治国的过程中,我们要在批判、摒弃人治传统的同时,还需要大力梳理、弘扬传统法治思想的积极价值,并吸收包括西方法治精神在内的一切思想精华与法制建设的成果,宣传公民理论、法治意识,建设健全的法制理论与法律制度,真正做

---

① 贺麟:《文化与人生》,商务印书馆 2002 年版,第 47 页。

到有法可依、有法必依、执法必严、违法必究，以法治国，为民主政治建设服务。

（三）独立人格

政治民主要建立在独立的人格基础之上，特立独行的人格精神是现代民主政治建设的重要基础和精神内涵。西方自由主义思想就特别强调这一点，不无价值。这正如中国自由主义精神领袖胡适先生在 1918 年 6 月所作的《易卜生主义》一文中所说的："社会国家没有了自由独立的人格如同酒里少了酒曲，面包里少了酵，人身上少了脑筋，那种社会国家绝没有改良进步的希望。"① 培育公民社会，主要就在于培养公民的独立人格，这是民主政治建设的社会基础，其中尤其需要有一批具有社会道德良知的充满批判精神的特立独行的公共知识分子群体。

在中国传统文化中，并不缺乏对独立人格精神的追求。尤其是孔孟对这种独立人格精神的推崇更是到了无以复加的程度，如果能对此作新的诠释，完全可以为当代政治民主奠定人格基础。

孔子历来倡导志士仁人应具有一种崇高的圣贤精神、君子人格。他说："三军可夺帅也，匹夫不可夺志也"（《论语·子罕》）；"当仁，不让于师"（《论语·卫灵公》）；"岁寒，然后知松柏之后凋也"（《论语·子罕》）；"志士仁人，无求生而害仁，有杀身以成仁"（《论语·卫灵公》）。这就是孔子所倡导的志士仁人的独立人格精神，刚正不阿，择善固执，为坚持真理，舍生取义、"杀身成仁"也在所不惜。孔子不仅是这样说的，也是这样做的，知行合一，身体力行，成为这种人格精神的践行者，在天下滔滔的乱世，他怀着济世救民的理想，积极入世，以仁为己任，"知其不可而为之"，坚强不屈，坚持不懈，体现了一生追求真理的人生诉求，成为后世知识分子的精神楷模。"杀身成仁"的精神对中国历代志士仁人的人格精神均产生了相当积极的影响。

孟子为人颇为自负，对孔子以后的儒者及其他学派的学说颇为鄙视，但对孔子却十分尊崇，对孔子所倡导的独立人格精神尤其推崇，并加以阐扬，大力倡导一种理想人格——大丈夫人格，即"富贵不能淫，贫贱不能移，威武不能屈"（《孟子·滕文公下》）。这种人格精神，具有一种"浩然之气"，"其为气也，至大至刚，以直养而无害，则塞于天地之间。

---

① 欧阳哲生编：《胡适文集》第 2 卷，北京大学出版社 1998 年版，第 488 页。

其为气也，配义与道。无是，馁也，是集义所生者，非义而取之也"（《孟子·公孙丑上》）。这种浩然之气则取决于大丈夫所具有的不可夺之志，"夫志，气之帅也；气，体之充也。夫志至焉，气次焉。故曰'持其志，无暴其气'"（《孟子·公孙丑上》）。人具有这种不可夺之志与浩然之气，就具有了特立独行的人格，"惟义是从"，卓尔不群，无畏无惧，大义凛然，一往无前，"虽千万人，吾往也"（《孟子·公孙丑上》）。这就是君子人格，具有刚毅的精神气质，是儒家所推崇的理想人格，孟子不仅积极倡导，而且躬行实践，一生以天下国家为己任，富有社会批判精神，"说大人则藐之，无视其巍巍然"（《孟子·尽心下》）。

儒家所倡导的这种以仁为己任、唯义是从、特立独行、舍生取义的独立人格的精神，不知熏陶了多少志士仁人，也培育了知识分子自由讲学与议政的风气。如郑国的乡校议政，大夫然明建议毁掉乡校，但执掌政权的子产坚持不毁乡校，曰："何为？夫人朝夕退而游焉，以议执政之善否。其所善者，吾则行之；其所恶者，吾则改之。是吾师也，若之何毁之？"（《左传·襄公三十一年》）战国时期，王室势力式微，小国迭起，为了在乱局中立国兴盛，各国纷纷囊括有识之士，形成了"士"受到前所未有的重视的局面，"士"直议社会政治蔚然成风。又如晚明东林运动是中国历史上一个重要的社会文化现象，深刻地反映着中国传统知识分子在治学、为政和救世之间的追求和立场选择。

不可否认，在传统中国社会中，由于政治上皇权主义的统治、文化上专制主义的钳制以及后来科举制度樊篱，难有真正意义上的独立人格精神的知识分子阶层，传统士大夫除少数人坚守自己的节操而往往成为悲剧命运的承担者或成为散发弄扁舟的隐士外，大多数也基本上依附于专制主义体制，君子人格、大丈夫的人格基本上难有制度保证，因而难以成为一种独立的政治力量存在。真正意义上的个人主义精神的缺失，也是导致中国传统民主政治缺失的重要因由。但这不等于说，中国传统文化精神中没有对独立人格追求的思想传统，而这种传统对现代意义上独立人格精神的培养仍然有着积极的价值，这就需要我们的努力阐发，发扬光大，并创造制度环境把它落到实处，同时也需要广大知识分子的觉醒、崛起与参与。民国年间，虽然政治环境相当恶劣，但是依靠存在着一大批以胡适为精神领袖的自由主义知识分子群体，活跃在公共政治领域与言论阵地，虽然他们的声音微弱，作用也有限，最后也难逃失败的厄运，但又有谁能否定他们在近代中国宪政民主建设中所起的积极作用呢？现代政治民主建设，需要弘扬这种独立的人格精神，自由的精神，培育公民的权利与责任意识，尤其要形成一批代表社会公正正义与道德良知的具有独立批判精神的知识分子队伍，使他们成为政治民主建设的中坚力量，这才可能真正推进我国民主化进程。没有一大批代表社会良知的具有独立精神与批判意识的公共知识分子队伍，政治民主化进程的推进也是难以想象的。

（四）考试与监察制度

关于考试制度，实际上主要与中国古代的选官制度有关，即现在讲的公务员选拔制度。中国古代选官制度有一个演进的过程。夏商周时期实行世官制，"大人世及以为礼"（《礼记·礼运》）。以西周的分封制最为典型，皇位及官位一般均由嫡长子继承，形成了"家天下"的格局。秦王朝统一中国后，废除了分封制，采纳李斯建议，推行郡县制，在选官制上秦汉时期主要推行察举制，比世官制有了很大的进步。汉末魏王曹丕设立九品中正制实际上是对察举制的进一步完善和具体化，有一定进步意义。但是，这种以世袭与推荐为主要特征的选官制度很快僵化了，后被门阀政治所垄断，造成"上品无寒门，下品无世族"的局面，阻塞了平民公平参政的渠道，导致了政治上的严重不平等与社会对立，因此逐渐难以为继。隋唐以降就以考试取士为主要特征的科举制度所取代。通过考试来选拔公务员，为公民参与政治开启了大门，极大地克服了以前选官制度中存在的各种弊端，是一个历史性的创举，它曾经是世界上最先进的公务员选拔制度，得到了以黑格尔等西方思想家的积极肯定与评价。尽管科举制度在后来由于其考试内容与形式的日趋僵化遭受了极大的诟病，终于在1906年被正式废止，但它在历史上对政治发展的巨大的积极意义是无法被抹杀的。对此，孙中山先生评价说："至于历代举行考试，拔取真才，更是中国几千年的特色。外国学者近来考察中国的制度，便极赞美中国考试的独立制度，也有仿效中国的考试制度去拔取真才。像英国近来举行文官考试，便是说从中国仿效过去的。"[①] 向来对中国传统文化持否定态度而主张全盘西化的胡适先生对中国传统的考试制度也赞扬有加，他说："这种以客观的标准和公开竞争的考试制度，打破了社会阶级的存在，同时也是保持中国两千多年来统一安定的力量。""我近年来，在国外感觉

---

① 孙中山：《三民主义》，九州出版社2011年版，第150页。

到，中国文化对世界有一很大的贡献，就是这种文官考试制度。"① 说它进步，主要在于使平民公平参与政治（起码在形式上）有了可能，"十年寒窗无人知，一朝成名天下闻"、"朝为田舍翁，暮登天子堂"，对政治民主化有积极贡献，对现实的公务员选拔制度也不无重要影响。

中国古代监察制度由来已久，从其思想渊源上来说，应该追溯到中国传统的劝谏思想。孟子多次讲到大臣负有对国君的劝谏义务。齐宣王问卿，孟子曰："王何卿之问也？"王曰："卿不同乎？"曰："不同。有贵戚之卿，有异姓之卿。"王曰："请问贵戚之卿。"曰："君有大过则谏，反覆之而不听，则易位。"王勃然变乎色。曰："王勿异也。王问臣，臣不敢不以正对。"王色定，然后请问异姓之卿。曰："君有过则谏，反覆之而不听，则去"（《孟子·万章下》）。从这段对话中可以看出孟子不畏强权的浩然之气，"见大人，则藐之，无视其巍巍然"，这才是特立独行的知识分子的精神风骨。孟子认为大臣对国君的过错有劝谏之义务，其中含有革命的思想。这也是忠的题中应有之义，忠主要是忠于国家社稷、忠于民族。这种劝谏说对历代忠贞之臣影响颇大。《贞观政要·论君道》中记载："贞观十五年，太宗谓侍臣曰："守天下难易？"侍中魏征对曰："甚难。"太宗曰："任贤能、受谏净，即可，何谓为难？"征曰："观自古帝王，在于忧危之间，则任贤受谏。及至安乐，必怀宽怠，言事者惟令兢惧，日凌月替，以至危亡。圣人所以居安思危，正为此也。安而能惧，岂不为难？"魏征也是以敢于冒颜直谏的忠臣形象而名留后世。

中国古代监察制度发轫于先秦，战国时期，掌管文史典籍的御史兼有监察的职能。随着秦汉大一统君主制政权的建立，监察制度也逐步形成。从机构设置上来看，秦朝中央设三公，即丞相、太尉、御史大夫，分管行政、军事和监察。地方设守、尉、监，所谓"一郡置守、尉、监三人"也（《史记·曹相国世家·集注解》）。东汉时，中央设立御史台。魏晋时期谏官制度的组织也开始规范化。为了更好地发挥御史台的监察作用，唐朝时加强了御史台的内部机构建设，下设台院、殿院、察院。台院"掌纠举百僚，推鞠狱讼"；殿院"掌殿庭供奉之仪"；察院掌"分察百僚、巡按州县"。三院由御史大夫统领，各司其职。御史台三院制的创设，标志着中国监察制度的完善和成熟。宋中央监察机构基本承袭唐制，御史台

---

① 欧阳哲生编：《胡适文集》第12卷，北京大学出版社1998年版，第506、507页。

下辖三院。元代中央实行御史台、中书省和枢密院三个机构，分管监察、行政和军事，并向地方派出行御史台，对地方监察机构肃政廉访司行使管辖和监督权。明清时期，是我国封建君主专制制度进一步加强的时期，随着君主专制的加强，监察制度也进一步加强。明中央设都察院，又设六科给事中，二者相互独立又相互纠察。地方以十三道监察御史监管百官。清将"科""道"合一，使唐以来的"台谏"二分归于统一。以上论述，说明在中国长期的君主制政治实践中，统治者对监察组织机构建设的重视，正是因为完备和系统的监察机构的存在，才在一定程度上维系了封建制度的长期稳定和发展，其中一些王朝不乏清明政治局面的出现，如"贞观之治"、"开元盛世"等。对此，孙中山也给予了肯定，他说："像满清的御史，唐代的谏议大夫，都是很好的监察制度。举行这种制度的大权，就是监察权。监察权就是弹劾权。"①

　　鉴于中国古代举行的考试和监察制度所作出的成绩，对现实民主制度建设具有一定的借鉴意义。对此，孙中山先生在民权主义学说中就主张在引进西方行政、司法、立法三权分立的基础上，进一步吸取中国古代考试与监察的独立制度的做法，提出在中国实行行政、司法、立法、考试、监察五权分立的制度，以建设中国式的民主制度。他指出："我们现在要集合中外的精华，防止一切的流弊。便要采用外国的行政权、司法权、立法权、加入中国的考试权和监察权，连成一个很好的完璧，造成一个五权分立的政府。像这样的政府，才是世界上最完全、最良善的政府。国家有了这样的纯良政府，才可以做到民有、民治、民享的国家。"②

　　上述这些思想与传统，是中国文化精神中的民主思想与传统，不但与现代政治民主不相违背，而且在精神实质上也有诸多相融相通之处，如果我们能够加以培育、发扬光大，并以法制形式加以规范与落实，就能培育出民主精神之花。

四　经济发展

　　文化精神与经济发展存在着密切的联系，这是确定无疑的，尽管对这

---

① 孙中山：《三民主义》，九州出版社 2011 年版，第 150 页。
② 同上。

种内在联系的测量十分困难。对此，马克斯·韦伯在《新教伦理与资本主义精神》、《儒教与道教》等著作中已作了论述，尤其是提出新教伦理对西方资本主义发展所起的重要推动作用，对此学术界很少有人提出异议。但是，他提出儒教作为宗教对中国的现代化（如资本主义的兴起）不仅毫无帮助，反而阻碍着现代经济和社会发展所需要的工具理性的形成，这个观点却引起了强烈的争议。其实马克斯·韦伯并不懂中文，对儒家与道家思想的把握并不准确到位，据此所得出的结论就有相当疑问，与东亚经济发展的实践也颇多不符。对此有必要从理论与实践两个维度加以研究。

从理论上说，一方面，由于深深植根于小农经济的这个基础，中国传统的经济思想总体上来说是一种重农主义的经济观，这从"士农工商"的社会序列、"重农抑末"政策、"不患贫而患不均"的均平思想及"重义轻利"的价值倾向及小国寡民的社会理想等方面可以看出。现实地看，这是一种停滞的经济观，与现代市场经济发展的大趋势不相吻合，甚至大相径庭，这种意识对现代经济发展具有不利的消极影响，这些是不言而喻的。不过，尽管如此，中国传统经济思想中也有不少积极的观念对现代经济发展有借鉴意义，诸如"民无恒产即无恒心"、"仓廪实而知礼节，衣食足而知荣辱"等朴素的唯物论思想，"制民之产"及"庶之、富之、教之"等重视民生的思想，"均无贫，和无寡，安无倾"、"天道平均"等社会公平思想等，对现实社会经济发展仍然有它的积极价值。更为重要的是，经过创造性转化的以儒家为主体的中国传统思想与价值观对东亚国家与地区的社会经济与现代化的影响是深刻的，尤其是对东亚经济发展起了重大促进作用，体现出经过创生性转化的儒家传统对现代经济发展的重大价值。

从实践上看，随着韩国、新加坡、中国台湾地区、中国香港地区，及正在迅速崛起的中国大陆等东亚国家与地区社会经济的迅速发展，韦伯式的命题受到了越来越多的严峻挑战。因此，"儒家——或者从更广义地说，中国文化——是否对东亚的经济发展发生了积极的推动作用，目前已引起海内外中国学术界的注意了"。[①] 学术界普遍对东亚社会经济迅速增长产生了极大的兴趣，并试图从各个方面解释其原因和动力。一些人甚至

① 余英时：《儒家伦理与商人精神》，广西师范大学出版 2004 年版，第 234 页。

套用韦伯关于新教伦理与资本主义精神对西方现代化所起的积极推动作用的理论，提出儒家伦理正是东亚经济振兴的精神源泉。诚然，这种简单的套用是有风险的，东亚国家与地区的经济快速发展与崛起，其原因是复杂的、多层次的，其中儒家传统文化精神因素对此起着什么样的促进作用，还是很难确定的。对此，我们应当从历史与现实、理论与实践、国内与国际相结合的角度做深入的分析研究。

根据笔者的研究，在包括中国大陆地区、中国香港地区、中国台湾地区、韩国、日本、新加坡等在内的东亚各国与地区的社会经济快速发展过程中，以儒家为主体的中国文化传统在其中所起的作用是显而易见的，这主要可以从以下几个方面来阐析。

（一）威权传统

由于主要奠基于农耕经济的经济基础，以及建立在家族制度、专制政体之上的家国同构的社会结构，加上儒家传统在中国传统文化中在很大程度上占着主导地位，中国社会一直具有一种中央集权主义的传统，即威权的传统。在此我们无意为王权主义、专制主义的传统辩护。这里关注的焦点在于东亚国家与地区的所普遍具有的威权主义传统与经济快速发展的紧密关联。

关于威权主义传统对经济发展的作用，这个问题的实质就是正确认识和处理政府与市场的关系，实际上也就是如何处理计划与市场的关系。这是一个古老的经济学理论问题，在西方经济学中一直争论不休。现在人们普遍倾向于两者的结合，关键在于如何找到两者之间的合理的平衡点，只是各个国家与地区的实际情况不同，不能一概而论罢了。各国经济建设的实践已证明，极端的计划经济与极端的市场经济都会带来严重的恶果。国际金融危机发生后，政府与市场的关系再次成为国内外学术界讨论的议题与焦点。真正的经济学理论都不会把两者截然对立起来。威权主义传统在现代东亚社会经济发展过程中的重要影响不可忽视。这实际上涉及东亚社会经济在市场化进程中特有的现象——政府在其中扮演的重要角色。从理论上，政治与经济的关系历来是难以分离的。东亚国家与地区文化传统具有一种深远的威权主义传统，这种文化政治传统有一个突出的特点，就是它具有举国一致的运行机制，其行政力量一旦被高度动员起来，便会产生强大的行政效应。这种威权传统对经济社会发展的作用具有双重性，它是一把"双刃剑"，但如果应用得当，也将会极大地促进国家地区经济的快速发展。这也是东亚经济发展奇迹的重要文化奥秘。

东亚国家与地区受中国传统文化精神与儒家传统的影响普遍较深，具有中央威权主义的历史传统，这种威权主义传统对主要建立在市场经济基础之上现代经济发展的作用，主要表现在两个方面：一是对维护稳定的社会秩序起到了积极的作用。政治稳定与社会稳定，是任何国家的社会经济发展与现代化的先决条件，任何国家的经济发展和现代化都不可能在战乱和动荡中进行并获得成功。二是它对政府积极参与经济活动起了很大作用。政府积极参与经济活动对经济发展的作用具有双重的可能性，但如果干预得当，就能发挥强大的行政效应，极大地推动经济快速发展，主要表现为政府对经济发展的宏观调控的积极作用。不可否认，儒家文化圈的巨大的经济潜力，来源于全社会所具有的统一机制。在具有儒家传统的国家和地区，政府发展经济政策以及政府和企业结为一体，比较容易举国步调一致，集中力量办大事，应付危机共渡难关，这正体现了儒家家国同构的集权主义传统。而在欧美国家里，政府依靠法律和政策把握经济发展趋向，只是宏观控制，对重大事务作出必要的限制，但是不能想象政府与企业之间融为一体。"东亚各国和地区的政府干预经济的程度较深，政府是经济运行的核心与灵魂，是经济活动的直接组织者。这种经济的发展模式在过去的几十年中取得了巨大的成功。它帮助东亚各国和地区借助团体的力量、政府与企业相结合的方式实现了经济的现代化，以数十年的时间完成了西方资本主义国家一两百年内才能实现的经济腾飞。"[①]

日本在 20 世纪 50 年代中叶经济开始飞速发展，70 年代以后，日本已成为资本主义世界中仅次于美国的第二经济大国。尽管日本在第二次世界大战以后，在政治体制方面基本上照搬了英美式的民主政体，但是由于长期以来受到极权主义的统治及儒家思想的影响，其威权主义传统一直根深蒂固，早期日本的这种威权主义传统在赶超型经济现代化过程中发挥了极大的作用。"日本经济组织的活动并非任由依据市场原理的自由竞争那只'看不见的手操纵'，日本政府的'行政指导'这只'看得见的手'也发挥着强有力的诱导作用。"[②]

韩国经济是在 20 世纪 60 年代才真正起飞的。当时朴正熙等人在美国

---

① 张能为等：《多视角中的诠释——儒学文化的现代展开与实践》，安徽大学出版社 2008 年版，第 191 页。

② 王家骅：《儒家思想与日本现代化》，浙江人民出版社 1995 年版，第 179 页。

的支持下发动了军事政变，在此后的 20 多年中一直处于军人专制的极权主义的统治之下。在"开明专制"体制下，一方面维护了社会稳定，为经济发展创造了良好的社会环境；另一方面政府推行积极的干预经济的政策，诸如提供金融优惠，鼓励重化工业发展等，朴正熙实行了"权威式的政府"管理，使韩国经济得到了飞速发展。

由于受儒家学说的深刻影响，新加坡的政治体制中威权主义传统也十分突出，它的成功主要归因于李光耀执政时期实行的一种类似"开明专制"的领导模式，尽管很多人对新加坡威权主义的管治颇有微词，甚至大张挞伐，但是，李光耀却毫不掩饰地说："如果最终的效果是为大多数人带来稳固的生活或巨大的进步，该治理手段就不应该受到谴责。"①

我国台湾地区的经济快速发展也是在"两蒋"时代集权主义政体下实现的，这也是不言而喻的。

可见，威权主义传统与经济发展在一定时期与一定程度上不但并不矛盾，而且可以并驾齐驱，当然前提是政府对经济发展的干预得当。

1978 年以来，中国经济发展的奇迹引发了经济学界的高度关注，这是可以理解的，因为经济学对经济问题的关注程度取决于经济研究对象的重要程度，越来越多的经济学人在探讨中国经济发展奇迹之谜，提出了很多说法，诸如"后发优势"、"比较优势"、"人口红利"、"经济全球化"、"混合经济"等，还有不少国内外的人士在探究其原因时谈论着"中国模式"问题。当然，中国经济发展奇迹的实现是多因素的产物，上述各种说法也都有其合理内核，把它归结到"中国模式"（主要是"经济模式"）也无多大问题。但问题是对中国经济发展模式的内涵与特征应怎样把握却不甚明了。笔者认为，中国经济发展模式的主要特征在于威权主义与市场经济的有机融合，这也是中国传统文化中庸智慧的一个典型体现，在中央权威与市场经济之间找到了一个合理的平衡点与结合点。其中中央政府强有力的权威领导及其对经济发展的积极宏观干预，无疑是中国经济快速发展的一个极为重要的因素，如果不了解这一点，就无法真正解开中国经济发展奇迹之谜。对此邓小平指出："我的中心意思是，中央要有权威。改革要成功，就必须有领导有秩序地进行。没有这一条，就是乱哄哄，各行其是，怎么行呢？不能搞'你有政策我有对策'，不能搞违背中

---

① ［美］汤姆·普雷特：《李光耀对话录》，张立德译，现代出版社 2011 年版，第 81 页。

央政策的'对策'，这话讲了几年了。党中央、国务院没有权威，局势就控制不住。"① "任何一个领导集体都要有一个核心，没有核心的领导是靠不住的。"② 一些人一提起权威领导就认为这是不好的东西，这是一个很大的误解。事实上马克思主义者并不反对权威，并且认为权威领导是革命与现代化建设中不可或缺的。恩格斯在《论权威》一文中明确指出："能最清楚地说明需要权威，而且是需要专断的权威的，要算是在汪洋大海上航行的船了。"③ 当然，这种权威领导在经济发展与现代化建设中要发挥重大积极作用，这是有条件的，一是领导集体具有正确的深邃的长远的现代化发展理念；二是"宏观管理要体现在中央说话能够算数"。④ 所幸的是，改革开放以来，中国共产党历代领导集体对中国现代化发展的主题——以发展为第一要务的认识是明确的、坚定不移的，对中国发展的理念诸如社会和谐、科学发展也是正确的有效的，对中国的宏观管理与战略措施的贯彻也是强有力的，这样就很好地维护了稳定的社会秩序，使中国在社会经济发展的快车道上疾驶，从而取得了举世瞩目的成就。比如，在2008年那场应对全球金融危机的过程中，中国政府采取的方法比西方国家更加多样、有效。西方国家在应对金融危机的过程中一般主要采取金融手段为主，比较单一，往往显得力不从心，从而在很长时间内走不出金融危机所带来的经济发展低迷困境，而中国就不一样了，中央政府不仅采用金融手段、财政手段，还采用了经济杠杆手段，不但成功地抵御了世界性的金融危机，而且还保持了经济平稳较快发展，体现了中国政府在市场经济发展过程中强有力的宏观调控能力。郑永年评述道："虽然有经济上政治权力的下放，虽然有'事实上的联邦制'，中国仍然是一个单一制国家，政治上的集权结构仍然维持着。这种结构对经济发展也有正面效果。"⑤ 这种说法不无道理，值得深思。当然，政府干预经济发展重点在于经济体制的改革，而经济体制改革的关键就于完善社会主义市场经济体制，正确发挥好政府与市场的作用，处理好两者的关系，正如中共十八届三中全会公报中所说的那样："经济体制改革是全面深化改革的重点，核

---

① 《邓小平文选》第3卷，人民出版社1993年版，第277页。

② 同上书，第310页。

③ 《马克思恩格斯选集》第3卷，人民出版社2012年版，第276页。

④ 《邓小平文选》第3卷，人民出版社1993年版，第278页。

⑤ 郑永年《中国模式：经验与困局》，浙江人民出版社2010年版，第145页。

心问题是处理好政府和市场的关系，使市场在资源配置中起决定性作用和更好发挥政府作用。"在这方面我国还有很长的路要走。但是一旦真正能够理顺政府与市场的关系，就能再次释放出中国改革的巨大红利。

（二）道德精神

道德与经济似乎是两个不同领域的范畴，但是两者的关系素来为人们所关注。在这个问题上主要存在着两种观点：一是冲突论，有些学界人士甚至认为两者存在着一种悖论：即经济越发展，道德越堕落；二是决定论，认为经济发展了，其他问题包括政治问题、道德问题、社会问题就会迎刃而解。诚然，在历史上的确出现过这种现象，如西方资本主义发展早期阶段，社会生产力、社会经济的发展确是以牺牲道德为代价的，在现实生活中，道德遭受经济主义的肆意践踏的现象也十分普遍，令人痛心疾首。但是，道德与经济是否就是水火难容、格格不入的呢？答案是否定的。至于经济发展了，道德问题就会自然解决的论调，在理论和实践上都被证明是偏颇的，固然经济发展是道德建设的重要物质基础与前提，但从理论上说它抹杀了道德发展的独立性与本身的强大力量，从事实层面上看，也经不起实践的检验。

关于经济与道德的问题，又是一个老问题。中国古代几千前的圣贤对此曾有过十分精辟的见解。管子曰："仓廪实而知礼节，衣食足而知荣辱"（《管子·牧民》），即所谓"衣食足而后礼义兴"。孔子曰："足兵足食，民信之矣"（《论语·颜渊》）。孟子曰："民之为道也，有恒产者有恒心，无恒产者则无恒心"（《孟子·滕文公上》）。就是说，国民经济富足，可以促进道德完善。至于道德与经济关系，虽然在中国古代长期的历史发展过程中，也产生过重义轻利的偏向，但对"义利统一"的主张是没有疑义的。《大学》中说："德者本也，财者末也。"两者是可以统一的。这种"义利统一"的观点对于现实的经济管理与发展具有重大指导价值。

真正健康的经济发展不能背离也不应排斥人类的道德良知，且不论经济的发展为道德建设奠定基础，单论道德对经济是否有促进作用？答案同样是肯定的。道德与经济的确存在着一种相辅相成的关系，道德也为经济发展提供了正确的方向。以牺牲道德为代价的经济发展是一种畸形的经济发展模式。早在日本明治到昭和年间，在日本的政界、企业界和社会公共事业中等方面都作出卓越贡献并取得伟大业绩，被誉为"日本近代化之父"的涩泽荣一先生，一生服膺中国的儒家学说，提出"论语加算盘"理论，也叫"道德经济合一"说，他通过重新阐释儒家文化的经典《论语》，对违背商业道德的投机、垄断、欺诈、贿赂等行为，发表过许多批评言论。他不厌其烦地多次强调："四十多年了，我一直倡导仁义道德与物质利益的统一"；"必须把仁义道德与物质利益相结合，如果二者不能一致，就不能缔造真正的财富"。①"我认为真正的生财之道，当以仁义道德为基础，否则是不能持久的。"②"我们的责任就是以道德仁义为本，推动经济的进步，确立义利合一的观念。"③ 这些论断在现在看来仍然是金科玉律，并不是道德说教。在经济全球化发展的今天，各国在发展经济的过程中，也有必要弘扬这种崇德重义的道德精神，否则必然会带来世界性的灾难。始于美国的这场全球性金融危机为人们敲响了警钟。它告诉人们，缺乏道德的经济行为将会导致多么严重的后果。早在 2004 年 4 月 29 日温家宝在接受《爱尔兰时报》助理总编采访就说："大家都知道亚当·斯密《国富论》的一句名言——市场是一只看不见的手，但他的另外一本著作《道德情操论》却很少有人读过。他在这本书里写道，如果一个社会的经济发展成果不能真正分流到大众手中，那么它在道义上将是不得人心的，而且是有风险的，因为它注定会威胁到社会的稳定。对于我们来说，第一是发展。第二是协调发展。我们要特别重视社会公平与正义。"全球性金融危机发生后，温家宝于 2009 年 2 月 2 日在英国剑桥大学"瑞德讲坛"发表的题为《用发展的眼光看中国》的演讲又一针见血地指出："有效应对这场危机，还必须高度重视道德的作用。道德是世界上最伟大的，道德的光芒甚至比阳光还要灿烂。真正的经济学理论，绝不会同最高的伦理道德准则产生冲突。经济学说应该代表公正和诚信，平等地促进所有人，包括最弱势人群的福祉。""道德缺失是导致这次金融危机的一个深层次原因。一些人见利忘义，损害公众利益，丧失了道德底线。我们应该倡导：企业要承担社会责任，企业家身上要流淌着道德的血液。"道德与经济的融合，不但能产生巨大的经济效益，也能发挥积极的社会效益。

---

① ［日］涩泽荣一著：《〈论语〉与算盘》，李建忠译，武汉出版社 2009 年版，第115、86页。
② 同上书，第61页。
③ 同上书，第71页。

（三）企业文化

企业文化是一种把文化与企业管理相结合的全新的企业管理理论，被称为企业管理的第四次浪潮，它把企业管理由经济层面上升到了文化层面，为企业的生产经营活动注入了强大的精神活力，极大地推动了国民经济的快速发展。

历史地看，企业文化与中国优秀传统文化尤其是儒家学说有十分深刻的渊源关系。它主要形成于 20 世纪六七十年代的日本与韩国。众所周知，日本与韩国受中国文化传统特别是儒家传统影响十分深远的国家。"在中国和外国的所有朝代中，儒学化最为彻底的便是国祚长久的朝鲜李朝（1342—1920）。从 14 世纪起，两班（朝鲜的统治阶层）就自视为儒家价值的传递者，儒家学说对朝廷政治和精英文化的渗透达到了前所未有程度。就是在今天，在韩国的政治行为、司法实践、祖先崇拜、家族系谱、乡村学校和学生运动中，儒家传统的影响仍然随处可见。"[1] 日本引进儒教始于律令时代（7 世纪的奈良、平安时代），大量经书随着遣隋使、遣唐使的往来流入日本，加之留学生、留学僧的学成归国及中国大陆名人、名僧的东渡，儒家思想经过诠释与吸收逐渐被日本本土化了。虽然德川幕府的日本并不像朝鲜李朝那样儒学化，然而直到 17 世纪末，日本社会中每一个受过教育的人都读过四书。[2] 涩泽荣一也指出："过去的武士以及上层的农民商人，在青年时代，大多数都是受汉学教育，首先是《小学》、《孝经》、《近思录》，进而又要学《论语》、《大学》、《孟子》。"[3]

由于深受中国传统文化特别是儒家文化的影响，日本与韩国的杰出企业家很早就尝试着主要把儒家学说与企业管理相结合的努力。素有"日本近代化之父"称号的涩泽荣一著有《〈论语〉与算盘》一书，就是这方面的经典著作。后来号称企业经营之神的松下幸之助、稻盛和夫等人继承、弘扬了涩泽荣一的经营理念，并作了系统化的阐述，创造了企业发展的奇迹与神话。这是一种崭新的企业管理的浪潮——企业文化理论，被视为企业管理的第四次浪潮，大大促进了企业与国民经济的发展，在日本企业管理中有过成功的丰富实践。

20 世纪 50—70 年代日本的成功源于日本的企业文化，主要是内部的

---

① ［美］杜维明著：《儒教》，陈静译，上海古籍出版社 2008 年版，第 72 页。
② 同上书，第 74—75 页。
③ ［日］涩泽荣一著：《〈论语〉与算盘》，李建忠译，武汉出版社 2009 年版，第 157 页。

团队合作精神、创新精神和与外部联系中的诚信。日本职员的团结、协作同甘共苦、休戚与共，甘愿为企业、团队不计个人得失和勇于奉献的精神令人惊讶。在与外部的联系中，日本企业的诚信度是世界公认的。

以儒家思想为渊源的企业组织原理和企业文化是东亚经济发展的强大动力。在儒家文化圈内的国家和地区，企业本身就是一种家族共同体或扩大了的家庭，企业成员之间保持着家庭式的关系和氛围，企业内部具有高度的凝聚力和向心力，产生"集团主义"的力量。集团主义和个人主义是东亚与欧美企业组织原理的一个很大差异，各具特色，作用各异。荷兰文化协作研究所所长霍夫斯坦特曾经断言："一个国家个性自由主义的程度与该国的贫富有很大的关系，所有的富裕国家都在个性主义一边，而所有的贫穷国家都在集体主义一边。"这种观点业已遭到了越来越多的挑战和批评，日本筑波大学校长高桥进认为，促使日本经济繁荣的企业组织原理为"集团主义"、"终身雇佣"和年功序列，这些都是以儒学为渊源的企业文化思想。未来学家凯恩也认为儒家文化使东亚国家和地区具有迎接未来挑战的文化优势。事实上，儒家文化倡导忠诚、献身精神、责任感、集体主义，这些文化价值为社会与经济的协调发展创造了有利条件。它以"以人为本"、"以和为贵"、"义利合一"为基本理念，施行诸如年功序列、终身雇佣、员工大家庭等机制与做法，取得了骄人的业绩。对此，王家骅指出："'日本式经营'不仅是造成战后'日本经济奇迹'的要因，而且它还证明受到儒家伦理影响而形成的，忠诚于团体并重视团体内人际和谐的传统价值观、伦理观，经变形后能够适应现代经济生活。诚然，作为'日本式经营'之制度表现的终身雇佣制、年功序列制不无弊端。而且激烈的国际竞争对独创性人才的需求，以及近年来日本经营的持续不景气，也使有些企业的终身雇佣制和年功序列制难以为继。但是，作为'日本式经营'之精神核心的价值观与伦理观恐怕是不会轻易改变的。"[1]

在我国这样一个文化资源极为丰富的国度，在企业文化建设中，如何把优秀传统文化与企业管理相结合，构建具有中国特色的企业文化理论，从而极大地提高经营效益，促进生产力发展，为促进我国国民经济发展作出贡献，这是个刻不容缓的任务。当然，在我国企业文化的构建过程中，我们一方面要注意吸收外来文化尤其是西方文化与西方现代企业管理的一

---

[1] 王家骅：《儒家思想与日本现代化》，浙江人民出版社 1995 年版，第 189 页。

切积极成果，如西方文化中重个体、讲竞争、重法规等，这是我国传统文化资源中所缺乏的，应当充分吸收。另一方面，主要还是要立足于自己独特的国情，立足于丰厚的优秀传统文化的精神资源，并结合本企业的实际，创造出富有特色的企业文化。诸如社会责任感、以人为本，以和为贵，崇尚道义、诚实守信、重视教育等内容，与现代企业管理相结合，必然会创造出巨大的经济与社会效益。一个优秀企业文化的塑造，主要是现代企业价值观的确立和全体员工的认同过程，这主要靠企业领导的表率作用和不断提倡，也要靠企业采用各种文化网络进行长期不断的宣传教育，不是一蹴而就的事情。它主要致力于人的精神力量的激发，资金投入较小，而收益效果极大。

（四）重视教育

教育是经济发展之母。经济发展要以教育先行。目前学术界对生产力构成要素问题意见纷纭，但无论对生产力要素构成作如何界说，毫无疑问，掌握先进的科学文化知识与技能的劳动者素质是其中的第一要素，占据主导地位。劳动者素质的高低决定着生产力水平的高低及生产力发展速度的快慢。这正如马克思所指出的那样："个人的充分发展又作为最大的生产力反作用于劳动生产力。"[①] 文化教育主要通过提高劳动者的素质，从而极大地提高了社会劳动生产率，从这个意义上说，文化教育是提高劳动者素质的关键环节。因此，对文化教育的投资，绝不仅仅是一种消费性的投资，更重要的是生产性的投资，要把教育立国提高到社会经济发展与现代化建设长远发展的战略地位高度而加以重视。

对文化教育的普遍重视，是东亚儒家文化圈国家与地区的共同现象与特征。中国传统文化尤其是儒家传统历来重视教育、重视学习、尊重知识、尊重人才，使家长对子女教育、政府对国民教育的重视程度远远超过其他国家与地区。"传统重视教育的风尚，伴随着政府部门大量投资于教育的措施，使东亚各国和地区的就学率和整个教育水平不断提高，从而使人才资源素质不断地得到优化，为社会和经济发展水平打下了坚实的人才基础。"[②] 受儒家对教育重视的影响，日本、韩国、新加坡和我国台湾地区，先后制定和实施了"教育先行"、"科技立国"的战略，促进了经济

---

① 《马克思恩格斯全集》第 46 卷（下），第 225 页。
② 张能为等著：《多视角中的诠释——儒学文化的现代展开与实践》，安徽大学出版社 2008 年版，第 193 页。

腾飞。重视教育，这是新加坡在 40 年中取得举世瞩目成就的重要经验之一。李光耀说："自 1959 年以来，新加坡迅速发展的最重要因素是什么？我可以毫不迟疑地回答：那是因为新加坡拥有素质良好的人民。我国人民不但勤劳、学得快又重实际，而且我国还拥有一大批杰出和训练有素的人才。"① 1959 年新加坡自治邦成立后，人民行动党政府就一直把教育视为和就业同样重要的大事，积极制定教育政策，大力发展教育事业。李光耀不仅重视教育，大力引进外来人才为新加坡社会服务，甚至坚守着几乎是机械的优生学和消极的优生学的逻辑，认为比起那些智力比较低的夫妇，高智力的夫妇比较有机会生育出聪明的孩子。为了解决越来越多的高智力的夫妇所生育的孩子越来越少的问题，李光耀还打开了国家门户，吸引那些有意成为新加城公民的外国人，但不是照单全收——只限于受过教育的专业人士，有成就有头脑的精英分子。② 这些政策可能会遭受质疑，但对经济发展来说无疑是有积极意义的。

1978 年，中国改革开放以来，教育取得了长足的发展。没有教育的大发展，就不可能有中国经济增长的奇迹。邓小平十分强调教育对国民经济发展的极端重要性。1977 年 5 月 24 日，邓小平说："我出来工作的事情定了，至于分工做什么，军队是要管的，我现在还考虑管科学、教育"。他强调："我们要实现现代化，关键是科学技术要能上去。发展科学技术，不抓教育不行。"③ 1977 年 9 月，又强调："教育要狠狠地抓一下，……我是要一直抓下去的。""重要的政策、措施，也是方针性的东西，这些我是要管的。"④ 对此，成中英先生中肯地指出："儒家对学习的重视，使中国家庭普遍重视对子女的教育。毫无疑问，对于教育的强调，为引进新思想新技术打下了基础，并且能大量提供现代化和经济发展所需要的有文化有技术的人力资源。"⑤

东亚各国对教育的普遍重视，都对经济发展有着积极影响，是经济发展的重要文化原因与动力，这是不争的事实。

---

① 《李光耀 40 年政论选》，现代出版社 1994 年版，第 452 页。

② ［美］汤姆·普雷特著：《李光耀对话录》，张立德译，现代出版社 2011 年版，第 118 页。

③ 冷溶、汪作玲主编：《邓小平年谱（1957—1997）》（上），中央文献出版社 2004 年版，第 160 页。

④ 《邓小平文选》第 2 卷，人民出版社 1994 年版，第 70 页。

⑤ 李翔海、邓克武编：《成中英文集》第 3 卷，湖北人民出版社 2006 年版，第 93 页。

此外，中国文化传统中倡导的经世致用、积极入世、刚健有为、刻苦勤奋、建功立业、光祖耀宗、和实生物、整体至上等价值观念，都对东亚经济发展有着积极影响，成为经济发展的文化动力。

《文化经济学》中有句名言：文化是明天的生产力。一般而言，具有丰厚文化遗产的地方就拥有经济发展的强大后劲与推动力。创造性地开挖利用中国传统丰厚的精神文化资源，并与社会与企业管理相结合，从而极大地推进社会经济发展，这已被事实证明是真理。

五　精神文明

现代化是一个系统工程，中国式的现代化包含政治、经济、文化、社会和生态文明建设五位一体的内容。现代化不仅包括物质文明建设，还包括精神文明建设，两者相辅相成，缺一不可。但是，在许多国家和地区的早期现代化过程中，造成了物质文明与精神文明之间关系失调、人际关系冷漠、家庭崩溃、道德堕落、精神空虚、生态环境恶化等诸多问题。一些西方学者认为，只有儒家伦理才能治疗以上社会疾病。有的甚至断言，世界的未来如果不是中国文化的复兴，人类的前途将是可悲的。当然，必须指出，中国传统文化的精神资源不是也不可能是包医百病的灵丹良药，但经过创造性转化的中国优秀传统文化在现代社会精神文明建设中的价值确已受到越来越多的关注。

（一）自我修养

在人与自身的关系上，即人自我的身心和谐。身心和谐主要讲的是道德主体的自我修养，是处理其他一切关系的基础与根本。中国传统文化十分强调道德主体的自我修养，无论儒、释、道都是如此，尤其以儒家学说更为突出。对此，杜维明先生指出："儒家强调的人道主义，也许初看起来是与道家的自然主义相冲突的。但是，按照它们对自我修养的共同关注，我们不能说儒家坚持社会参与和文化传播与道家追求个人自由不相容……尽管它们存在分歧，它们却属于同一个符号世界。在其中，两者不仅共存，而且由于相互影响而有助于各自的发展。"① 这种见解是深刻的。

儒家历来强调"为仁由己"（《论语·颜渊》），即每个人的道德与学问都是靠自己的努力来获得的，依自不依他。孔子说："能行五者于天下，为仁矣"，这就是"恭、宽、信、敏、惠"。"恭则不侮，宽则得众，信则人任焉，敏则有功，惠则足以使人"（《论语·阳货》）。对于君子而言，则要求具有"三达德"："仁者不忧，知者不惑，勇者不惧"（《论语·宪问》）。这是孔子对自我身心和谐境界的理想追求。孟子提出"存其心，养其性，所以事天也。夭寿不二，修身以俟之，所以立命也"（《孟子·尽心上》），这就是安身立命的方法。被宋儒推崇为四书之一的《大学》中提出的"三纲领"（"大学之道，在明明德，在亲民，在止于至善。"）和"八德目"（正心、诚意、格物、致知、修身、齐家、治国、平天下），就是对"内圣外王"的人生理想的整体表达，无论是儒家，还是道家、佛教的人生观，无不赞同这种人生理想。其中最核心的内核就是修身，"自天子以至于庶人，壹是皆以修身为本"（《大学》）。至于中国传统知识分子所推崇的"穷则独善其身，达则兼济天下"的人生价值取向，则是"内圣外王"人生观的一种权变，并未变更"修身"的人生宗旨。杜维明指出："现今的流行观点认为，儒家是一种特别重视人际关系的社会伦理学，这一见解是基本正确的。但是，它未考虑到作为一种独立、自主和具有内在导向过程的自我修养在儒家传统中的中心地位。"②这种说法是十分有见地的。

强调道德主体的自我修养，必然倡导理想人格的培育。这主要体现在对"君子"观的提倡。所谓君子，主要指的是有道德有学问的人，与小人相对应，小人主要指的是百姓。《论语》中就十分强调"君子小人之辨"，诸如："君子周而不比，小人比而不周"（《论语·为政》）；"君子怀德，小人怀土"（《论语·里仁》）；"女为君子儒，无为小人儒"（《论语·雍也》）；"君子坦荡荡，小人长戚戚"（《论语·述而》）；"君子和而不同，小人同而不和"（《论语·子路》）；"君子泰而不骄，小人骄而不泰"（《论语·子路》）；"君子求诸己，小人求诸人"（《论语·卫灵公》）……为此，儒家倡导的"天行健，君子以自强不息"、"任重道远，

<hr />

① ［美］杜维明著：《儒家思想新论——创造性转换的自我》，曹幼华、单丁译，江苏人民出版社1995年版，第4页。

② 同上书，第52页。

死而后已"的积极人生志向，"杀身成仁"，"舍生取义"的崇高精神境界，"三军可夺帅也，匹夫不可夺志"，"威武不能屈，富贵不能淫、贫贱不能移"的独立人格，"君子爱财，取之有道"，"不义而富且贵者，于我如浮云"的义利观，"为仁由己"、三省吾身的修身之道，以及仁义礼知信勇等道德主体的品性等，至今仍不减其色。

社会的现代化，归根到底还在于人的现代化。现代化过程中，人的现代化是一项头等重要的社会工程。提高人的素质，这除了提高人的现代科学技术知识之外，还应重视道德理想、高尚人格和情操的培养。

（二）人际和谐

在人与人的关系问题上，十分强调人际关系的协调。儒家认为人类社会中最基本的社会关系不外乎君臣、父子、夫妇、兄弟、朋友，即所谓"五伦"，古今所同。这些人际关系都是双向的，要处理好各种关系，必须遵循一定的准则，这样才能实现人际和睦、社会和谐。《孟子·滕文公上》指出："教以人伦，父子有亲，君臣有义，夫妇有别，长幼有序，朋友有信。"《大学》中又提出"十义"："为人君，止于仁；为人臣，止于敬；为人子，止于孝；为人父，止于慈；与国人交，止于信。""五伦"与"十义"完全相通。所有这些社会交往的准则对现实而言仍有着普遍的指导价值。李光耀先生在治理新加坡社会过程中就十分推崇儒家"五伦"学说，他指出："五伦的次序是君臣关系、父子关系、夫妻关系、兄弟关系和朋友关系。""五伦里的权利和义务受到适当的遵循，社会就会稳定和有秩序。"① 以儒家为主干的传统文化倡导的"和为贵"、"天时不如地利，地利不如人和"的人际关系理想，"仁者爱人"，"己欲立而立人，己欲达而达人"、"己所不欲，勿施于人"的忠恕之道，"诚者，天下之道也，思诚者，人之道也"、"人而无信，不知其可也"的诚信原则，"不知礼，无以立"的礼节等，至今仍然是处理各种人际关系的重要准则，使"老者安之，朋友信之，少者怀之"。这对促进人际协调、家庭和睦、社会和谐等等均有重要价值。

（三）大同理想

孔子的弟子有子说："礼之用，和为贵"（《论语·学而》）。社会以和谐为最重要的规范。和谐是天之道，把这种天道落实到人类社会就是大

---

① 《李光耀40年政论选》，现代出版社1994年版，第403—404页。

同社会。《礼记·礼运》中这样描述道："大道之行也，天下为公，选贤与能，讲信修睦；故人不独亲其亲，不独子其子；使老有所终，壮有所用，幼有所长；矜寡孤独废疾者，皆有所养；男有分，女有归；货恶其弃于地也，不必藏于己；力恶其不出于身也，不必为己；是故谋闭而不兴，盗窃乱贼而不作；故外户而不闭，是为大同。"尽管这种社会理想一直没有得到实现，但它的确反映了儒家对和谐的理想社会的追求，为处理人与社会的关系提供了基本的价值准则。为此，儒家还专门提出了"修身、齐家、治国、平天下"这样的人生理路，只有自身的身心和谐了，家庭、社会才能和谐，世界才能和平。

值得指出的是，在人与社会的关系上，儒家还强调国家社会的利益高于个人利益。受这种传统思想的长期熏陶，中国历代志士仁人历来就有一种关心国事民瘼、以天下国家为己任的情怀和美德，后来就发展成为一种深厚的爱国主义传统。这种爱国主义的情怀深深积淀在中华民族文化心理结构之中，不知感染和熏陶了中国历代多少志士仁人！诚如鲁迅在其著名的杂文《中国人失掉了自信力了吗?》中所言："我们自古以来，就有埋头苦干的人，有拼命硬干的人，有为民请命的人，有舍身求法的人，……虽是等于为帝王将相作家谱的所谓'正史'，也往往掩不住他们的光耀，这就是中国的脊梁。这一类的人们，就是现在也何尝少呢？他们有确信，不自欺；他们前仆后继地战斗，不过一面总在被摧残，被抹杀，消灭于黑暗中，不能为大家所知道罢了。"

一个良好的社会，必须充盈着良好的伦理道德气氛。在当今我国社会精神文明建设中，应当大力加强社会道德研究和建设，把道德教育和法制建设摆在同等重要的地位。新的社会道德规范和伦理学说，一方面必须建立在现实生活经验的基础之上，另一方面又必须要汲取数千年来人类道德伦理的精华。中国传统伦理道德思想极为丰富，虽然存在着不少封建性的糟粕与毒素，但同时也凝聚着大量的中华民族的集体智慧与传统美德，后者是主要的，它是现代精神文明建设中可资挖掘利用的取之不竭、用之不尽的重要资源。如果我们能对中国传统的仁、义、礼、智、信、勇等德目进行创造性的转化，赋予它新的时代内涵，就完全可以使它在文化现代化的进程中焕发出熠熠光华。

六 生态文明

自 1972 年斯德哥尔摩环境会议以来，滥伐森林、空气与水污染、土壤流失、臭氧层损耗、全球变暖、北极冰融……这一切严重地威胁着人类赖以生存的环境，引起了全球各行各业的有识之士的高度关注。人与自然的关系问题成了全人类面临的共同课题。汤因比先生指出："为了人的利益去征服和利用自然，……这是使现代的自然和人类的协调关系崩溃的一个原因。""人类如果想使自然正常地存续下去，自身也要在必需的自然环境中生存下去的话，归根结底必须和自然共存。"① 人类社会的发展，特别是近代工业文明建立以来，对自然造成了巨大的破坏，人类逐渐感受到了这种以牺牲自然为代价换取发展的做法所带来的恶果。人类社会发展的任何时期都验证了恩格斯的预言："我们不要过分陶醉于我们人类对自然界的胜利，对于每一次这样的胜利，自然界都对我们进行报复。"② 目前正在发生的全球性的生态破坏、环境污染、能源危机、森林剧减、耕地贫瘠、自然灾害频发等，都体现了自然对人类活动所做出的反应。对自然的"和谐"理念的缺失不可避免地带来了人与自然之间关系的紧张。现在，人与自然的不和谐不仅危害人自身的生存，而且也严重阻碍了中国的现代化进程。和谐社会的提出，正体现了现代人必须注重自然规律，与自然万物和谐相处的重要性。

2007 年，十七大报告提出："要建设生态文明，基本形成节约能源资源和保护生态环境的产业结构、增长方式、消费模式。"中共十八大报告首次明确提出了我国社会主义政治、经济、文化、社会、生态五位一体的现代化建设的目标，特别突出了生态文明建设重要地位。所谓生态文明建设，是以尊重和维护生态环境为主旨，以可持续发展为根据，以未来人类的继续发展为着眼点。倡导生态文明建设，是我国倡导的和谐社会建设的重要组成部分，也是党在新时期提出的一个重要命题，这不仅对中国自身发展有深远影响，也是中华民族面对全球日益严峻的生态环境问题作出的

---

① 《展望 21 世纪——汤因比与池田大作对话录》，国际文化出版公司 1999 年版，第 31、40 页。

② 《马克思恩格斯选集》第 3 卷，人民出版社 2012 年版，第 998 页。

庄严承诺。大量事实表明，人与自然的关系不和谐，往往会影响人与人的关系、人与社会的关系。如果生态环境受到严重破坏、人们的生产生活环境恶化；如果资源能源供应高度紧张、经济发展与资源能源矛盾尖锐，人与人的和谐、人与社会的和谐是难以实现的。中共十八届三中全会提出，建设生态文明，必须建立系统完整的生态文明制度体系，用制度保护生态环境。生态文明建设，主要涉及人与大自然的关系，在这里的确有必要从中国传统生态伦理思想中汲取有益的思想资源与启示。

在人与自然的关系问题上，中西文化确实存在着不同的价值取向。自从古希腊的哲学家提出"人是万物的尺度"以来，在西方思想界就形成了一种"人类中心主义"的思潮。尤其是进入近代以来，在工业化与社会达尔文主义的影响之下，这种"人类中心主义"的思想大有日益澎湃与不断膨胀之势，成为西方根深蒂固的启蒙意识的重要组成部分。由于受到工业文明发展的影响，西方文化比较侧重强调人类征服自然、改造自然。这一方面导致了近代以来西方社会科技的进步、物质的昌盛，但同时也不可避免地导致了人与自然关系的恶化，最终威胁到人类生存的根本。诚然，我们要提倡以人为本，但那种过度强调"人类中心主义"的思想是有害的。当然，西方启蒙意识中还强调通过依靠科技进步以调节人与自然的关系，这种观点也是有局限性的。为根本改善人与自然的关系，根本的是要改变人对自然与环境的态度，并据此建立起保护生态文明的制度与机制，采取切实措施加以落实。正如杜维明先生指出的，所谓"人类中心主义"，是指"以人类为中心面对世界，这是从西方启蒙思想发展出来的非常重要的思想渊源，即西方的启蒙心态反对神权，要求人类征服自然，人与自然的关系是冲突的，所以这种人类中心主义是和西方启蒙运动紧密联系的"。"从生态环保的角度看，人类中心主义，完全以人为中心，这是西方所代表的人文精神，一定要超越。"①

中国传统文化由于深受农耕文明的影响，因此较侧重于人与自然的和谐统一。在人与自然的关系问题上，中国传统文化精神资源中有关生态伦理方面的丰富的智慧，值得我们好好总结、汲取。

中国传统文化中人与自然的关系，当然应该追溯到中国文化的源头

---

① ［美］杜维明：《儒家传统与文明对话》，彭国翔编译，河北人民出版社2006年版，第26、19页。

《周易》。《周易·大有·象》中提出"应乎天而时行"这个命题，是后来天人关系思想的始初泉源。老子所谓"人法地，地法天，天法道，道法自然"（《道德经·二十五章》），"道生之，德畜之，物形之，势成之"（《道德经·五十一章》）等思想与《周易》的智慧是息息相通的。《吕氏春秋·义赏》中说："竭泽而渔，岂不获得？而明年无鱼。焚薮而田，岂不获得？而明年无兽。"这是多么质朴又深刻的生态伦理思想！

孔子继承了"时行"的思想，提出"时节"。他主张"取物以节"，"钓而不纲，弋不射宿"（《论语·述而》）；强调节俭，"奢则不逊，俭则固；与其不逊，宁固"（《论语·述而》）；这基本上反映了孔子对自然的态度，即对自然资源的获取应有节制，反对过度攫取自然资源，这符合他所崇尚的中庸之道。

如果说孔子所生活的春秋时期，生态环境尚未受到严重的破坏，那么在孟子生活的战国时代，由于各种自然与人为因素（包括过度砍伐及战乱）的破坏，生态环境遭受了破坏，这种情况已经露出了端倪。孟子曾说到齐国之东南的牛山的状况，可见一斑。他说，"牛山之木尝美矣，以其郊于大国也，斧斤伐之，可以为美乎？是其日夜之所息，雨露之所润，非无萌蘖之生焉，牛羊又从而牧之，是以若彼濯濯也"（《孟子·告子上》）。意思是说，牛山本来草木茂盛，郁郁葱葱，但由于人们的过度砍伐与放牧牛羊，最后使之成了一座光秃秃的荒山！因此，他一方面继承了《周易》中的"时行"及孔子关于"时节"的思想，提出"时取"的主张："不违农时，谷不可胜食也；数罟不入洿池，鱼鳖不可胜食也；斧斤以时入山林，材木不可胜用也。谷与鱼鳖不可胜食，材木不可胜用，是使民养生丧死无憾也。养生丧死无憾，王道之始也"（《孟子·梁惠王上》）。这就是说，对禽兽草木，皆要取之有时，用之有节，尊重自然规律，并把它上升到政治上的"王道"的高度。另一方面，孟子还创造性地提出了"爱物"的思想。他从仁的观念出发，把孔子的"仁者爱人"的思想推及"仁民爱物"。他说："亲亲而仁民，仁民而爱物"（《孟子·尽心上》）。从亲爱亲人，发展到仁爱他人，进而推及泛爱万物，明确地把爱人与爱物有机地结合在一起，把人伦道德与生态伦理结合起来了。这是孟子对人与自然关系思想的一大贡献。

荀子在继承了孟子"取物以时"的思想时，还突出强调了"时禁"的主张。他说："圣王之制也：草木荣华滋硕之时，则斧斤不入山林，不夭其生，不绝其长也。鼋鼍鱼鳖鳅鳝孕别之时，罔罟毒药不入泽，不夭其生，不绝其长也。春耕、夏耘、秋收、冬藏，四者不失时，故五谷不绝，而百姓有余食也。污池渊沼川泽，谨其时禁，故鱼鳖优多，而百姓有余用也。斩伐养长不失其时，故山林不童，而百姓有余材也"（《荀子·王制》）。就是说，人虽为大自然的主体，但不可以对自然界为所欲为。至于他讲的"大天而思之，孰与物畜而制之？从天而颂之，孰与制天命而用之？望时而待之，孰与应时而使之？因物而多之，孰与骋能而化之？"（《荀子·天论》）这段话，往往被片面地理解成"人定胜天"的思想而被大加赞扬或妄加批评，其实并不完全符合荀子的原意。荀子把"天命"理解成自然规律，他主张发挥人的主观能动作用，并不是说人可以制服自然规律，甚至战胜自然规律，而是要顺应自然规律，利用自然规律，为人类谋福祉，形成一幅人与自然和谐统一的美丽图景："天地以合，日月以明，四时以序，星辰以行，江河以流，万物以昌"（《荀子·论礼》），有学者批评说："生活在古代的荀子没有意识到，仅仅强调征服自然，而不注意顺应自然，不注意与自然相协调，是片面的观点。"[1] 这种批评的确有望文生义、断章取义之嫌。

北宋张载则继续发展了孟子"仁民爱物"的思想，从哲学本体论的高度提出了"民胞物与"的重要思想。他在《西铭》中形象地比喻说："乾称父，坤称母，予兹藐焉，乃混然中处。故天地之塞吾其体，天地之帅吾其性。民吾同胞；物吾与也。"所谓"民胞物与"，是指把百姓万物当作一个有机体，人的生命与万物的生命是统一的，万物并育而不相害。人不过是万物的一个组成部分，尊重生命与兼爱万物同等重要，人道与天道是相类相通的。

在张载之后，程颢、朱熹、王阳明等重要的儒家思想大家都进一步继承和发展了张载的兼爱万物的思想。程颢明确提出"仁者以天地万物为一体"（《河南程氏遗书》卷二上）。"仁者浑然与物同体"（《河南程氏遗书》卷二上）等重要命题。朱熹肯定了二程"仁者以天地万物为一体"，并进一步指出："天地以生物为心者，而人物之生，又各得夫天地之心以为心者。""此心何心也？在天地则块然生物之心，在人则温然爱人利物

---

[1] 张岱年主编：《中华的智慧——中国古代哲学思想精粹》，上海人民出版社1989年版，第109页。

之心"（《朱文公集》卷六十七）。王阳明也明确提出："大人者，以天地万物为一体者。"（《阳明集要·大学问》）

在中国传统文化中，"天人合一"的思想是其重要特色之一，无论从本体论还是方法论的角度上说，中国古代先哲总是把人与自然看作是一个不可分割的统一的整体，人来自大自然，是大自然的一部分，"天地合气，万物自生"（王充《论衡·自然》），把人与自然的和谐统一视作生命的本源。"天人合一"的思想还强调"仁者以天地万物为一体"，这是儒、道、佛等各家哲人共同追求的宇宙大化流行的至善境界，把整个自然界看作是一个统一的生命系统，把生生看作是天地的大德。余英时先生曾经指出："就人与自然的关系而言，我们大概可以用'人与天地万物为一体'来概括中国人的基本态度。这一观念最早是由名家的惠施正式提出的，庄子曾加以附和，中间经过禅宗和尚的宣扬（如慈照禅师云：'天地与我同根，万物与我一体'），最后进入了宋明理学的系统，所以这可以说是中国各派思想的共同观念。"① 这是毋庸置疑的。

在进入工业社会，在"人类中心主义"观念的作祟下，人类在极大地促进了科技发展与物质昌盛、享受高度发达的物质文明的同时，也不可避免地导致了人与自然关系的恶化，人类也因此吞下了环境恶化酿成的苦果，付出了无法估量的惨重的代价，甚至对自身的生存都构成了重大威胁。痛定思痛之后，不少有识之士就把希望的目光投向了中国传统文化中的"天人合一"的智慧，希冀在此挖掘出有益的思想资源，这是大有裨益的。中国传统文化精神中有大量的生态伦理思想资料，对建设生态文明具有现实价值。

---

① 辛华、任青编：《内在超越之路》，中国广播电视出版社1993年版，第25页。

第六章 中国优秀传统文化在文化 强国中的战略地位[①]

传统是一个国家民族的历史起点和逻辑宿命。世界四大文明古国中，唯有中华文明缔造了五千多年绵延不绝的历史奇迹。这足以使我们相信中华文化无与伦比的延续力和持久旺盛的生命力有其依赖的至高价值。诚然，中国传统文化中也存在着糟粕成分，但其积极方面是主要的。在全面建成小康社会、实现中华民族伟大复兴的过程中，优秀传统文化有着举足轻重的作用。中共十八大报告中明确指出："建设优秀传统文化传承体系，弘扬中华优秀传统文化。"现实的问题是如何以现代化为标准和参照系，充分挖掘和诠释中国优秀传统文化的合理内核，发挥其在文化强国战略中的重大作用。

一 构建核心价值观的传统基础

核心价值观是指文化内核中居支配地位、起主导作用的优秀价值观。它深刻地作用于人们的思维方式、行为准则、价值观念、审美情趣、心理结构和道德风尚中，成为维系本民族生存发展和社会进步的强大动力。中共十八大报告中提出："倡导富强、民主、文明、和谐，倡导自由、平等、公正、法治，倡导爱国、敬业、诚信、友善，积极培育社会主义核心价值观。"这旨在从意识形态领域，通过国家、社会、个人三个层面全方位地树立科学的价值导向，以引领社会思潮、凝聚社会共识。这为现阶段中国特色的社会主义核心价值观的构建提供了重要的指导思想与核心

[①] 本章内容发表在《求实》2013 年第 9 期，原题为"论中国传统文化在文化强国中的战略地位"。

内核。

笔者认为，现阶段中国特色社会主义核心价值观的构建，至少应该遵循以下原则：一是要以社会主义核心价值为核心与基础；二是要与中国优秀文化传统和时代精神相结合；三是要吸收人类文明中具有普适意义的优秀价值成分；四是与时代精神相结合。无疑，中国优秀传统文化是社会主义核心价值观的民族基础和理论源泉；社会主义核心价值观深深植根于中国优秀传统文化精神的沃土，是传统基础上的现代性诠释。

中国传统文化独特的价值观，诸如仁、义、礼、智、信等，蕴含着丰富而崇高的文化精神，包括以人为本、崇德重义、持中贵和、实践理性等，这些是中华民族几千年来文化立国的重要基础。有了好的价值观，国家才能长治久安，民族才能长久屹立，对世界文化的价值观也会有重要贡献。如何创造性地开挖中国传统文化中的优秀价值观，并进一步对此加以现代诠释，使之与现代文化精神相融通，成为构建中国特色社会主义核心价值观的重要思想基础，这的确是我们面临的重大课题。在这里值得重视的是孙中山先生用"忠孝、仁爱、信义、和平"这八个字来概括中国传统价值观。他指出："讲到中国固有的道德，中国人至今不能忘记的，首是忠孝，次是仁爱，其次是信义，其次是和平。"① 这里虽然讲的是中国传统的道德精神，而其实质上就是中国传统的核心价值观，值得我们进一步阐发，这是恢复民族文化自信、弘扬民族精神的重要前提和条件。

上述忠孝、仁爱、信义、和平精神元素，从很大程度上来说，反映了中国传统文化独特的价值观，与"仁、义、礼、智、信"的概括息息相通，与近代以来西方文化所倡导的"自由、民主、平等、博爱、人权"等核心价值遥相呼应，相得益彰，形成互补之势。这些价值观与中共十八大中所提倡的核心价值的内容，有不少是互通与吻合的，诸如爱国、和谐、诚信、仁爱等。我们在弘扬中华民族优秀传统文化的过程中，当然要学习借鉴国外文化创新有益的成果，兼收并蓄，博采众长，同时还要全面客观地阐扬传统文化的现代思想价值，使中华民族能凭借独有文化价值观与民族精神屹立于世界民族之林，为我国现代化建设提供强大精神支柱和精神动力的同时，为人类文明进步作出应有的贡献。

---

① 孙中山：《三民主义》，九州出版社 2011 年版，第 53 页。

二　提高国民素质教育的传统资源

素质是在个体生理和心理的先天基础上，通过后天的环境影响和教育训练而形成的能顺利从事某种活动的基本品质或基础条件。国民素质主要包括思想道德素质、文化素质、业务素质、身体素质和心理素质。其中，思想道德素质是根本，文化素质是基础。因此我们应该从中华民族伟大复兴的高度来认识素质教育的意义。国民素质是一项基础国力，国民素质的高低，决定着生产力发展水平和国民经济发展的质量，关系到整个国家和民族的兴旺发达。美国学者英格尔斯通过对现代化问题的研究，也揭示了现代国民素质与社会发展的关系。他指出："如果在国民之中没有我们确认为现代的那种素质的普遍存在，无论是快速的经济成长还是有效的管理，都不可能发展；如果已经开始发展，也不会维持太久。"① 毕竟，现代化归根结底要落实到人的现代化，其实质就是整体国民素质的提高。

文化是国民素质的重要支撑，国民的思想道德、文化、业务、身体和心理素质无不与文化息息相关。中国辞源学中文化的本质内涵是以文教化，人文育化。整体国民素质的提高则有赖于文化的功能与使命的发挥，研究文化的一个重要目的就是开展对人的文化素质教育，提高人的综合素质，促进人的全面发展。

"文"的本意是彩色交错，花纹斑斓，《易·系辞下》："物相杂，故曰文。"引申为有文采，有品质，有思想，有内涵，包括文艺典章、礼乐制度等。中国传统文化中思想、文物、典章、制度极其充盈，是取之不尽、用之不竭的巨大宝库。就优秀文化思想而言，充分挖掘人性，以孔孟为代表的儒家提出"内圣外王"的总体理路；道家提出道法自然、无为而治的理念；墨家提出朴素的"兼相爱"、"交相利"的思想，无不特别讲求道德精神，是一种德性的文化。摒弃其中消极影响，这种德目的旨归是使个体成为社会层面上真正意义的人。正如马克思关于人的表述："人的本质不是单个人所固有的抽象物，在其现实性上，它是一切社会关系的

---

① ［美］阿列克斯·英格尔斯、戴维·H. 史密斯：《从传统人到现代人——六个发展中国家中的个人变化》，顾昕译，中国人民大学出版社1992年版，第454页。

总和。"① 正因为个体的不同角色扮演，以儒家为代表的中国传统文化中，以厚德载物为安身立命的基础，以礼维护社会秩序，以"仁"为最高的准则，通过掌握自然与社会运行的规律，实现人与自身、人与人、人与自然、人与社会的普遍和谐。具体到为人："志于道，据于德，依于仁，游于艺"（《论语·述而》），推崇仁者爱人，讲究修身为本，追求君子人格和大丈夫的浩然之气；为学："不学《诗》，无以言；不学礼，无以立"（《论语·季氏》），而且"学而优则仕"；为政：不仅要正名、正身，还要举贤任能，最主要的是使德行和政治智慧相结合。中国传统文化从自然属性和社会属性出发对人性进行探讨，其优秀价值理念与国民素质的提高一脉相承。

"化"的本意即教化、育化等，《说文解字》云："化，教行也。"整体国民素质的提高还有待于教化的途径。中国传统文化崇德重义，特别重视仁义这一核心价值，因此古代尝用"仁义"化人。"仁者，人也"，即做人就应该有个做人的样子；"义者，宜也"，即人要做应该做的事。中国传统教育的主要贡献是其价值观的塑造。"大学之道，在明明德，在亲民，在止于至善"（《礼记·大学》），教育之道在于从德性出发直至真善美的人生境界。即以道德培养为基础，在塑造个人能力的同时，注重丰富心灵，尤其重视深化公民的责任感和集体意识。中国历来重视教育的作用，传统中国"视教育为民族生存的命脉"②。中国传统文化也主要依靠教育延续和发展。对此，成中英先生中肯地指出："儒家对学习的重视，使中国家庭普遍重视对子女的教育。毫无疑问，对于教育的强调，为引进新思想、新技术打下了基础，并且能大量提供现代化和经济发展所需要的有文化有技术的人力资源。"③ 有效挖掘传统文化中提高国民素质教育的资源，尤其是文化素质和思想道德素质资源，对个人和社会的发展都有着重要的指导意义。教育是一种文化世代相传的过程，是文化的根基。顾名思义，教育首先要教，目的是育人。西周时形成的以礼、乐、射、御、书、数为主体的"六艺"教育体制；春秋战国时期，孔子、墨子、孟子、荀子等教育思想和教学方式的建树；《管子·弟子职》、《荀子·劝学》、《礼记·学记》、《礼记·大学》等教育专著的问世，留下了丰富的教育经

---

① 《马克思恩格斯选集》第 1 卷，人民出版社 2012 年版，第 139 页。
② 张岱年、方克立：《中国文化概论》，北京师范大学出版社 2004 年版，第 143 页。
③ 李翔海、邓克：《成中英文集》第 3 卷，湖北人民出版社 2006 年版，第 93 页。

验与教育理论；既涉及家庭教育、学校教育、社会教育又有百工技艺教育，中国传统文化莫不是以德为先，德育首当其冲。子曰："君子务本，本立而道生"，"行有余力，则以学文"（《论语·学而》）。

对现实而言，如何通过教育使中国传统优秀价值观焕发出现实活力，使之成为国民理念与行为方式的重要组成部分，已是当务之急。在这方面韩国所取得的重大成就有目共睹，它不仅极大地促进了国民经济的发展，而且在将儒家文化与现代化相结合的过程中取得了骄人业绩。对此，李祥熙先生在系统地考察了韩国儒学与现代社会接轨的成功实践后指出："韩国在推行'文化立国'的国策中最成功的经验之一，就是挖掘儒教的精髓，把传统文化的背景融入到现代生活之中，闯出了一条具有韩国特色的'韩流'新路。"① 目前韩国是将儒家文化与现代化结合得最为成功的国家，儒家文化对韩国社会的影响也极为深远。据美国夏威夷东西方文化研究中心所做的"儒家文化在东方各国影响力"的调查显示，在受调查的几个国家和地区中，最受儒家文化影响的是韩国，中国大陆排在最后一位；韩国首都首尔最合乎儒家的核心价值，中国上海排在最后。② 这的确有"礼失于野而求诸野"的况味，发人深思。

中国优秀传统文化对国民人文素养的形成乃至于对民族文化自觉与文化自信的提高具有不可估量的作用。其中，通过国民教育将优秀传统文化社会化，成为国民的价值观念的一部分，并化为日常生活的自觉行为，这对提高国民素质与文化强国战略具有难以估量的重大价值。但长期以来，由于种种主客观原因，我国国民教育在传承优秀文化方面的认识不足，在课程设计与教学内容方面严重缺失，如中小学教学基本上没有相关的专门课程设置，高等学校虽设有"中国传统文化概论"之类的通识类课程或选修课，但基本上浮光掠影，蜻蜓点水，而且教学队伍参差不齐，教学效果差强人意，起不到应有的作用，使学生在中国优秀传统文化方面的熏陶与素养相当匮乏，没有能够很好地发挥国民教育在优秀传统文化传承创新中的基础性的作用，值得反思。与此形成较大反差的是，在民间则出现了一股自发的"国学热"。以私塾教育为例。上海的"孟母堂"被誉为"全国第一家全日制私塾"，语文教材是四书五经，英语教材是《圣经》和

---

① 中华文化学院：《走向世界的中华文化》，五洲传播出版社 2009 年版，第 327 页。
② 同上书，第 331 页。

《莎士比亚文集》；在苏州、海南等地也都出现过各种各样的"现代私塾"；陕西汉中的七位家长集资百万兴办了一所国学私塾，受到了一些不满现行教育体制的学生家长的青睐。现代私塾教育属于非国民教育系统的范畴，它存在很多问题，诸如课程设计、师资队伍、教学目标等；它也未得到法律的认可，最多作为国民教育的补充存在，自生自灭，难以形成气候。但它的出现的确反映出一种民间的倾向以及对加强青少年在优秀传统文化教育方面的期盼，同时也折射出对国民教育在这方面缺失的不满。近年来，清华大学将《四书》列入本科生的必选课程，中央党校和国家行政学院开设儒家文化课程，在推进优秀传统文化的教学方面迈出了可喜的一步。

中共十七届六中全会通过的《关于深化文化体制改革推动社会主义文化大发展大繁荣若干重大问题的决定》指出："发挥国民教育在文化传承创新中的基础性作用，增加优秀传统文化课程内容，加强优秀传统文化教学研究基地建设。"这是十分及时与紧迫的，应该将它提高到战略任务的高度加以组织落实。教学主管部门对国民教育中的优秀传统文化课程体系应作系统的设计与长期的规划，为学生"全面认识祖国的文化"扫清体制性障碍。具体地说，在幼儿和小学阶段，应开展传统"蒙学"教学，"蒙以养正"，教育少年做一个正直的人，有理想情操的人。传统蒙学教材，如《三字经》、《百家姓》、《千家诗》、《千字文》、《弟子规》、《幼学琼林》，剔除其中的时代局限与糟粕成分，可以作为教材使用。在中学，可进一步修读《古文观止》、《四书》等，并以此为教材。尤其是《四书》，最能反映儒学精华。它主要围绕为人、为学、为政三方面展开，有许多名言警句，脍炙人口、传诵久远。不仅能提高青年学生的古汉语修养、传承优秀传统文化，而且对青年人生观、价值观的养成具有重大意义。可以考虑把《四书》列为中学生必修课，并纳入国民教育考试体系。在大学本科及研究生培养阶段，应该开展系统的"国学"教学研究，不仅要深化对大学生的优秀传统文化教学，而且要培养一批具有现代意识的精通国学的高层次人才，这在开展中国文化对外交流与传播中具有重要的战略意义。早在20世纪二三十年代，北京大学、清华大学先后设立国学教学研究机构，培养了一批国学大师级人物，对优秀传统文化的传承创新及对外传播中国文化的价值观功不可没。现在一些高校如中国人民大学设立了国学专业，这是一种可贵的尝试。就现实而言，在名牌高等学府加强

"国学"教学研究基地建设已刻不容缓，国家教育部学科主管部门也有必要在条件成熟时把"国学"列为一级学科加以重点建设。

三　发展文化产业的传统背景

文化是一种潜力巨大的社会资源，是潜在形态的生产力。随着知识经济的迅猛发展和科技的进步，文化已渗透到经济社会发展的全过程。自从贾春峰教授在国内较早地提出"文化力"的概念（指文化在促进与推动生产力发展中的内驱力，主要有四个方面内容：一是智力因素，包括教育和科技；二是精神力量，包括理想、道德、信息、价值观、意志等；三是文化网络，包括图书馆、电影厅、剧场、体育馆等文化活动设施；四是传统文化）以来，便受到了人们的广泛瞩目。他还特别提出"要研究在现代市场经济中如何发挥中华民族传统文化、传统美德的优势问题"[①]。

随着改革开放和中国经济的快速发展，经济结构战略性调整，现代世界体系和全球化的不断推进，中国文化建设也进入到一个新的发展阶段，提出发展文化产业正是立足于这一深刻认识和时代背景。中共十六大第一次将"文化产业"写入报告，这标志着文化产业终于在中国本土获得了发展的合法性基础，具有重大的战略开局意义；十七大八次提到了"文化产业"；2012 年 2 月 28 日，文化部正式向社会发布了《文化部"十二五"时期文化产业倍增计划》；十八大重申"文化产业成为国民经济的支柱性产业"这一重大命题，可见重视程度。发展文化产业，一方面要挖掘文化价值中的经济效益，文化不再仅仅充当意识形态的载体，也代表着国家新的财富增长方式和增长领域；另一方面还要注重文化的社会效益，使文化产业真正成为传承与传播优秀文化价值观的经济载体，最大化其对国民素质和国家文化软实力提高的作用。在这方面，韩国的成功经验值得我们认真总结借鉴。1997 年亚洲金融风暴以后，韩国政府重新认识文化产业，并将其作为 21 世纪发展国民经济的战略性支柱产业，1998 年正式提出"文化立国"的国策方针。韩国前总统金大中 1998 年刚上任就宣布："21 世纪韩国的立国之本，是高新技术和文化产业。"此后还制定了

---

① 贾春峰：《文化力》，人民出版社 1996 年版，第 9 页。

一系列法案，成立文化产业振兴院，同时加大财政投入力度。韩国政府认为，西方文明在鼎盛之后，开始暴露出一系列弊端。因此，为创建和探索新文化，不仅要把文化产业发展成为拉动经济的新动力，而且要挖掘儒教等优秀传统文化的精髓，以提升国民的整体道德素质。

种类齐全的中国文化遗产，奠定了开发文化项目和发展文化产业的基础。首先，琳琅满目的物质文化遗产。分布广泛的历史文物、建筑和人类文化遗址是源远流长的中华文明的见证。历史古城保存的古遗址、古墓葬、古建筑以及宗教石窟寺、石刻、壁画等不可移动遗产；历史上重要文献、手稿、艺术品等精神领域的可移动文物以及历史文化名城、名街区、名村镇等，不仅构成旅游中文化概念的载体，也是开启相关历史学科研究的钥匙；既呈现地域特色，又具有价值整合的功能；是发展文化产业的传统实体基础。其次，非物质文化遗产。中国文化中不乏口头传统，56 个民族不同语言是文化传承的快捷载体；音乐、舞蹈、戏曲、杂技等丰富了传统表演的艺术门类；各种民俗活动和节庆礼仪勾勒出祥和的生活气息；中国古人早就开启的对自然界和宇宙的探索与实践；手口相传的传统手工艺技能以及与上述表现形式相关的文化空间，共同构成了非物质文化遗产的广阔天地。它是以人为核心的技术、经验、精神的活态文化遗产，是民族特殊的生产生活方式、民族个性、民族审美习惯的"活化石"。在保护为主、抢救第一的基础上合理开发利用这些丰富的文化遗产，依据文化产业发展的机制和模式进行产业化运作，发挥推动区域文化传承和经济发展的重要作用。再次，传统文化优秀的价值理念和元素，构成了文化创意产业的灵感源泉。创新是一个民族进步的灵魂，是国家兴旺发达的不竭动力；创意彰显出文化产业特色和个性的内核，是文化产业的核心和灵魂。创意离不开人才、技术、资金、制度等保障，更离不开中国传统文化中的优秀价值观念。例如真善美、忠孝仁义等，以及琴棋书画、文房四宝、中国功夫等传统元素，它们渗透到文化产业当中，一方面成为文化产业创意理念的内在动力，另一方面也增加了文化产业的厚重感和存在价值，而归根结底是将文化价值落实到文化产品和文化服务上。文化演出、出版发行和版权贸易、影视节目制作和交易、动漫和网络游戏研发制作、文化会展以及古玩艺术品交易六大文化创意产业，广义上都是文化服务，现实层面上则都属于文化产品，它们在某种程度上涵盖着传统的现代诠释。以电影电视和广告设计为例。电影电视的改编不是取材于现代就是取材于传统，传统多以文化典籍、民间故事、历史事件、风土人情等为起点，融合相关技术，带给人直观的视觉冲击和心灵震撼。纪录片《舌尖上的中国》将中国特色文化之一的餐饮文化成功移到屏幕上，迪斯尼推出的电影《花木兰》更是中国传统文化的国际诠释。广告设计中的传统元素也是司空见惯。圆月带给人们的可能是团圆，也可能是绵延不绝的思念之情；大红灯笼高高挂起的喜庆祥和，京剧脸谱的艺术震撼等被融入现代广告设计中所带来的艺术成功和商业价值是巨大的。

大众对优秀传统文化的普遍认同，拓宽了文化产业传播的广度和深度。虽然受民族生存的自然生态环境和传统习俗的影响，人们在认知上会存在一定的差异性，但是，中国优秀传统文化历经岁月和实践的检验，深深地作用于人们的生产生活中，通过选择后逐渐形成一些民族群体价值观念、认知心理、思维习惯和行为方式。对中国传统文化是一种德性文化、伦理型文化的界定；中国传统艺术思维带来的诗性智慧和美感享受；以道德和礼仪来规范行为的推崇；对崇高、对美的褒扬以及对丑恶的唾弃等都深刻地内化于民族整体中，是一种民族群体对民族优秀文化广泛认同和自信的典型表达。大众的广泛认同是前提，它使后续的传播成为可能。这些固化的价值判断加上在文化产业传播中具有的传统元素而带给人耳目一新的感觉，也刺激了大众强烈的意愿去探究，这无疑打开了传播的绿色通道。西安寒窑遗址公园运营模式的成功，首先得力于大众对王宝钏和薛平贵忠贞不渝的爱情的赞扬和肯定，夫妻情侣们通过这样感天动地的故事来表明自己的爱情观以及对幸福生活的向往。其次，寒窑的选址与周边文化产业形成连片集群的优势，为大众出行提供了更多选择。当然，认同传播的过程中，这些优秀的传统文化又因披上现代化的外衣达到了文化传承的目的，既有广泛的民众基础，又有深刻的文化内涵。

加强对中国优秀传统文化资源的进一步挖掘与阐发，大力发展具有中国特色中国气派的文化产业，不仅具有巨大的经济效益，更具有重要的社会效益。要把社会效益放在首位，将经济效益与社会效益相统一。发展文化产业就是发展智慧产业，它不仅是手段，更是目的。发展过程中，要树立文化自身的发展意识，避免文化成为经济的附属品而沦为文化沙漠。同时，深化经济同文化高度融合的发展理念。既要富有经济思维又要立足于文化精神，既要强化市场逻辑又必须坚守文化的灵魂，从而既推动文化产业化，又推动产业文化化，并在此基础上进一步弘扬中国优秀传统文化，发挥其在提升国民素质、增强对外文化交流、提高文化软实力及中国文化国际影响力的重要作用。

四　增强国际影响力的传统元素

文化是一个国家综合国力的组成部分与重要标志。在经济与文化全球化的时代下，文化被纳入"全球市场脉络"，"符号的角逐"日趋激烈。当前，我国进入全面建设小康社会的决定性阶段，文化越来越成为民族凝聚力和创造力的重要源泉，文化的影响力和竞争力成为衡量一个国家文化软实力的重要指标。①

加快中国优秀传统文化走出去的步伐，对提升中国文化的国际影响力和国家整体形象无疑都具有重大意义。正如习近平主席所说的那样："要使中华民族最基本的文化基因与当代文化相适应、与现代社会相协调，以人们喜闻乐见、具有广泛参与性的方式推广开来，……把继承传统优秀文化又弘扬时代精神、立足本国又面向世界的当代中国文化创新成果传播出去。"②

那么，如何通过创造性地阐发中国优秀文化资源服务于增强中国文化的国际影响力呢？

中国历史上已有的文化传播背景，培植了一定的国外历史影响基础。丝绸之路沟通了中西，郑和下西洋开启了儒家东亚文化圈的新一轮发展，这都是中外文化交流的典范。古代中国主要通过移民、留学、派遣使节、贸易等方式开启了对古代朝鲜半岛和日本列岛的早期文化交流，内容涉及生产工具和技术、文字、文学、艺术、思想、宗教、法律、制度和社会习俗等，其中影响最为深远的属汉字和儒学。春秋时期，汉字传入朝鲜半岛，逐渐发展成其书面文字，直到 1949 年朝鲜明令停止使用汉字；1970年韩国经过短暂的废止后又开始使用汉字，且一直持续着汉字之争。汉字传到日本后，也一度成为其书面文字，即使公元八、九世纪日本发明假名后，日文中还是沿用了很多的汉字，直到今天日文都是由汉字、平假名、

① 《十六大以来重要文献选编》下册，中央文献出版社 2008 年版，第 752 页。
② 《习近平谈治国理政》，外文出版社 2014 年版，第 161 页。

片假名和罗马字构成，而前三个都与汉字有着莫大的渊源。儒学的影响则起始于译介儒家经典。朝鲜还成立专门机构讲授儒学，三国中的高句丽设立儒学的最高学府"太学"，百济仿效汉朝建立"五经博士官制度"。日本的江户时代，朱熹的理学被德川幕府奉为"官学"，阳明学派也很盛行。随着时间的推移和认识的深入，儒家思想深刻的影响到其政治、经济、文化、社会以及伦理道德、价值观念、行为准则等各个方面，直到现在儒家在东亚文化圈都有举足轻重的作用。杜维明先生也说，"儒家东亚的兴起向我们提示，传统目前在现代性中起着各种积极的作用。"①

中国优秀文化与世界文化价值观念中的共性成分增添了中国文化的魅力，构成国际文化影响力的价值认同基础。中国传统文化中对"仁"的不懈追求，以人为本、普遍和谐等价值理念与当今世界公民的价值认同不谋而合，这无疑成为文化深层次交流和求同存异的坚实基础。全球伦理以耶稣的"你们愿意人怎样待你们，你们也要怎样待人"和孔子的"己所不欲，勿施于人"（《论语·卫灵公》）作为金科玉律，达成一种最朴素的全球共识；中国传统的"仁爱"思想与西方的博爱不乏共通之处；修身、齐家、治国、平天下与人的自由而全面的发展；儒家德性的光辉越来越闪耀，与各国的政治、经济、文化、社会息息相关；全球生态环境恶化的现状下，中国传统的"天人合一"思想不仅充盈着哲学智慧的自觉，更具有引领生态文明的重大作用；世界各国对和平的向往与中国"和为贵"、"协和万邦"的政治外交理念紧密相连；中国文化"普遍和谐"的价值趋向、"和而不同"的价值准则、"极高明而道中庸"的价值法则更是对整个人类都有可资借鉴之处。不同文化价值中的共性在某种层面上是一种朴素的文化共识，这为文化深层次的交流和广泛认同创造了可能。

孔子学院为汉字和中国文化的国际传播开辟了有效途径。自 2004 年11 月 21 日海外第一所孔子学院"汉城孔子学院"（现称"首尔孔子学院"）正式挂牌至今，孔子学院的足迹已遍布五大洲。根据《孔子学院发展规划（2012—2020 年)》，到 2015 年，全球孔子学院将达到 500 所。孔子学院属于非营利性的教育文化交流机构，通常由中外联合办学，学生年龄可在 7—70 岁，既可以是大学生、中小学生，也可以是社区人员，涉及各行各业。它以汉语言教学推广为基础，以文化综合交流服务为平台，以

---

① ［美］杜维明：《儒家传统与文明对话》，彭国翔编译，人民出版社 2010 年版，第 63 页。

推动中华文化走向世界，促进中外友好关系为目的，通过开设中国特色文化课程如书法、绘画、手工艺、中医、武术、烹饪、旅游、商务等介绍中国文化，并结合当地实际举行特色文化活动（如火如荼的"汉语桥"可谓是中国文化的一场场盛宴），而且不断强化师资，逐步配备网络教学，力求全方位多角度地推广中国优秀文化，同时在交流的过程中积极吸收国外优秀文化成果。文字语言既是文化的一部分，又是文化传播的媒介。孔子学院的迅速发展正是从语言出发增强文化的认同，成为体现中华文化软实力的一大王牌。

对于中国优秀传统文化的精神价值，当今党和国家的领导人也非常重视，在各种不同场合从不同角度加以阐发。伴随特殊身份而来的国际关注度和影响力，他们关于中国优秀传统文化的观点成为中华文化国际传播的快捷方式。2006 年 4 月 22 日，胡锦涛在美国耶鲁大学的演讲中指出："中华文明是世界古代文明中始终没有中断、连续5000 多年发展至今的文明。中华民族在漫长历史发展中形成的独具特色的文化传统，深深影响了古代中国，也深深影响着当代中国。现时代中国强调的以人为本、与时俱进、社会和谐、和平发展，既有着中华文明的深厚根基，又体现了时代发展的进步精神"。① 2009 年 2 月 2 日国务院总理温家宝在英国剑桥大学具有 500 年历史的"瑞德讲坛"发表了题为《用发展的眼光看中国》的演讲中指出："中华传统文化底蕴深厚、博大精深。'和'在中国古代历史上被奉为最高价值，是中华文化的精髓。中国古老的经典——《尚书》就提出'百姓昭明，协和万邦'的理想，主张人民和睦相处，国家友好往来。'和为贵'的文化传统，哺育了中华民族宽广博大的胸怀。我们的民族，既能像大地承载万物一样，宽厚包容；又能像苍天刚健运行一样，彰显正义"。这就既传播了中国优秀传统文化，又表明了中国一贯坚持的原则和与时俱进的精神，彰显了大国形象。

中国优秀传统文化经过理性的探索和时代的考验，传承的是民族的集体智慧。充分认识其现代价值，实事求是的"古为今用"是谱写新篇章的起点。马克思也说："人们自己创造自己的历史，但是他们并不是随心所欲地创造，并不是在他们自己选定的条件下创造，而是在直接碰到的、

---

① 《十六大以来重要文献选编》下册，中央文献出版社 2008 年版，第 7 页。

既定的、从过去继承下来的条件下创造。"① 当今全球化的时代，越是民族的，也就越是世界的，要尤其重视挖掘文化中的普世价值。郑永年先生回答应该如何建立核心价值观时指出："多讲共享价值。'共享'对于一个多民族国家来说非常重要。中国的'共享价值'就是人本主义，这有着深厚的历史传统。人本主义是中国各民族唯一能够共享的。即使是西方的民主自由，归根结底还是人本。"② 在文化强国的战略实践中，我们要有这样的文化自觉和文化自信，做到既丰富和发展民族自身的文化，带给人民实实在在的好处，又要客观认识本国的传统文化，于中西共通之处挖掘中国文化的个性，结合现代机理，求同存异中加快中华文化"走出去"的步伐。

综上所述，弘扬中国优秀传统文化精神在当今我国文化强国战略中具有十分重要的地位，并将发挥越来越重要的作用。对此，必须在全社会形成广泛的共识。为了进一步发挥中国优秀传统文化在当今我国社会主义文化强国战略中的巨大作用，首先，学术界的知识精英应对中国传统文化的优秀价值观作进一步的深入梳理、阐发与诠释，并对其注入时代的精神，形成全社会普遍认可的价值理念。其次，政界领袖与政治精英要通过国家层面的渠道大力倡导与引领，全面推广和价值引导。再次，企业界精英人士及其他社会组织对此要有高度的认可，并把它融入到企业文化与其他组织文化之中，并率先垂范，躬行实践。最后，要将中国优秀传统文化纳入国民教育体系及大众教学领域，并通过整合各种社会资源及大众传媒的力量，引导和规范人们的思想行为，逐步将这些优秀的价值观内化到国民的综合素质当中，成为一种国民的价值自觉，并积极地把中国独有的文化价值观推向世界，极大地提升中国国家形象中的文化软实力。

---

① 《马克思恩格斯选集》第1卷，人民出版社2012年版，第669页。

② 郑永年：《中国的"共享价值"》，黄广明、翁倩编：《南方人物周刊》2009年第29期，第46—49页。

第七章　中国特色核心价值观的构建与凝练①

中共十七届六中全会决议指出："社会主义核心价值体系是兴国之魂，是社会主义先进文化的精髓，决定着中国特色社会主义发展方向。"提出进一步推进社会主义核心价值体系建设，并要"用社会主义核心价值体系引领社会思潮，在全党全社会形成统一指导思想、共同理想信念、强大精神力量、基本道德规范"。把中国特色社会主义核心价值体系建设在文化建设中的重要性提高到了无以复加的战略地位，反映了中国共产党高度的文化自觉。中国特色社会主义核心价值观的构建，是文化建设的一项主要工程，其重大意义自不待言。我国目前已确立的社会主义核心价值体系的主要内容，大致包括四个方面：坚持马克思主义的指导地位；坚持中国特色社会主义共同理想；弘扬以爱国主义为核心的民族精神和以改革创新为核心的时代精神；树立和践行社会主义荣辱观。这为我国社会主义核心价值观的构建提供了根本性的原则内容，具有重大的指导价值。

现实的问题是如何进一步提炼核心价值观，使之既能反映中国特色的社会主义核心价值的根本，又能高度精练，简洁明了，让群众掌握，使之真正大众化，成为人民的精神信仰和自觉行为，并转化成物质力量，焕发出巨大的能量。这是摆在我们面前重大而紧迫的任务。目前我国学术界对此已展开了热烈的讨论，但总体上看还是初步的，有必要对此作进一步深入探讨。党的十八大报告中明确指出："倡导富强、民主、文明、和谐，倡导自由、平等、公正、法治，倡导爱国、敬业、诚信、友善，积极培育和践行社会主义核心价值观。"党的十八大报告用 12 个词提出覆盖全国各方面意见、反映现阶段全国人民最大公约数的社会主义核心价值观的表

① 本章内容发表在《云南社会科学》2012 年第 4 期，原题为"论中国特色社会主义核心价值观的提炼"。

述，意义重大。首次对社会主义核心价值观的概述语作了初步提炼，提出要"积极培育和践行社会主义核心价值观"，为进一步的研究探讨留出了空间。

一　核心价值观的意旨

文化主要是指一定区域的人们习惯化了的思想观念与行为方式的总和，具体包括价值观念、思维方式、审美情趣、行为方式等，其中价值观占主导地位。

所谓价值，主要是指主体对客体的重要性与意义的认知与体悟，或者说是指具有特定属性的客体，对于主体需要的意义。价值由两方面构成，一方面是主体的需要和利益；另一方面是客体的某种属性或性能。价值是在二者的关系中发生和形成的。

价值观则是人们关于价值本质的认识以及对人和事物的评价标准、评价原则和评价方法的观点的体系。它主要也包括两个方面，一是对价值目标的认知，二是对价值评判的标准。价值观对人的行为起着规范和导向的作用。正确的价值观是先进的社会集团或阶级在实践中形成的，反映了人民群众的要求，对历史发展和社会进步起着促进作用。

核心价值观则是指文化内核中占据主导地位的优秀价值理念，在整个价值体系中居于基础性或支配地位，对广大民众的思想与行为具有重大的引领作用，是确保一个国家民族有序发展的思想基础。它的外在表现为特定国家与地区特有的民族精神。这正如包心鉴先生指出："所谓核心价值观，是指能够体现社会主体成员的根本利益、反映社会主体成员的价值诉求，对社会变革与进步起维系和推动作用的思想观念、道德标准和价值取向。核心价值观是一定社会的性质、本质和发展趋势的集中体现。"① 它至少具有以下几个特征：（1）本质性。它反映一定社会价值体系的根本。（2）深层性。它是最高层次的价值理念。（3）精华性。它体现一定社会价值体系的精髓。（4）动力性。它是推动社会进步的强大的积极的精神动力。

---

① 包心鉴：《社会主义核心价值观的凝练与建构》，《光明日报》2012 年 1 月 14 日。

社会主义核心价值观，则是反映社会主义本质的根本价值理念。它是对社会主义质的规定性的反映，是社会主义的思想灵魂，指引着人类社会的发展方向，是社会主义制度设计与安排的指导思想与价值引领。如果背离了社会主义核心价值，就谈不上社会主义的理想与制度。

中国特色社会主义核心价值观是指既反映社会主义核心价值、吸收人类文明一切优秀成果，又与中国优秀历史文化传统及时代特征相结合的具有中国特色、中国气派的主导价值观。

核心价值观，是国家民族的灵魂，是文化软实力建设的重心，对一个国家、一个民族来说，最持久、最深层的力量来自于全社会普遍认可的核心价值观。

二 中国特色核心价值观构建的原则

新加坡前总理李光耀曾指出："我们是汇合了来自中国、印度以及马来亚世界不同地域的移民，我们必须传授给我们年轻的一代以共同的基本社会行为准则，社会价值观以及道德教条。这些准则、价值观以及教条将能塑造完整的未来新加坡人。"[1] 20世纪90年代，新加坡政府在颁布的《共同价值观白皮书》中，提出了为各个种族和宗教信仰的人们所能接受的五大共同价值观：国家至上，社会为先；家庭为根，社会为本；关怀扶持，尊重个人；求同存异，协商共识；种族和谐，宗教宽容。此共同价值观的确立为其国家的发展，社会的稳定，物质、政治及精神文明的建设起到了无可估量的积极作用。新加坡社会共同价值观的构建与凝练对社会发展所起的巨大的进步作用有目共睹，其成功经验值得我们借鉴。

中国特色的社会主义核心价值观的构建，不仅是促进我国社会主义文化大发展、大繁荣的核心任务，也是国家和社会发展的重要前提和条件。对现实来说，进一步提炼我国社会主义核心价值观，并使之时代化、民族化和大众化，从而迸发出绵延不绝的生命力，已是当务之急。

笔者认为，中国特色社会主义核心价值观的构建与凝练必须把握以下原则。

---

① 《李光耀40年政论选》，现代出版社1994年版，第394、395页。

一是要准确把握社会主义核心价值的本质。这体现了构建中国特色社会主义核心价值的"一般性"。这是构建中国特色的社会主义核心价值的前提和基础。我国的社会主义核心价值观的构建，必须建立在社会主义核心价值的基础之上，并反映社会主义本质属性和内在要求，这是社会主义核心价值观的一个最本质的内容。这涉及我国社会主义核心价值构建的指导思想，它是旗帜、灵魂、原则与方向，中国特色社会主义核心价值的构建不能脱离"一般性"，否则就会脱离社会主义的轨道与方向，就会成为无源之水、无本之木。

二是要与中国优秀文化传统和时代精神相结合。这体现了构建我国社会主义核心价值观的"特殊性"。具体地说就是要使社会主义核心价值观在中国的具体化、民族化、时代化，具有中国特色与中国气派。我国的社会主义核心价值观应该是优秀传统价值观的继承和发展，必须建立在中国优秀传统文化的基础之上，并同当代中国的现实相结合，否则就会脱离国情、脱离民众，缺乏文化基础，缺乏群众基础，就得不到广大民众的广泛认同，就不能成为广大民众的自觉行为，不能真正起到凝聚广大民众的共同理想与精神信仰的作用。一方面，我们必须重视中国优秀传统文化在当前我国"文化强国"战略中的基础性地位和作用，将我国社会主义核心价值观的凝练与提升建立在对中国传统优秀价值观的进一步阐发之上。中国共产党人历来重视并强调批判性地吸收优秀传统文化对文化建设的极端重要性，毛泽东指出："中国的长期封建社会中，创造了灿烂的古代文化。清理古代文化的发展过程，剔除其封建性的糟粕，吸收其民主性的精华，是发展民族新文化提高民族自信心的必要条件。"① 中共十一届三中全会以来尤其是现阶段党和国家领导人已十分重视这个问题，并在多种场合阐述了中国优秀传统文化对现代化建设的重要作用。2002 年 10 月 24 日，江泽民访问美国期间在得克萨斯州大学城乔治·布什总统图书馆的演讲中指出："中华民族自古就有以诚为本、以和为贵、以信为先的优良传统。中国在处理国际关系时始终遵循这一价值观。中国对外政策的宗旨是维护世界和平、促进共同发展"。② 2005 年 2 月 19 日，胡锦涛《在省部级主要领导干部提高构建社会主义和谐社会能力专题研讨班上的讲话》中

---

① 《毛泽东选集》第 2 卷，人民出版社 1991 年版，第 707—708 页。
② 《江泽民文选》第 3 卷，人民出版社 2006 年版，第 522 页。

明确指出："我国历史上就产生过不少有关社会和谐的思想。比如，孔子说过'和为贵'；墨子提出了'兼相爱'、'爱无差等'的理想社会方案；孟子描绘了'老吾老以及人之老，幼吾幼以及人之幼'的社会状态；《礼记·礼运》中描绘了'大道之行也，天下为公，选贤与能，讲信修睦。故人不独亲其亲，不独子其子，使老有所终，壮有所用，幼有所长，矜、寡、孤、独、废、疾者皆有所养'这样一种理想社会。"明确提出社会主义和谐社会建议有必要从传统文化中汲取智慧。2006 年 4 月 22 日，胡锦涛在美国耶鲁大学的演讲中指出："中华文明是世界古代文明中始终没有中断、连续 5000 多年发展至今的文明。中华民族在漫长历史发展中形成的独具特色的文化传统，深深影响了古代中国，也深深影响着当代中国。现时代中国强调的以人为本、与时俱进、社会和谐、和平发展，既有着中华文明的深厚根基，又体现了时代发展的进步精神。"他还特别强调了中国优秀传统文化的重大精神价值，即中华文明历来注重以民为本，尊重人的尊严和价值；注重自强不息，不断革故鼎新；注重社会和谐，强调团结互助；注重亲仁善邻，讲求和睦相处。2011 年 10 月，中共十七届六中全会的决议指出："优秀传统文化凝聚着中华民族自强不息的精神追求和历久弥新的精神财富，是发展社会主义先进文化的深厚基础，是建设中华民族共有精神家园的重要支撑。要全面认识祖国传统文化，取其精华、去其糟粕，古为今用、推陈出新，坚持保护利用、普及弘扬并重，加强对优秀传统文化思想价值的挖掘和阐发，维护民族文化基本元素，使优秀传统文化成为新时代鼓舞人民前进的精神力量。"2014 年 5 月 4 日，习近平在北京大学师生座谈会上的讲话中指出："中华优秀传统文化已经成为中华民族的基因，植根在中国人内心，潜移默化影响着中国人的思想方式和行为方式。今天我们提倡和弘扬社会主义核心价值观，必须从中汲取丰富营养，否则就不会有生命力和影响力。"① 明确阐明了对优秀传统文化思想价值的挖掘和阐发对社会主义先进文化建设的基础性作用，这对传统文化研究具有重要的方法论指导意义。因此，我们凝练社会主义核心价值观，不能割断历史，必须从传统价值观中汲取丰富的精神营养。另一方面，必须同中国共产党领导人民在长期革命和建设中形成的优良传统和革命精神有机地结合在一起，把改革开放以来形成的时代精神融入社会主义核心价

---

① 《习近平谈治国理政》，外文出版社 2014 年版，第 170 页。

值观中去，赋予时代特色，使之时代化。总之，要深入研究中国传统文化的本质特征，以现代化为主体和参照系，对之进行创造性转换与重构，并结合当今中国的现实，注入强劲的时代精神，使之成为现代化强大的精神动力和现代文明的重要组成部分，这不仅对当今我国社会主义核心价值观的建设具有重大价值，而且也能为人类的文明进步贡献独特的价值观。

三是要吸收人类文明中具有普遍意义的优秀价值成分。这体现了构建我国特色社会主义核心价值观的包容性和开放性。"天地交而万物通也，上下交而其志同也。"（《周易·泰》）当今，分散隔绝的世界逐渐变成联系的一体，人类的历史也越来越大程度地成为世界的历史，所有人类的文化，都是我们共同的宝贵财富。任何一种文化的发展都离不开对其他优秀文化的汲取。毛泽东指出："应该学习外国的长处，来整理中国的，创造出中国自己的、有独特的民族风格的东西。这样道理才能讲通，也才不会丧失民族信心。"① 邓小平指出："我们要向资本主义发达国家学习先进的科学、技术、经营管理方法以及其他一切对我们有益的知识和文化。"② 胡锦涛也指出："必须以更加开阔的视野、更加博大的胸怀对待外来文化，积极参与国际文化交流合作，学习借鉴一切有利于我国文化改革发展的有益经验和优秀成果"③ 中共十七届六中全会通过的《中共中央关于深化文化体制改革、推动社会主义文化大发展大繁荣若干重大问题的决定》指出："坚持发展多层次、宽领域对外文化交流格局，借鉴吸收人类优秀文明成果"。习近平也强调："我们要虚心学习借鉴人类社会创造的一切文明成果。"④ 因此，我们在弘扬民族优秀传统文化的同时，还要十分注意批判性地借鉴吸收世界文明包括西方自由主义价值观中合理内核，积极加强与世界各种文化的对话，兼容并蓄，博采众长。西方自由主义思想家们提出的诸如自由、平等、民主、博爱、人权等价值观，虽然在根本上是为西方资本主义制度辩护的理论工具，反映出其阶级的局限，但在一定程度上也具有一些合理的思想内核，不能把本质上属于全人类普遍追求，而且社会主义较资本主义更进步的积极思想成果拱手让给西方，将之视作资

---

① 《毛泽东文集》第7卷，人民出版社1999年版，第83页。

② 《邓小平文选》第3卷，人民出版社1993年版，第44页。

③ 胡锦涛：《坚定不移走中国特色社会主义文化发展道路，努力建设社会主义文化强国》，《求是》2012年第1期。

④ 《习近平谈治国理政》，外文出版社2014年版，第171页。

产阶级的专利品而加以摒弃。我们确有必要运用马克思主义的基本立场、观点和方法，对此作必要的批判性的扬弃，使之提升到更高层次的人类普遍追求的价值理想。社会主义和资本主义共存并将长期并存的现实也决定了我国必须对西方的自由主义价值观采取辩证的科学态度，既要彻底批判斗争，又要分析借鉴，实现历史性的超越。

四是要高度凝练，易识、易记、易于传播。这体现了构建我国社会主义核心价值大众化的要求。所谓"大众化"，就是思想理论必须要反映广大民众的根本利益，同时要符合广大民众的思想情感与语言习惯，以广大人民群众喜闻乐见的形式出现，符合大众传播的规律。毛泽东指出："什么叫做大众化呢？就是我们的文艺工作者的思想感情和工农兵大众的思想感情打成一片。而要打成一片，就应当认真学习群众的语言。"① 中国特色社会主义核心价值观要真正活在广大人民群众的心中，在人民大众中生根、发芽、开花、结果，并使之成为民众精神信仰和自觉行为，一方面，要抓住价值观内容的根本，另一方面要贴切民众的思想、情感和语言特色。价值观是用来引领人们的思想和行为的，能否以民众喜闻乐见的形式高度概括与呈现出来，这是现实迫切的需要与面临的挑战。中国传统文化的价值观可用"仁、义、礼、知、信"来概括，近来以来西方自由主义的价值观则以"自由、民主、平等、博爱、人权"呈现于世，那么中国特色社会主义核心体值观用何种语言进行概括与提炼呢？这的确值得认真思考。

三　中国特色核心价值观的精神元素

在我国社会主义核心价值的构建与提升过程中，应以现代化为主体和参照系，以社会主义的基本价值理念为核心与基础，以我国优秀传统文化的核心价值与时代精神为特色、载体，以世界文明中的优秀思想成分为有益的借鉴、补充，并以现代化以主体和参照系，对各种文化思想与精神元素进行综合创新。

---

① 《毛泽东选集》第3卷，人民出版社1991年版，第851页。

1. 社会主义核心价值

社会主义价值理念包括诸多方面的内容，它是建立在批判性地继承发展全人类社会历史发展的一切优秀文明成果的基础之上的，包括共富、自由、平等、博爱、民主、法治、人权、公平、正义等普遍价值，并赋予其真实的内涵和强劲的生命活力。其中，平等和效率既是社会主义的核心价值目标与理想诉求，又是社会主义的本质要求。这种价值理想诉求，是建立在批判资本主义社会弊端的基础之上的。无产阶级革命导师马克思、恩格斯承认了资本主义对人类历史巨大的革命性的贡献，在《共产党宣言》中指出："资产阶级在它不到一百年的阶级统治中所创造的生产力，比过去一切世代创造的全部生产力还要多，还要大"①，另外也真切地揭露了资本主义社会中存在不可克服的弊端。一是生产无政府状态和对生产力进一步发展的严重障碍。由于生产的无序状态，必然会导致资本主义周期性的经济危机，从而阻碍了生产力的进一步发展。二是贫富差别悬殊继而导致的社会、政治上严重不平等。经济上的不平等决定了政治上、社会上不公平，资产阶级所标榜的政治上的平等，只是形式上的，并非实质上的，因此具有巨大的虚伪性与欺骗性。而这一切都是由生产资料私有制与社会化大生产之间的固有矛盾所导致的，因为物质生活的生产方式制约着整个社会生活、政治生活和精神生活的过程。作为对资本主义的一种批判、一种超越，社会主义规定了它所追求的基本价值目标：一是效率。也就是说要创造出比资本主义更高的生产力与生产效益，并在这个基础上实现人民的共同富裕，这是社会主义优越于资本主义的最根本特征之一。马克思、恩格斯在《共产党宣言》中就指出："工人革命的第一步就是使无产阶级上升为统治阶级"，在消灭了旧的生产关系后，就要"尽可能快地增加生产力的总量"②。列宁也指出，当无产阶级夺取政权的任务大致解决以后，"必然要把创造高于资本主义社会的社会经济制度的根本任务，提到首要地位，这个根本任务就是提高劳动生产率"③。二是平等。平等是人类社会共同追求的价值理想，当然也是马克思主义者所追求的社会的价值目标之一。尽管马克思、恩格斯曾经一度拒绝将资产阶级的启蒙口号之一——"平等"作为科学的理论范畴来使用，但这并不意味着他们否定平等价值

---

① 《马克思恩格斯选集》第 1 卷，人民出版社 2012 年版，第 405 页。
② 《马克思恩格斯选集》第 1 卷，人民出版社 2012 年版，第 421 页。
③ 《列宁全集》第 34 卷，人民出版社 1985 年版，第 168 页。

本身。相反，在马克思主义经典作家的语境中包含了极为丰富的真正的平等思想。恩格斯指出："一切人，或至少是一个国家的一切公民，或一个社会的一切成员，都应当有平等的政治地位和社会地位。"① 他还指出，与资产阶级的平等观念相比较，"无产阶级抓住了资产阶级所说的话，指出：平等应当不仅仅是表面的，不仅仅在国家的领域中实行，它还应当是实际的，还应当在社会的、经济的领域中实行。"② 平等观念的出现，本身就是历史的产物，它与一定的社会历史条件相联系，在不同时期具有不同的独特内涵，而"真正的自由和真正的平等只有在共产主义制度下才能实现；而这样的制度正是正义所要求的"③。马克思在 1875 年完成的《哥达纲领批判》中对平等的价值理想更是作了淋漓尽致的阐述。他写道："在共产主义社会高级阶段，在迫使个人奴隶般地服从分工的情形已经消失，从而脑力劳动和体力劳动的对立也随之消失之后，在劳动已经不仅仅是谋生的手段，而且本身成了生活的第一需要之后，在随着个人的全面发展，生产力也增长起来，而集体财富的一切源泉都充分涌流之后，——只有在那个时候，才能完全超出资产阶级权利的狭隘眼界，社会才能在自己的旗帜上写上：各尽所能，按需分配！"④ "各尽所能，按需分配"，代表着马克思主义平等目标的最高理想。

邓小平在南方谈话中概括说："社会主义的本质，是解放生产力，发展生产力，消灭剥削，消除两极分化，最终达到共同富裕。"⑤ 一些人对此不太理解，说这五句话，既没有讲到公有制，又没有讲到按劳分配，而这则是社会主义的二大重要特征，因此怀疑邓小平的社会主义本质论是否准确、概括到位。事实上，邓小平关于上述社会主义本质的概括，不是从具体制度安排的层面上来说的，而是从社会主义核心价值这个层面上而言的。其中，"解放生产力，发展生产力"讲的是效率问题；"消灭剥削，消除两极分化，最终达到共同富裕"讲的就是平等问题。可以说是对马列主义关于社会主义核心价值与理想目标思想的进一步丰富与发展。社会主义的核心价值与理想目标，决定了社会主义应有的两大任务：一是进一

① 《马克思恩格斯选集》第 3 卷，人民出版社 2012 年版，第 480 页。
② 《马克思恩格斯选集》第 3 卷，人民出版社 2012 年版，第 484 页。
③ 马克思：《1844 年经济学哲学手稿》，刘丕坤译，人民出版社 1979 年版，第 92 页。
④ 《马克思恩格斯选集》第 3 卷，人民出版社 2012 年版，第 364－365 页。
⑤ 《邓小平文选》第 3 卷，人民出版社 1993 年版，第 373 页。

步极大地解放和发展社会生产力，并在这基础上实现共同富裕；二是实现社会的公平正义。这是马克思主义平等观念的本质所在，也是社会主义的本质特征。

20世纪90年代以后，尽管西方的社会主义研究者相互间存在着重大的分歧，但在社会主义的价值理念和主要目标上正日益取得共识。追求平等与效率一直是社会主义者心目中的两大基本价值，而且在社会主义社会中，平等和效率是辩证统一的。

与西方社会主义者强调平等甚于效率不同，邓小平则从我国的社会主义初级阶段的基本国情出发，强调"效率优先，兼顾公平"（党的十六大依然强调"坚持效率优先，兼顾公平"），他把"解放生产力、发展生产力"提高到马克思主义的"基本原则"、社会主义的"本质要求"、我党根本的"政治路线"、判断一切政策正确与否的"根本标准"这样的理论高度，从而赋予马克思主义生产力理论以创造性的活力，发展成为邓小平理论的主题，如一条红线贯穿其中，反映了我国作为一个经济文化落后的国度中，经济发展在整个现代化建设中的首要的主导地位。十三届四中全会以来，党中央更是十分强调把发展作为党执政兴国的第一要务。科学发展观还进一步突出强调第一要义是发展，并进一步提出全面协调可持续发展的完整内容。随着改革开放以来我国社会生产力的快速发展，针对分配领域存在的比较突出的问题，党的十六届四中全会按照构建和谐社会的要求，强调以后要注重社会公平。党的十六届五中全会明确指出，要在经济发展的基础上，更加注重社会的公平。党的十七大报告更明确指出："实现社会公平与正义是中国共产党人的一贯主张，是发展中国特色社会主义的重大任务。"十八大第一次把"公平正义"写入党章。这反映了随着社会历史条件的变迁而导致的价值理念侧重点的变化。

平等与效率，一直是人类共同执着的理想追求，尽管在不同时代具有不同内容，以不同的阶级形式出现，但它永远是人类长期以来所拥有的永恒主题和伟大的"未来之梦"。人类社会总是不断地走向完美，止于至善。社会主义的理想价值，为人类社会的发展作出了卓越的贡献。在理论上说，社会主义存在的价值就在于，在资本主义全球扩张的条件下，它提供了一整套迥异于资本主义的全新的价值范式。社会主义的价值理念曾经凝聚了无数代人尤其是有识之士的努力探索与思想智慧，它是指引人类获得社会解放、走向幸福生活的正确道路，而今也并未随着时代的变迁而使

"风流总被雨打风吹去"，今后仍将激励广大的人们为之不懈奋斗，"引无数英雄竞折腰"。历史上风起云涌的社会主义运动在实践中所产生的效应，一方面体现在发达资本主义国家生产关系的自我完善，包括吸收了社会主义的许多做法，表现在福利制度的建立上，使那里的人民生活水平得到显著提高；另一方面则体现在以苏联为首的社会主义国家的建立与一大批第三世界国家民族解放运动的胜利上，使落后国家的千百万劳动大众的政治、经济地位发生了根本性的变化。

2. 中国优秀传统文化的思想精华

中国传统文化的独特价值观，是中华民族几千年来文化立国的基础，蕴含着丰富而崇高的文化精神。中国文明之所以能绵延几千年而未经中断，体现出强大的民族生命力，其文化上的奥秘很大程度上就在于其自创之民族文化精神，就在于其独特之价值观。孙中山先生对中国传统道德精神（实际就是核心价值）进行了高度的概括与创造性的阐发，值得我们重视。对现实而言，进一步深入系统地阐发中国优秀传统文化的价值观，已成为我们刻不容缓的时代责任。我们可以从不同层面对中国优秀传统文化加以归纳总结。

从价值观层面上说，中国传统文化独特的价值观，是中华民族几千年来文化立国的重要基础，有了好的价值观，国家才能长治久安，才能维持一个国家、民族的长久地位，对世界文化的价值观也有重要贡献。在这里值得重视的是孙中山先生用"忠孝、仁爱、信义、和平"这八个字来概括中国传统道德精神，他指出："讲到中国固有的道德，中国人至今不能忘记的，首是忠孝，次是仁爱，其次是信义，其次是和平。"① 这里虽然讲的是中国传统的好道德，但实际上就是中国传统的核心价值观，值得我们重视，并加以进一步阐发，这是恢复民族文化自信、弘扬民族精神的重要前提与条件。

首先是忠孝。这在五四新文化运动以降遭到了严厉的批判，被当作旧道德加以排斥。诚然，中国传统忠孝观的确具有很多封建主义的毒素，特别是愚忠愚孝思想与现代民主思想势不两立，应该加以批判排斥，但是我们不能因此全盘否定与抛弃，它具有内在合理的道德精华，如果能加以合理性改造与阐发，至今仍然能够散发熠熠光华，对当今社会建设发挥重要

---

① 孙中山：《三民主义》，九州出版社 2011 年版，第 53 页。

的积极作用。孙中山阐明了忠孝的现代价值。他指出："我们在民国之内，照道理上说，还是要尽忠，不忠于君，要忠于国，要忠于民，要为四万万人去效忠。为四万万人效忠，比较为一人效忠，自然是高尚得多。故忠字的好道德还是要保存。讲到孝字，我们中国尤为特长，尤其比各国进步得多。《孝经》所讲孝字，几乎无所不包，无所不至。现在世界中最文明的国家讲到孝字，还没有像中国讲到这么完全。所以孝字更是不能不要的。国民在民国之内，要能够把忠孝二字讲到极点，国家便自然可以强盛。"① 在现时代，只要我们对忠孝赋予新的内涵，成为重要的国民道德，的确对于发扬爱国主义传统、建设和谐社会有重要价值。

其次是仁爱。仁爱更是中国传统文化的一大异彩，是传统价值体系中最为重要的核心价值之一，它的现代价值更是不可估量，尤其值得我们去做深度的开挖与阐发。中国传统文化尤其是儒学在这方面的贡献甚伟，它强调仁者"爱人"，从亲亲出发，"泛爱众"，"老吾老以及人之老，幼吾幼以及人之幼"，及至"亲亲而仁民，仁民而爱物"，形成了一条完整的思想理路，它提出"己欲立而立人，己欲达而达人"、"己所不欲，勿施于人"的"忠恕"之道，也早已成为人际社会交往的金科玉律，墨子更是提出了理想更为高远的"兼爱"思想，这是中国传统思想史上的瑰宝，它与基督教的"博爱"思想及佛教的"慈悲"思想相融通，成为中国文化对世界文化的一大贡献。对此，孙中山先生指出："仁爱也是中国的好道德。古时最讲爱字的莫过于墨子。墨子所讲的'兼爱'，与耶稣所讲的'博爱'是一样的。古时在政治上一方面所讲爱的道理，有所谓'爱民如子'，有所谓'仁民爱物'，无论对于什么事都是用爱字去包括。"② 因此，他主张把中国固有的精神仁爱恢复起来，再去发扬光大。仁爱思想对纯洁人们的心地、化解社会矛盾、促进人、社会、自然的和谐统一等具有特别的意义与价值。

再次是信义。关于信，即是诚信问题，把它提到传统价值观的高度，表面看有些意外，实际上是颇有眼光的。中国传统文化中说的"五常"中，信与仁义礼智并立，就凸显了诚信的重要地位。关于信的问题，《论语》中就十分强调，诸如"信近于义，言可重也"（《论语·学而》），

---

① 孙中山：《三民主义》，九州出版社 2011 年版，第 53—54 页。
② 同上书，第 54 页。

"弟子入则孝，出则弟，谨而信，汎爱众而亲仁"（《论语·学而》），"人而无信，不知其可也。大车无輗，小车无軏，其何以行之哉？"（《论语·为政》）"老者安之，朋友信之，少者怀之"（《论语·公冶长》），"言必信，行必果"（《论语·子路》），"信则人任矣"（《论语·阳货》），不仅社会交往要以信为本，治理国家也必须取信于民。秦国的商鞅城南立木的故事就是典型案例。据《论语》记载，子贡问政，子曰："足食，足兵，民信之矣。"子贡曰："必不得已而去，于斯三者何先？"曰："去兵。"子贡曰："必不得已而去，于斯二者何先？"曰："去食。自古皆有死，民无信不立"（《论语·颜渊》）。至于义，义者宜也，择善固执之意，它与仁对应，是实现仁的途径，正如孟子所言："仁，人之安宅也；义，人之正路也"（《孟子·离娄上》）。信也是义之所在。中国传统文化崇尚信义，在国际交往中也强调信义，对此，孙中山先生也肯定地说："中国所讲的信义，比外国要进步得多。"① 对现实而言，国家民族之间、工商业之间、人与人之间的交往，信义的现代意义与价值十分突出，同样值得承继。

最后是和平。中国传统文化是崇尚和谐、倡导和平的。中华民族历来有爱好和平的传统美德。针对当时国际上战争频仍的局势，孙中山先生还特别倡导中国的"和平"道德。他说："中国更有一种极好的道德，是爱和平。""说到和平的道德，更是驾乎外国人，这种特别的好道德，便是我们民族的精神。我们以后对于这种精神不但是要保存，并且要发扬光大，然后我们民族的地位才可以恢复。"② 关于崇尚和平的精神，对当前抵制国际上恃强凌弱，弱肉强食、丛林法则的霸权主义行径当然更具有现实意义。

上述忠孝、仁爱、信义、和平精神元素，从很大程度上来说，的确反映了中国传统文化的独特的价值观，与"仁、义、礼、智、信"的概括息息相通，也与近代以来西方文化所倡导的"自由、民主、平等、博爱、人权"等核心价值遥相呼应，相得益彰，形成互补之势。我们在弘扬中华民族优秀传统文化过程中，当然要学习借鉴国外文化创新有益的成果，兼收并蓄，博采众长，同时还要全面客观地阐扬传统文化的现代思想价值，使中华民族能以独有文化价值观与民族精神屹立于世界民族之林，为

---

① 孙中山：《三民主义》，九州出版社 2011 年版，第 55 页。
② 同上书，第 55、56 页。

我国的现代化建设提供强大的精神支柱和精神动力，并为人类文明进步作出应有的贡献。

中共十八大所倡导的社会主义核心价值观，传承着中国优秀传统文化的基因。正如习近平所说："我们提倡的社会主义核心价值观，就充分体现了对中华优秀传统文化的传承和升华"。①

3. 西方启蒙文化价值观中的合理内核

近代以来，中国文化"在痛苦的经验上逐渐发展出来了开放理性与学习的管道，我们必须说这是超出古典传统文化传统之外的一个重要文化传统，一个近现代中国的文化传统"②。近代以来，中国文化深受西方自由主义的影响，对近现代中国历史发展也产生了深远影响。自由是西方自由主义价值观的核心范畴，其思想源远流长。古希腊是西方文明的发源地，古希腊人民奋起反抗波斯大军时振臂高呼"为自由而战"。作为人性中最渴求的目标，这种最初意味着人身依附关系解除的自由经过两千多年的发展逐渐演变为人的解放、个性的解放，演变为一种权利，成为西方文化最高的价值追求。英国自由主义的奠基人约翰·洛克提出：生命、自由、财产是人人享有的不可剥削、不可转让的自然权利。法国启蒙思想家让·雅克·卢梭提出：要实现人类社会的真正自由，就必须建立一种平等的政治法律制度，"要寻找出一种结合的形式，使它能以全部共同的力量来保护和保障每个结合者的人身和财富，并且由于这一结合而使每一个与全体相联合的个人又只不过是在服从自己本人，并且仍然像以往一样自由"③。德国古典哲学家创始人康德讲，自由是他"整个建筑的拱心石"。威廉·魏特林更是在其著作《和谐与自由的保证》中提出要构筑一个"民主共产主义家庭联盟"：没有政府，没有法律，没有私人财产，没有货币，全体成员的能力和欲望达到充分的自由，等等。资产阶级早期的思想家对实现人类自由之路的价值理想在反封建的斗争过程中发挥了重大作用，但由于历史和阶级的局限，他们始终未能揭示出人类自由的真谛，始终未能让这一伟大的理想之树在现实中找到植根的土壤。后来西方资产阶级统治者把它与民主、平等、博爱、人权等价值观念相提并论，并以所谓

---

① 《习近平谈治国理政》，外文出版社 2014 年版，第 171 页。

② 李翔海、邓克武：《儒学与新儒学——成中英文集》第 2 卷，湖北人民出版社 2006 年版，第 421 页。

③ ［法］卢梭：《社会契约论》，何兆武译，商务印书馆 1982 年版，第 23 页。

西方独有的超阶级的抽象意义上"普世价值"相标榜，具有明显的意识形态扩张的色彩，并以此作为推行文化霸权主义与谋求世界霸权服务的工具，具有很大的伪善性、欺骗性、侵略性，理所当然地受到了马克思主义的尖锐批判。马克思、恩格斯从历史唯物主义出发，批判地继承了人类文化的全部优秀成果，创立了科学的自由体系，并为人类实现自由的理想提供了科学的途径。在《黑格尔法哲学批判导言》中，马克思明确了实现人类自由的现实力量：无产阶级，并呼吁全世界无产阶级联合起来，摧毁少数人的统治，最终达到"真正的自由王国"。马克思对人的终极关怀始终贯穿社会发展的全过程，预示着人类社会发展的方向和目标。显然，马克思主义的最高命题是"一切人自由而全面的发展"，这不仅是马克思主义的理论价值的最高目标，也是现实世界中人与人、人与社会、人与自然相互关系的最高境界。

4. 时代精神

这包括近代以来以爱国主义为核心的民族精神，改革开放以来以改革创新为核心的时代精神。它体现中国特色社会主义核心价值观的时代特色。

总之，中国特色社会主义核心价值观，既体现了社会主义的本质要求，继承了中华优秀传统文化，也吸收了世界文明有益成果，体现了时代精神，必将成为现代化建设的强大精神动力。

四　中国特色核心价值观的凝练

当前，对进一步凝练社会主义核心价值观的探讨，学术界呈现出一种诸说鼎立、众说纷纭的局面。当然，各种说法自有其匠心独运之处。笔者认为，应以马克思主义的基本立场、观点、方法为指导，以现代化为主体和参照系，对上述四个方面的原则与内容进行综合创新，并赋予其特定的精神内涵，并以得到广大民众广泛认可的语言形式概括与呈现，据此，主要可以把我国的社会主义核心价值观凝练为以下十个字：共富，民主、公平，和谐，自由。

共富，即解放发展生产力，实现共同富裕。它是指在极大地解放和发展生产力的基础上，最大限度地提高社会财富的总量，并使这些社会财富能为广大人民群众所共享，最终达到共同富裕的目标。实现共同富裕是社会主义追求的重要理想目标，是实现社会公平正义的物质基础，符合马克思主义关于社会主义效率与平等原则，也是邓小平关于建设中国特色社会主义的重要内容，更是社会主义的本质规定和奋斗目标。

民主，即建立在经济民主基础上的政治民主。它是社会主义的生命，没有民主就没有社会主义，社会主义从本质上是民主的，它是比资本主义民主更高层次和意义的民主，是形式与内容、名与实高度有机统一的民主。社会主义民主内在包含社会主义法治，民主与法治应该是又必须是统一的。人民民主是社会主义的生命。

公平，即实现社会的公平与正义。它是社会主义平等观念的根本要求与具体体现，也是社会主义与资本主义的一大本质差别。它与共富一起体现了社会主义的共同特质，也是其较资本主义的优势性之根本所在。公平是建立在共富的基础之上的，没有经济上的平等，就谈不上政治上和社会上的真正公平和正义。公平与正义是社会主义制度追求的重要价值，正如马克思所说："工人阶级的解放斗争不是要争取阶级特权和垄断权，而是要争取平等的权利和义务，并消灭一切阶级统治。"① 实现公平与正义是社会主义的本质要求与重要特征，理所当然地要纳入中国特色核心价值的范畴与内容。公平就是马克思主义的更高层次上的社会主义平等观念。

和谐，即实现和谐社会与和谐世界。它是指包容的心态和包容的发展，具有天道观、人道观、人生观的意义，是最富中国特色的文化价值理念。不同文明、不同国家、不同社会制度、不同民族、不同语言与宗教可以而且应该和平共处，和平竞争，取长补短，共同发展。和谐是中国传统文化所追求的最高价值，也是当前我国现代化建设的重要指导理念。它是社会主义的本质属性，是最具有中国特色的价值观。建设和谐社会与和谐世界，这是中国文化传统的精华，最具中国特色的元素，又富有时代精神，符合世界发展的大趋势。我们致力于建设一个"民主法治、公平正义、诚信友爱、充满活力、安定有序、人与自然和谐相处"的社会，就是要实现人与自然、人与人、人自我身心内外的和谐。我们历来注重亲仁善邻，讲求和睦相处，高举和平、发展、合作的旗帜，奉行独立自主的和平外交政策，坚定不移地走和平发展的道路，绝不将曾经遭受欺凌的苦难

---

① 《马克思恩格斯选集》第 3 卷，人民出版社 2012 年版，第 171 页。

加之于人。中国坚持实施互利共赢的外交开放战略，真诚同各国广泛开展合作，真诚兼收并蓄，博采各种文明之长，以合作谋和平、以合作促发展，推进建设一个持久和平、共同繁荣的和谐世界。和谐的理念是中国文化对世界文化价值观的一大贡献，必将对人类文明的进步产生积极的重大作用。

自由，即建立在个人自由发展基础上的一切人的自由发展。马克思主义从来不否认自由的崇高理想与价值目标追求，这是人类社会追求的崇高理想，也是社会主义、共产主义追求的理想目标。自由是西方自由主义所标榜的最高价值，具体包括民主、法制、平等、博爱、人权等思想内容。它的根本缺陷在于抹杀了阶级性，是一种形式上的自由，而非实质上的自由，西方资产阶级自由观具有超阶级性、虚伪性、欺骗性、工具性，这是必须加以揭露的，但对于其中包含的西方进步思想家的积极的思想精华，则是属于全人类的共同精神财富，应该继承与发展。马克思主义的自由观是建立在对以前人类思想家的自由观的批判、继承和发展基础上的更高层次上的自由观，是建立在社会主义、共产主义实现的基础上的真正自由的理想境界。正如马克思、恩格斯在《共产党宣言》中所说的："每个人的自由发展是一切人的自由发展的条件。"这是人类社会追求的崇高理想，也是社会主义和共产主义追求的理想目标，它内在地包括了西方进步思想家的自由观的优秀思想元素。中国特色的社会主义核心价值观作为指导中国特色社会主义发展的旗帜，不仅要包含现实性的价值要求，更要有超越性的理想价值要求。

共富、民主、公平、和谐、自由，这五个方面的内容相互联系、节节贯通，具有逻辑上的内在必然联系与递进关系，构成了一个辩证统一的有机整体。共富是社会主义的本质要求，民主是社会主义的生命，而共富与民主，则是实现社会公平正义的前提和基础。如果说共富、民主与公平，反映的是社会主义核心价值的一般性要求与原则，那么，和谐则是中国特色社会主义核心价值的最鲜明"中国元素"。"社会和谐是社会主义的本质属性"，是实现共同富裕与公平正义的必然的逻辑结论和根本体现。实现共同富裕、民主与社会公平正义则是实现真正意义上的普遍和谐的保证，而和谐更是共同富裕、民主与公平正义的逻辑结论，也是对中国特色社会主义核心价值的经典表达。自由则是建立在上述四者基础之上的最高的理想与价值追求，"天下百虑而一致，殊途而同归"（司马迁语），人类社会必然走向大同，最后达到全人类自由的理想境界。上述五者具有内在必然的逻辑联系，一脉相承，层层递进，浑然一体，既符合历史发展的方向，又具有世界历史意义；既能构筑永续有效而又极具深度的民族文化认同感，巩固多民族国家的统一，又可以形成持续而又极具强大感召力的文化软实力，从而赢得世界范围内广泛的理解和尊重。此外，我们提出"共富、民主、公平、和谐、自由"的核心价值口号，这几个言辞出现频率极高，容易得到民众的广泛认同，既反映了中国特色社会主义核心价值的根本，又符合大众语言与情感要求及传播原理与要求；既包括了深刻的哲理，又深入浅出，朗朗上口；既有助于广大民众准确把握社会主义核心价值的精髓和实质，又容易为群众所理解、接受、传播、践行。这对进一步推动中国特色社会主义核心价值的民族化、大众化、时代化事业也许不无启迪。

第八章　新加坡共同价值观构建的现实启示

新加坡是东南亚领土面积只有715.8平方公里的小岛国，拥有华人、马来人、印度人等十多个种族，最大的特点是多种族、多语言和多宗教。早在14、15世纪，就有华人在新加坡岛上居住的记录，目前华人占人口总数的74.1%，因而，它又是一个以华人为主体，深受儒家传统文化影响的国家。从1965年独立建国到现在，新加坡只用了半个世纪就完成了由后发型国家向现代国家的转型，如今已成为亚洲人均收入最高的国家，2012年人均GDP达50323美元，同时也是世界第四大国际金融中心、第三大炼油国以及世界电子工业中心。除此之外，新加坡也是亚洲最廉洁、高效的政府，长期位居全球清廉指数排行榜前三甲，在世界银行"全球治理指数"排行榜上，新加坡也排名列第三，其中"政府效能"项连续十年达99分，被誉为世界上最高效的政府。[①] 早在1992年，邓小平就提出中国要向新加坡学习，他说："新加坡的社会秩序算是好的，他们管得严，我们应当借鉴他们的经验，而且比他们管得更好。"[②] 新加坡取得成功的原因是多方面的，其中一个重要的因素是成功塑造了获得国民高度认同的共同价值观，并把它渗透、落实到社会建设的各个层面。这是处于转型期的中国亟待学习与借鉴的地方。

一　新加坡共同价值观的构建

（一）构建的历史背景分析

新加坡是一个典型的亚洲热带岛国，国土面积为715.8平方公里，由

---

① 李玉华、杜晓燕：《全面剖析新加坡、中国公共治理现状：基于1996—2007年全球治理指数》，《华东经济管理》2009年第12期。

② 《邓小平文选》第3卷，人民出版社2001年版，第378页。

1 个本岛和 63 个小岛组成，其中本岛新加坡面积最大，东西约有 42 公里，南北约有 23 公里。新加坡地理位置十分重要，北隔柔佛海峡（Johor Strait）与马来西亚相望，东临南中国海与婆罗洲相对峙，南濒新加坡海峡（Singapore Strait）与印度尼西亚相望，西控马六甲海峡（Malacca Strait）与苏门答腊为邻，被称为"东方直布罗陀"。[1] 新加坡亦是交通要塞，连通着欧、亚、非、澳四大洲，与亚洲很多城市的距离都在直径 5000 公里之内：距离吉隆坡 328 公里、雅加达 896 公里、胡志明市 1096 公里、曼谷 1444 公里、马尼拉 2384 公里、香港 2587 公里、科伦坡 2727 公里、台北市 3416 公里、上海 3838 公里、北京 4468 公里以及东京 5380 公里。[2] 新加坡特殊而险要的地理位置，使它成为西方列强争夺的焦点和冲突的汇集点。

　　新加坡最初是个沿海的小渔村，被称为"淡马锡"。因为它优越的地理位置，吸引了印度和中国的商人前往经商，发展成一个港口城市。华人居住新加坡的记录最早出现在元朝旅行家汪大渊《岛夷志略》一书中。[3]19 世纪初，英国由于开展海外贸易的需要，选择新加坡作为贸易中转站。当时，英东印度公司派遣莱佛士爵士（Sir Thomas Standford Raffles）与印度天猛公（Temeng Gong）签订一项"临时协定"，对新加坡正式进行开发。[4] 莱佛士爵士为了吸引商业贸易活动，宣布新加坡为永久免税自由贸易港，同时鼓励各国人民前来发展。1933 年，英国殖民政府通过了《外侨条例》，强迫外来劳动力留居新加坡，并鼓励他们带家眷，特别欢迎女性来定居，从而使新加坡人口得到迅速增长。新加坡在英国殖民者的经营规划下，发展成一个繁荣的国际性商业港，在第二次世界大战之前贸易规模达到 18.32 亿海峡殖民地元。[5]

　　第二次世界大战期间，日本发动太平洋战争，新加坡成为日本侵占东

　　① Foo Siang Luen. *Singapore*：*Ministry of Information*，*Communications and Arts*（Singapore，2002），37.

　　② 刘宏：《战后新加坡华人社会的嬗变——本土情怀·区域网络·全球视野》，厦门大学出版社 2003 年版，第 138 页。

　　③ 李恩涵：《东南亚华人史》，五南图书出版社 2003 年版，第 678 页。

　　④ 马志刚：《新兴工业与儒家文化：新加坡道路及发展模式》，时事出版社 1996 年版，第 24—25 页。

　　⑤ ［英］W. G. 赫夫：《新加坡的经济增长——20 世纪里的贸易与发展》，牛磊等译，中国经济出版社 2001 年版，第 6—7 页。

南亚的首个目标。经过短短不到三个月时间的抵抗，大英帝国就宣布无条件投降，日本完全占领了新加坡，并将其改名为"昭南岛"。日本对新加坡进行了为期三年零八个月的"黑暗统治"①。英军的溃不成军，打破了过去深深根植于新加坡人心中"白人至上"（White Supremacy）的观念②……"经过 70 个惊慌、混乱和愚昧的日子，英国殖民地社会终于被摧毁，有关英国人高人一等的神话，也被打破了"③，他们发现唯有依靠自己的力量才能保卫国家。"二战"结束后，新加坡人民走上了谋求国家独立之路。1956 年 3 月 9 日，新加坡劳工阵线、人民行动党、自由社会党等政党召开联席会议，决定从 3 月 12 日至 18 日举行"默迪卡运动周"，号召民众支持新加坡独立运动。1954 年 4 月，新加坡劳工阵线领导人大卫·马歇尔组建了第一届"民选政府"。但"民选政府"只能处理一般性的行政事务，国防、外交、人事等权力仍掌握在由英国政府任命的新加坡总督手中。④ 1958 年 5 月，"民选政府"与英国经谈判就新加坡自治达成最终协议。1959 年 6 月 3 日，新加坡举行自治后的第一次大选，人民行动党在选举中获得压倒性的胜利，李光耀出任总理，新加坡实现了自治。但英国仍然保留着新加坡的外交和防务大权。⑤ 为了获得彻底的独立，1963 年 9 月 16 日，新加坡与马来亚国合并，成立独立的马来西亚国，新加坡成为马来西亚的一个州。马来西亚成立后，新、马之间的矛盾全面爆发：经济方面，新加坡推行的工业化和追求共同市场的目标同马来亚正在推行贸易保护主义的政策发生冲突；政治方面，当政的马来民族统一机构实行一党专政，并给予马来人特权，新加坡人民行动党则要求结束专政，重新举

---

① 在日本占领统治期间，日本军官以维护治安之名实施代号为"检证"的屠杀运动。日军"检证"名义上是要肃清共产党、抗日分子、义勇军及卸下制服的军事人员和威胁公众安全者，但实际上却造成成千上万无辜百姓丧失生命。李光耀总理在其回忆录中写下了他对这段时期的评价："没想到日本人以征服者的姿态对英国人称王称霸之后，却对同属的亚洲人显示他们比英国人更加残暴、蛮横、不义和凶狠。""日本人承认他们在 1942 年 2 月 18 日到 22 日的检证行动中，杀死 6000 名年轻华人。"［新］李光耀：《李光耀回忆录——风雨独立路（1923—1965）》，外文出版社 1998 年版，第 55 页。

② 李光耀在他的回忆录中提到"自从 1819 年莱佛士在新加坡登陆，并把新加坡建立成为东印度公司的贸易站以来，白人的支配地位，从未有人质疑"。［新］李光耀：《李光耀回忆录——风雨独立路（1923—1965）》，外文出版社 1998 年版，第 52 页。

③ ［新］李光耀：《李光耀回忆录——风雨独立路（1923—1965）》，外文出版社 1998 年版，第 54 页。

④ C. M. Tumbull, *A History of Singapore* 1819 - 1988, Oxford University Press, 1989, 253。

⑤ 卢正涛：《新加坡威权政治研究》，南京大学出版社 2007 年版，第 72—73 页。

行选举。马来民族统一机构领导人对此十分不满。① 1964 年 7 月和 9 月，在一些马来种族主义者的煽动下，马来人与华人发生了两次严重的冲突，造成 34 人死亡。据此，1965 年 8 月 9 日，马来西亚联邦总理东古·拉赫曼宣布把新加坡从马来西亚分离出去。同一天，李光耀也宣告新加坡独立。② 至此，新加坡完成了自己的建国之路。

新加坡特殊而重要的地理位置和一波三折的艰难建国历程，使新加坡成为一个多种族、多宗教、多语言和多文化的国家。表 8－1 显示了新加坡的人口构成情况，到 1965 年建国后，它的人口结构已经趋于稳定，其中华人占到 76% 左右，马来人占 14% 左右，印度人占 7% 左右，还有少量其他种族的人口（具体见表 8－1）。

表 8－1 　　　　　　新加坡各种族人口分布（1824—1999 年）　　单位：千人，%

年份	华人		马来人		印度人		其他		总数	
	人数	比例	人数	比例	人数	比例	人数	比例	人数	比例
1824	3.3	31	6.4	60	0.8	7	0.2	2	10.7	100
1836	13.7	45	12.5	42	2.9	10	0.8	3	30.0	100
1849	18.0	53	17.0	32	6.3	12	1.6	3	52.9	100
1860	50.5	61	16.2	20	13.0	16	2.5	3	81.7	100
1871	54.6	57	26.1	28	10.3	11	3.8	4	94.8	100
1881	86.8	63	33.0	24	12.1	9	5.9	4	137.7	100
1891	121.9	67	36.0	20	16.0	9	7.7	4	181.6	100
1901	164.0	72	36.0	16	17.0	8	9.8	4	226.8	100
1911	219.6	72	41.8	14	27.8	9	14.2	5	303.3	100
1921	315.2	75	53.6	12	32.3	9	17.3	4	418.4	100
1931	418.6	75	65.0	12	52.5	9	21.6	4	557.7	100
1947	729.5	78	113.8	12	71.9	8	22.9	2	938.1	100
1957	1090.6	75	197.1	14	129.5	9	28.8	2	1445.9	100
1970	1579.9	76	311.4	15	145.2	7	38.1	2	2074.5	100

---

① 陈祖洲：《新加坡："权威型"政治下的现代化》，四川人民出版社 2001 年版，第 95 页。
② 张永和：《李光耀传》，花城出版社 1993 年版，第 375 页。

续表

年份	华人		马来人		印度人		其他		总数	
	人数	比例	人数	比例	人数	比例	人数	比例	人数	比例
1979	1799.1	76	355.1	15	161.0	7	47.5	2	2362.7	100
1989	2059.1	77	375.4	14	185.3	7	27.8	2	2647.6	100
1993	2228.6	77	407.6	14	204.1	7	33.5	2	2873.8	100
1999	2735.7	77	501.3	14	250.6	7	42.4	2	3530.0	100

资料来源：Peter S. J. Chen（ed），*Singapore Development Policies and Trends*（Oxford University Press, 1983），69。

新加坡按族群可划分为四大类：华人、马来人、印度人、其他民族，对应着，华人 = 中华文化 = 华语 = 华人宗教，马来人 = 马来文化 = 马来语 = 回教，印度人 = 印度文化 = 泰米尔语 = 印度教，从而使新加坡成为一个多宗教的国家，主要宗教包括佛教、道教、基督教、伊斯兰教、印度教等，见下表 8 - 2。据 1995 年统计，新加坡全国 10 岁以上的居民有 252.05 万人，其中 215.91 万人有宗教信仰，比例高达 85.5%。[①]

表 8 - 2　　　　　　　　1990 年新加坡多元宗教概况　　　　　　单位:%

宗教	所在人口百分比（%）
华人	
基督教	14.1
佛教 \ 道教	68.0
其他宗教	0.3
不信教	17.6
马来人	
回教	99.7
其他宗教	0.2
不信教	0.1
印度人	
基督教	12.8
回教	26.3

---

① 韦红：《东南亚五国民族问题研究》，民族出版社 2003 年版，第 168—169 页。

续表

宗教	所在人口百分比（%）
印度教徒	53.2
其他宗教	6.9
不信教	0.8

资料来源：郭俊麟：《新加坡的政治领袖与政治领导》，台湾生智文化事业有限公司 1998 年版，第 34 页。

　　与此相对应，新加坡也是一个多语言的国家。为了国家稳定和种族和谐，新加坡政府规定马来语为国语，但所有官方文书都要用 4 种语言（马来语、华语、英语、泰米尔语）书写，媒体新闻也以 4 种语言发布消息，其中，英语是唯一中立不代表任何族群的语言。新加坡语言使用情况详见表 8 - 3。

表 8 - 3　　新加坡 1972 年 15 岁以上人口使用各种语言的比例

种类	主要语言				
	马来语	英语	华语	泰米尔语	福建话
马来人	100.0	60.1	1.7	1.7	6.2
华人	45.8	41.2	69.5	0.1	91.1
印度人	95.9	66.3	—	86.7	5.1
总　计	57.1	46.6	54.4	6.7	72.7

资料来源：马志刚：《新加坡道路及发展模式——新型工业与儒家文化》，时事出版社 1996 年版，第 409 页。

　　新加坡特殊的地理位置、曲折的建国之路、复杂的种族构成、多样的宗教和丰富的语言种类必然使它成为一个多元文化之国。从整体上看，新加坡具有浓郁的儒家文化色彩，毕竟超过 2/3 的国民是华人，但也有很浓郁的马来文化，因为新加坡与马来西亚、印尼等马来族国家毗邻，此外，印度人在新加坡生活的历史也很悠久，因此印度文化也是其不可小觑的文化。不容忽视的是新加坡受英国殖民统治 140 年，再加上独立以后在经济上又是高度自由的发展模式，西方文化也不可避免地浸润到新加坡文化中。因此，新加坡文化是儒家文化、西方文化、马来文化和印度文化等多种文化的一个集合体。

新加坡这样特殊的国情，使得政府认识到国家"多元种族及其由此带来的一连串的问题，远远超出其民族、文化和宗教问题本身，它们在新加坡往往表现为政治问题、经济问题，甚至是国家兴衰成败、生死存亡的大问题"①。这增加了新加坡构建共同价值观的迫切性、必要性与复杂性。早在建国初始，1965 年 8 月 9 日新马分治的记者招待会上，新加坡总理李光耀就指出："新加坡要建立一个多元种族国家，我们将建立个榜样。这不是个马来国，这不是个华人国，也不是个印度国。让我们真正的新加坡人……不论种族、语言、文化、宗教，团结一致。"②

（二）构建的时代条件分析

建国之初，新加坡生存环境恶劣，国土面积狭小，资源贫乏，连水都不能自给，又处于几个相对大国的包围之中，尤其是马来西亚长期抱有敌视态度。时任新加坡总理的李光耀曾经忧虑地说道："我们眼前困难重重，生存机会非常渺茫。新加坡不是个自然形成的国家，而是人为的。它原来是个贸易站……我们把它继承过来，却没有腹地，就像心脏少了躯体一样。"③ 幸运的是，新加坡政府克服了重重困难，对国家经济发展和社会建设做了科学、全面的规划，新加坡进入快速发展时期。建国之初到20 世纪 80 年代末，是新加坡经济飞速发展的重要阶段。特别是 20 世纪70 年代推行"第二次工业革命"后，新加坡跻身于"新兴工业国"之列。经过多年努力，新加坡的产业结构发生了根本性变化，由以转口贸易为主的单一型产业结构发展为以制造业为主的多样化产业结构，以替代进口工业发展为出口导向型工业。从 1966—1973 年，新加坡经济年平均增长率高达 12.3%，1978—1983 年仍保持 8.8% 的高增长速度。人均国民生产总值从 1960 年的 1215 新加坡元（约 397 美元），增加到 1980 年的14604 新加坡元（约 6707 美元），超过了爱尔兰、西班牙等西方国家。到80 年代初，新加坡不仅成为东南亚地区海运、空运贸易、加工制造、金融服务、旅游中心和最大的修船、造船基地与石油输出港，而且成为世界第三大贸易港、第三大炼油中心和第五大金融中心。

---

① 郑维川：《新加坡治国之道》，中国社会科学出版社 1996 年版，第 15 页。
② 《星洲日报》1965 年 8 月 10 日。
③ ［新］李光耀：《李光耀回忆录——经济腾飞路（1965—2000）》，外文出版社 2001 年版，第 1 页。

虽然新加坡的经济有了很大发展，人民的物质生活条件也得到极大改善，但新加坡社会也发生了根本性变革。工业化的快速发展，使新加坡成为一个新兴的现代化国家，传统的以家庭为中心的社会理念被打破，部分青年人群中出现了极端个人主义倾向。随着城市化进程的加快，使以孝道为核心的家庭伦理发生了动摇，较为突出的是单亲家庭日益增多，并直接影响了社会的稳定与团结。除此之外，在引进西方科技的同时，西方的价值观与不良风气也随之侵入，新加坡出现了金钱挂帅、唯利是图、贪图享受、物欲横流、人际关系冷漠等问题，以及吸毒、卖淫、嫖娼等现象，尤其是青少年受"西化"思想的侵害更为严重，造成了新加坡严重的社会道德危机。很多新加坡人出现了文化认同危机，一定程度上成为没有"根"（即没有文化传承）的"伪西方人"。过去一直为人所称道的优良传统价值观念如勤俭朴素、刻苦耐劳、敬老尊贤等精神被冲淡，物质主义、功利主义思想普遍流行。具体表现在以下几方面：

第一，个人主义突出，缺乏奉献和牺牲精神。传统东方社会历来强调团结互助的集体主义精神，但在新加坡的一些人中出现了极端个人主义倾向。他们单纯追求个人利益最大化，把个人利益置于社会利益之上，缺乏奉献精神和起码的社会同情心。据 1982 年社会调查显示，新加坡人自愿参加义务慈善等社会工作的只占 6%，以致有人在报纸上呼吁：慈善家都去了哪里？自私自利也使新加坡人缺乏见义勇为的精神。1990 年 8 月，一名中学生因在公共汽车上劝请别人不要抽烟，惨遭三名歹徒毒打，车上众多乘客竟无一人援助，最后三名歹徒在众目睽睽之下打人并抢劫全车乘客后，竟然得以安然离开。

第二，家庭观念日益淡漠。东方人一向重家庭、讲孝道，但 20 世纪 80 年代以来，新加坡的一些年轻人不愿意承担赡养父母的家庭责任，不愿意与父母同住，使得老年人孤苦伶仃，晚景凄凉。在 25—34 岁的青年中，只有一半人与父母或岳父母居住在一起。这些年轻人婚姻观念淡漠，两性关系随意，离婚率不断上升，单亲家庭逐年增加。据统计，新加坡离婚率由 1978 年的 4.4% 增至 1985 年的 11%。1985 年，未婚少女堕胎数占合法堕胎总数的 5%。

第三，强烈的海外移民倾向。尽管经济繁荣，人民生活水平不断提升，但每年仍有许多新加坡人移居海外，而且呈现越来越严重的趋势。70年代，申请移民外国的家庭，每年只有 1000 户，80 年代早期，也不超过

2000 户，而到 1989 年则高达 7000 户。新加坡政府当时做过一个调查，每 6 个新加坡人中就有 1 人曾考虑要移居外国，而这些人都是建国后受过良好教育的年轻人才。受英文教育者移民的可能性是受华文教育者的三倍。

第四，犯罪和吸毒问题严重。1972—1993 年，新加坡青少年犯罪率上升了 27%，尤其是强奸案犯罪率极高。一位新加坡学者指出，在新加坡这样"一本正经"的社会里，性犯罪却有增无减，原因是"新加坡受到西方媒介和文化的不良面冲击所可能产生的后果"。80 年代，新加坡的吸毒问题十分严重，据统计，1984 年，因注射和吸服海洛因而被捕的有 2584 人，1988 年增长到 5220 人，增加幅度达到 102%。

第五，崇尚消费主义，追求享乐。在新加坡年青一代中，消费成为一种时尚，购买奢侈品成为他们炫耀的重要手段。年青一代不愿从事新加坡传统行业，如建筑、造船、修船等辛苦的工作，找不到工作时，他们宁愿让自己的名字留在职业介绍登记簿上，忍受失业之苦。①

上述危机使新加坡政府日益清楚地意识到构建积极向上的社会共同价值观的重要性和紧迫性。早在 1973 年 11 月 11 日，李光耀总理在"教师联合会第二十六周年纪念会"上就指出："新加坡的生活，并不只靠着更多的旅馆，更多的宴会，越来越多的餐厅，更多的汽车……更多的十三个月薪金——这一切固然是需要的，但是，如果我们在这发展过程中，迷失方向，不能认识自己，把自己和那些不同类的混淆起来，……那么以上所说的一切都将是徒然的。"②

（三）共同价值观的构建历程

如上所述，由于新加坡特殊的地理环境和艰难的建国历程，使得这样一个多种族、多语言、多宗教与多元文化的社会，必须在打破各种固有的传统与文化基础上，充分地融合和创新，才能形成国民共同认可的价值观，从而使得新加坡共同价值观的构建更加复杂和漫长。建国之前，新加坡经历了一个外来种族文化本土化的过程，形成的是适应新加坡特殊环境的经过改良后的新文化，这是由新加坡民间自发、自觉地完成的。建国之后，在危机四伏的情况下，新加坡建立了一个强有力的政府，在经济快速

---

① 韦红：《新加坡精神》，长江文艺出版社 2000 年版，第 166—171 页。
② ［新］王永炳：《新加坡的儒家伦理教育》，《孔子研究》1990 年第 1 期。

发展的同时，新加坡出现了严重的文化认同危机，政府开始系统地构建和传播"新加坡共同价值观"，从而最终形成国民高度认可的新加坡共同价值观。纵观新加坡共同价值观的构建历程，大体可以以 1965 年为界限，分为建国前和建国后两个时期。

1. 建国前新加坡共同价值观的形成过程

新加坡是一个由多种族构成的移民社会，不同种族的文化都对新加坡共同价值观的构建产生了影响。毫无疑问，作为占当地人口 76% 的族群，新加坡华人在共同价值观形成过程中扮演着至关重要的角色，在与其他种族文化交互作用的过程中，影响了新加坡共同价值观的形成，并对新加坡的政治、社会和文化产生直接而深远的影响。在这里，笔者以新加坡华人为例，通过纵向的历史分析来揭示建国前新加坡共同价值观的形成过程。

在新加坡历史上，这段时期是指 19 世纪 20、30 年代到 20 世纪 50 年代。由于当时殖民统治者采取"分而治之"的政策，各种族文化得以延续和固化下来，成为新加坡共同价值观之根。对于华人而言，主要为儒家文化的传播。新加坡华人社会是一个典型的商业社会，这一时期，儒家文化的传播也是以商人为主要推动力，以会馆为主要场所进行的。儒家文化在新加坡当时传播的主要目的是强调华人不要数典忘祖，保持中国人的传统优良作风。据调查数据显示，1938 年新加坡华人共从事 111 种商业，拥有 6765 间商行，其中占主体的是零售店（538），其余有从事咖啡业（545）、橡胶业（383）等，到建国前 1964 年，华人大约拥有新加坡贸易商行的 80% 和商店的 80%。① 新加坡著名的商人陈六使曾强调新加坡兴办儒学的目的："我今日三百余万新马华人，独忍坐视母语教育、祖宗文化之形迹灭于我足所践履，手所经营且将以新国姿态与世人相见的土地耶？……独忍后世子子孙孙不知谁是父母祖宗，且不知其为华人耶？……余每枨触及此，心中如焚，思办一中国式大学试挽狂澜，冀幸中华文化永如日月星辰之高悬朗照于新马以致全东南亚，蓄之有日矣。"②

新加坡第一个有迹可查的华人教育机构是崇文阁，建于 1849 年，由著名商人陈金声和余有进捐建。《兴建崇文阁碑记》对建立崇文阁的目的

① 李亦园、郭振羽：《东南亚华人社会研究》（第 1 卷），台北正中书局 1987 年版，第 15—21 页。

② ［新］王如明：《呵，这五十年——南洋大学创办五十周年纪念（1955—2005）》，新加坡南洋大学毕业生协会，2005 年，第 26 页。

有详细的记载：

> 于道光己酉年兴建，至咸丰壬子年落成，其巍然在上者，所以崇祀梓潼君也，其翼然在下者，所以为师生讲受也，侧为小亭，以备焚化字纸，每岁仲春，济济多士，齐明盛服，以承祭祀，祭毕并送文灰而赴于江，因颜之曰崇文阁，所以宏正道，宪章文武，贤（？）而入圣域也，虽僻陋在夷，与文物之邦异；然人杰地灵，古今一理。斯阁也，背冈峦而面江渚，左连风寺，右接龙门，山川既已毓秀，文运遂卜咸亨，从兹成人小子，续孔孟之书，究洛闽之奥，优柔怀性，培养天真，化固陋为文章，变鄙俗为风雅，则斯阁之建，其有裨益于世道人心者岂鲜浅哉。①

碑文说崇文阁祭祀的是梓潼帝君。梓潼帝君，又称文昌帝君，是民间和道教尊奉的掌管士人功名禄位的神明。崇文阁借对文昌帝君的祭祀，以"宏正道"、"宪章文武"，通过"孔孟之书"与"究洛闽之奥"，达到"入圣域"的目标。

萃英书院是新加坡华人设立的第二所学校，创立于1854年。创办人亦是创办崇文阁的商人陈金声。《萃英书院碑》阐述了创办书院的目的：

> 我国家治隆于古，以教化为先，设有庠序，其由来久矣。然地有宽严之异，才有上下之殊，立教虽属无方，而讲学尤宜得所，信乎士林之攸归，在乎黉字之轮奂也。新加坡自开创以来，土俗民风虽英茜之管辖，而懋迁有无实唐人之寄旅，迄今越四十有年矣。山川钟灵，文物华美，我闽省之人，生于斯聚于斯，亦实繁有徒矣，苟不教之以学，则圣域贤关之正途，何由知所向往乎？于是，陈君巨川存兴贤劝学之盛心，捐金买地愿充为党序之基，欲以造就诸俊秀，无论贫富子弟咸使之入学，故复举十二同人共襄力董建，且又继派诸君以乐成其美，择日兴工，就地卜筑，中建一祠为书院，崇祀文昌帝君、紫阳夫子神位。东西前屋连为院中公业。经于咸丰甲寅工成告竣，因颜其院曰萃英，盖萃者聚也、英者英才也，谓乐得英才而教育之，每岁延

---

① 陈荆和、陈育崧：《新加坡华文碑铭集录》，香港中文大学出版社1970年版，第283页。

师，设绛账于左右中堂讲授，植桃李于门墙。……他日斯文蔚起，人人知周孔之道，使荒陬遐域，化为礼义之邦，是皆巨川君与时而君以及都人士这所贻也。①

萃英书院的"萃英"取名自《大学》。值得我们注意的是书院除祭祀文昌帝君外，还祭祀紫阳夫子神位。紫阳夫子即著名的理学家朱熹。书院教授内容为孝经、四书、五经、格致之学和以"洒扫进退应对为主"为主的儒家礼仪。② 在朱熹著的《中和新说》中，把"洒扫进退应对"作为小学教育内容之一，因为它们是"做涵养底工夫"。在《答林择之书》中朱熹进一步解释："古人自幼子常亲母诳以上，洒扫应对进退之间，便是做涵养底工夫了。"③

当时新加坡的诸多学校，不管是义学或是私塾，共同注重对中国传统文化的传承，其教授的内容、形式多与中国相似，以中国式的儒家教育来培养当地华人学子。这些学校的主要教材是四书五经等儒家经典著作，据记载，"义学或私塾所采用的课本与学制，大体是因袭中国的，启蒙的孩童，开始便要学习《三字经》与《百家姓》，接下来是诵读《四书》、《五经》。此外还要学写信札，诵读诗书，以及学习算学之类等课"④。对儒家思想的传承除经典著作学习外，还辅以对孔子与朱熹的崇祀，教育与宗教结合，双管齐下。当时新加坡的教育是为理想的人文目标而教育，没有现实功利的目的，为的是"优柔怀性，培养天真，变鄙俗为风雅"，希望做到"有裨于世道人心"，让学子向往"圣域贤关之正途"，其终极目标是"斯文蔚起，人人知周孔之道，使荒陬遐域，化为礼义之邦"⑤。

新加坡开办学校之后又有华文报纸相继创办，这些报纸的重要任务之一是宣传与推广儒家文化，如发表《论为善莫先于孝悌》、《论为政以顺民为贵》、《诚实乃为人之本》、《崇圣学以广教化论》、《读经尊孔与科学建设》、《如何尊孔》等社论和评论。⑥ 另外，华人社会各种各样以传播儒

① 陈荆和、陈育崧：《新加坡华文碑铭集录》，香港中文大学出版社 1970 年版，第 291—292 页。

② 邓洪波：《中国书院史》，东方出版中心 2004 年版，第 541 页。

③ 朱熹：《朱文公文集》（卷四十三），商务印书馆 1911 年版。

④ ［新］宋旺相、叶书德：《新加坡华人百年史》，新加坡中华总商会 1993 年版，第 2 页。

⑤ ［新］林纬毅：《新加坡儒学在体制内的流传》，《东方论坛》2005 年第 6 期。

⑥ 蔡德贵：《东方各国的儒学现代化》，《齐鲁学刊》1992 年第 2 期。

学为己任的文化会社也纷纷成立，这些文化会社把儒家的主要思想——仁义、孝悌、忠恕、诚信等进行详细的介绍和广泛的宣传。在这期间，新加坡大规模的儒家文化运动还有 1895—1910 年儒教与基督教之间的宗教辩论，1899—1911 年的新马儒教复兴运动，1899 年的"讲华语运动"。此后，儒学一直在新加坡华人社会广泛传播。其顶峰是在 1955 年，新加坡华人成立了新加坡南洋大学，组建了华人教育委员会，并采取多种措施鼓励华人社会传承和发展儒家文化。

通过儒家文化的传播，新加坡华人对中国优秀传统文化得以传承和发展，继承了中国人吃苦耐劳、勤奋好学、尊师重教、尊老爱幼等优秀品质，出现了很多成功的商人、官员、学者，很多华人成为新加坡社会的精英人物。身为华人的李光耀曾说："从治理新加坡的经验，特别是 1959 年到 1969 年那段艰辛的日子，使人深深相信，要不是新加坡大部分的人民都受过儒家价值观的熏陶，我们是无法克服那些困难和挫折的。新加坡人民有群体凝聚力，能够以务实的态度，来看待治理国家和解决社会的问题。"[1] 正是新加坡华人对儒家文化的自觉传承与传播，使它内化为新加坡人的行为准则与思想内核，从而也成为新加坡共同价值观的核心内容之一。

2. 建国后新加坡共同价值观的形成过程

1965 年建国以后，新加坡官方开始有意识地利用各种政府手段进行不同文化的整合，强有力地推进共同价值观的形成与传播。人民行动党的施政纲领明确规定，在价值观上采取"求同存异"的策略，不强迫整个社会对儒家文化的接受与认同，不同的种族可以保持对自己种族的文化和宗教的认同，但同时要求每个公民要忠于国家和社会的利益。[2] 纵观政府构建新加坡共同价值观的过程，大致可以划分为三个阶段。

第一阶段是自 1965 年新加坡独立到 20 世纪 70 年代末。建国伊始，历史和现实的因素决定了新加坡只能利用自身地理位置的优势和殖民统治时期遗留下的转口贸易经济，采取外向型的发展战略。与此相适应，新加坡政府采取了如下文化政策：（1）定马来语为国语，平等对待英语、华语、马来语和泰米尔语四种语言；（2）在小学教育中引入双语教育（在

---

① 中国孔子基金会：《儒学与二十一世纪》（上册），华夏出版社 1995 年版，第 7 页。
② 蔡德贵：《东方各国的儒学现代化》，《齐鲁学刊》1992 年第 2 期。

绝大多数情况下是马来语和母语），在中学引入三语教育（再加上英语）；（3）强调科学和数学的实用性，以工业社会为基础，以培养适合新加坡经济发展的人才为己任；（4）编制新的教科书，加强"新加坡化"。所谓"新加坡化"就是在学生教科书中偏重灌输忠于新加坡的国民感情，强调新加坡的国庆日、国旗、国歌等，培养学生对国家的认同感。教科书内容也涉及对新加坡各种族文化的描述和讨论，使不同种族的学生能够共享相同的价值观和行为规范。这些为日后塑造与传播新加坡共同价值观奠定了良好的社会基础。

随着施行以出口为导向的工业化策略，新加坡政府开始强调英语的重要性。到 1969 年，所有学生在小学毕业以后要按其英语考试成绩的高低被分流为学术教育、技术教育和职业教育三种不同的教育模式。到 1975 年，所有学校，不管日常采用何种语言教学，科学和数学两门课程要求必须用英语授课。英语很快成为教育上的通用语言，进入英语学校学习的学生数大大超过进入其他学校学生的总和。此外，新加坡政府还采取了其他政策限制了华文教育的发展：（1）继续殖民政府时期只给国家控制的英语学校提供教育基金的政策，任华语学校自生自灭；（2）政府新建公共学校，强迫希望使子女接受华语教育的父母不再送其子女到华人创办的学校学习；（3）政府强制使用标准化的教学大纲代替华人教育的传统教材，结果，华人家庭中57%选择了英语学校，只有43%进入华语学校学习。

从这一时期看，新加坡政府采取片面强调英语教学的政策，导致了新加坡年青一代过度依赖英语，形成了以西方价值观为取向的新价值观，各种西方不良思潮在新加坡泛滥，青年中出现了文化认同危机的问题。这期间，各种族的传统文化不仅没得到继承和发扬，反而遭到政府有意识的削弱。

第二阶段是20世纪80年代初，进入以新加坡政府为主体大力推行儒家文化的阶段。随着新加坡社会的日益开放和出口导向工业化的深化，社会风气发生了很大变化，主要表现为：种族和宗教狭隘观念的兴起，年轻人的西化倾向，少数种族的政治分离感，有才能的年轻人的移民倾向等。其中，对新加坡共同价值观冲击最大的是西化倾向。传统儒家价值观所倡导的社会美德在新加坡工业化浪潮中逐步消失，取而代之的是年青一代形成以西方化、个人主义为内核的价值观。西化最严重的是受过高等教育和从小接受英文教育的年青一代知识分子。针对上述出现的情况，新加坡政府进行了反思，开始号召新加坡国民回归到儒家传统的价值观，并在全社会开展大规模的儒学运动。当时儒学运动的主要活动有"儒家伦理"课程的开设、东亚哲学研究所的成立和国际儒学大会的召开。

1982 年 2 月，新加坡教育部长吴庆瑞根据李光耀总理的提议，宣布为了加强学校的道德教育，教育部将在中学教学中开设一组新的"宗教知识科"，包括儒家伦理、佛教、基督教、回教、兴都教、锡克教和世界宗教 7 个科目，作为中学三、四年级的必修科，每个科目学习 2 年，每周上课时间为 2—4 课时。从整体教育规划看，儒家伦理课所占的比重很小，但筹建这门学科却受到政府超乎寻常的重视。为了开设该课程，1982 年 8 月，教育部长吴庆瑞亲自率团赴美国，拜见并邀请了当代八位著名的华裔儒家学者：熊介（纽约大学政治系）、吴元黎（胡佛研究所）、唐德刚（纽约市立大学亚洲研究所）、杜维明（哈佛大学东亚语言文学系）、余英时（耶鲁大学）、伍振鷟及许倬云（匹兹堡大学）、成中英（夏威夷大学），到新加坡共同商讨研究"儒家伦理"课程的教学大纲和教学内容，形成"八儒"汇狮城的盛况。新加坡政府成立了由新加坡南洋大学吴德耀教授领导的新加坡儒家伦理委员会，1983 年 1 月又成立了由刘惠霞博士具体领导的"儒家伦理课程编写组"，与"儒家伦理委员会"合作共同拟定课程纲要。"儒家伦理"课程开设于新加坡所有中学三年级和四年级，每年讲授 20 章教学内容。中学三年级教学内容包括五个单元：（1）绪论，（2）儒学大师，（3）修身的重，（4）生活之首，（5）五伦——基本的人际关系。中学四年级教学内容包括五个单元：（1）取向，（2）基本德目，（3）君子之道，（4）有道德的社会，（5）儒家思想的主要演变及其现代意义。经过师资培训后，华文版教材自 1984 年 1 月开始使用，先在 15 所选定的中学进行试教，1985 年 1 月，全面在新加坡中学中推行。英文版的儒家伦理教材 1985 年 1 月在 16 所中学进行试教，1986 年 1 月全面推行。[①]

然而，1989 年，即儒学运动推行 7 年、儒家伦理课程实行 5 年之后，6 份有关新加坡宗教的研究报告出炉，报告发现：在 80 年代，宗教活动尤其是基督教有快速上升的趋势，佛教和回教也在较小的程度上相对活跃。

---

① 史明轩：《新加坡儒学伦理的复兴与发展》，《九江师专学报》（哲学社会科学版）1992 年第 2 期。

这种持续增加的宗教复兴趋势使得新加坡宗教和谐局面受到干扰。报告提出新加坡有宗教冲突的潜在危机，并呼吁政府谨慎处理这一非常敏感的问题。报告书得到政府的高度重视，教育部经过六个月的检讨与辩论，最终决定从 1990 年起取消宗教知识课程，"儒家伦理"课程也被迫停止。①

1983 年 6 月，东亚哲学研究所成立时规格之高，出人意料。研究所由政府及商家集资千万建立，由当时已经退出政坛的新加坡前副总理吴庆瑞博士担任主席，当时的副总理王鼎昌任副主席，设立专门的图书馆、聘任专业研究员，从事儒家思想的研究。东亚哲学研究所的出版物有国际会议论文集两集，中英文专著各四本，专题论文中文篇、英文九篇，演讲文稿中英文各七篇。特别是在 1985 年年初，该所举办的国际儒家伦理研讨会上，一些儒学学者向新加坡政府提出了塑造以儒家价值观为核心、包含各种族文化的独特的新加坡文化的建议，正中新加坡政府下怀。然而在经过新加坡宗教危机大讨论后，东亚哲学研究所开始淡出历史舞台，从 1990 年年初开始在研究方向上作出重大调整，放弃了绝大多数的儒学研究计划，转而专注于当代新加坡政治与经济课题的研究，东亚哲学研究所也在 1992 年易名为东亚政治经济研究所。②

从这一阶段看，这是新加坡政府大规模推行儒家文化的时期。但由于上述各种原因的影响，儒家文化的繁荣昙花一现。这既说明了政府对华人社会儒家文化的重视，也证明了在新加坡这个多种族国家推行单一的种族文化不会得到国民大众的认可。因而，构建包含儒家文化在内的涵盖各种族文化精髓的新加坡共同价值观成为新加坡政府的迫切与必然之举。

第三阶段是 20 世纪 80 年代末到 90 年代初，这是构建新加坡共同价值观的关键时期。随着儒学运动的失败，新加坡政府意识到必须建立起能够让各种族人民都能接受的共同价值观，才能抵御东、西方各种不良思潮的冲击和影响，使人民在获得物质满足的同时也能拥有与之相适应的精神文明，保证整个国家的团结与稳定。1988 年 10 月，新加坡第一副总理吴作栋在对人民行动党年青一代的演讲中，第一次公开建议新加坡应发展自己的国民意识，提出要制定一套各种族人民均能接受的共同价值观来作为未来社会发展的基础，并号召在全国范围内开展新加坡共同价值观的大讨论。

---

① 中国孔子基金会：《儒学与二十一世纪》（上册），华夏出版社 1995 年版，第 7 页。
② ［新］林纬毅：《新加坡儒学在体制内的流传》，《东方论坛》2005 年第 6 期。

1989 年 1 月，新加坡总统黄金辉在国会演讲中，首次提出了共同价值观的主要内容。后来经过广泛的讨论修改，1991 年 1 月 4 日，吴作栋以总理名义向国会提呈《共同价值观白皮书》，获得批准。至此，新加坡共同价值观正式确立。此后，新加坡政府通过教育、法律、制度、组织、媒体等多种手段在民众中进行广泛的宣传和传播，最终获得国民的高度认可，在国家建设和发展中发挥着重要作用，成为新加坡国家的精神基石。

从核心价值观构建历程可以看到，在新加坡这个多种族、多宗教、多语言、多文化的国度里，构建各种族人民共同认同的价值观既是国家发展的必然要求，也是历史的必然选择。

二　新加坡共同价值观的特质

美国著名政治学家布莱克说过："现代社会高度依赖它的公民的各种形式的承认与合作，国家的结构在很大程度上取决于它获得这种承认的能力。"[①] 民众对国家的认同是国家存在与发展的基础。正是这种国家认同使整个国家内部形成一种强大的凝聚力和向心力。如果高度的国家认同没有形成，民众头脑和观念中只有民族认同和狭隘的民族主义感情，那么就会造成国家地域化、族群化分裂和冲突，动摇国家统一的根基。对于新加坡这个基础脆弱的多种族国家来说，国家认同是极其重要的，而国家认同中最重要的是对国家价值观的认同。新加坡共同价值观是新加坡政府为民众制定的国家意识，为国家认同赋予了具体的价值内涵，对新加坡民众日常行为起到道德规范的作用，是国家发展的精神支柱。

（一）共同价值观的具体内容

1991 年 1 月，吴作栋以总理名义向国会提呈并获得批准的《共同价值观白皮书》（以下简称《白皮书》），是新加坡对"共同价值观"最完整、最具体的官方阐释。《白皮书》指出：作为一个年轻的国家，新加坡还没有共同的独特文化能把不同种族与信仰的人民团结起来，如果我们不采取任何措施来发展共同的价值观念，那就无法肯定国家的认同感有朝一

---

① ［美］布莱克：《现代化的动力——一个比较史研究》，段小光译，四川人民出版社 1988 年版，第 13 页。

日会出现。因此，政府决定提出超越种族和宗教信仰的人们都能接受的共同价值观。这五个价值观是：国家至上，社会为先；家庭为根，社会为本；关怀扶持，尊重个人；求同存异，协商共识；种族和谐，宗教宽容。《白皮书》明确指出，共同价值观是根据新加坡各种族文化的基本精神制定出来的，举例来说，马来文化和儒家文化都信奉以促进个人和社会的和谐发展的终极目标，同时，两种文化都认同集体利益高于个人利益，都注重现世的生活，并以积极进取的精神去实现生命的崇高价值，因而共同价值观既包含了东方各种族的传统价值观，又明确了新加坡作为一个独立国家应具有的基本价值取向，其最终目的是为了维护国家的统一、团结和稳定，因而是所有新加坡人共同遵守的价值观。①

（二）共同价值观的内涵

李光耀说："我们是汇合了来自中国、印度以及马来世界不同地域的移民，我们必须传授给我们年青一代以共同的基本社会行为准则、社会价值观以及道德教条。这些准则、价值观以及教条将能塑造完整的未来新加坡人。"② 构建新加坡共同价值观的最终目标是协助新加坡政府建设一个具有道德意识和凝聚力的社会，核心精神是通过各种族之间的和睦、和谐来维持和促进国家的稳定。新加坡共同价值观是对新加坡各种族价值观的高度概括和凝练，共同价值观开宗明义、旗帜鲜明地提出"国家至上，社会为先"，要求新加坡国民在处理国家、社会、个人利益关系时，应该把国家利益放在首位；提出"家庭为根，社会为本"，凸显了家庭和睦的重要性；提出"关怀扶持，尊重个人"，强调人与人之间应该友爱互助，遇到困难更要齐心协力、共渡难关；提出"求同存异，协商共识"，要求在文化、宗教信仰等问题上应该相互尊重、兼容并蓄，遇到问题要相互理解，通过协商达成共识；提出"种族和谐，宗教宽容"，强调不同种族、不同宗教间应该相互尊重、彼此包容。

1. 国家至上，社会为先

其英文是：Nation before Community and Society above Self。这是共同价值观体系的首要内容。它主要是指国家、社会、个人三者之间的利益归属关系，即各个地区的局部利益应服从国家的整体利益，个人利益也应服

---

① 高茹：《新加坡儒家伦理教育研究——以新加坡两次儒家伦理思想复兴运动中的伦理教育为中心》，硕士学位论文，东北师范大学，2006 年。

② 新加坡《联合早报》：《李光耀 40 年政论选》，现代出版社 1994 年版，第 394—395 页。

从国家和社会的利益，总之，国家利益应置于社会利益、个人利益之上。国家作为社会的总代表和组织中心，其利益也就代表了整体的社会利益。人民把国家和社会的整体利益放在首位，能够促进国家发展、帮助国家渡过难关。对于这一点，在渡过新加坡建国初期的困难时已经得到了印证。李光耀说过："新加坡成功的一个最强有力的因素，就是50—70年代那一代人的文化价值观。由于他们的成长背景，他们肯为家庭与社会牺牲。他们也有勤劳俭朴和履行义务的美德。这些文化价值观帮助我们成功。"①把国家和社会利益置于个人利益之上，注意培养全民的爱国主义精神和对国家盛衰、民族兴亡的强烈责任感，这是新加坡治国理念的重要体现。

2. 家庭为根，社会为本

其英文是：Family as the Basic Unit of Society。家庭是社会的最小单位，是社会和国家的最重要的根基。《白皮书》指出，把家庭视为社会的基本单位是社会为下一代提供令人安心的养育环境的最佳途径，并且能为老年人提供必要的照顾，这样的社会将会更加牢固。近几十年来，许多发达国家趋向于依靠国家照顾老人，并且性关系开放和随意，从而使家庭这个最基层的单位遭到破坏。《白皮书》强调，新加坡不能跟随这样的潮流。新加坡政府认为一个公民只有重视家庭、注重亲情、孝敬父母，才能遵守纪律、忠于国家和社会。国家的基本单位家庭稳定了，社会才会稳固，才能为人们提供更好的生活环境，才能为老人和孩子提供更优越的生存空间。李光耀说："我们坚强的家庭结构，在培养下一代的过程中，有巨大的持续力量。家庭主要是以潜移默化的方式，而非正式教育的方法，来传递社会价值给下一代。"② 由于新加坡重视家庭的伦理道德观念的教育，因而使家庭比较稳固，为国家发展提供了良好的社会环境。

3. 关怀扶持，尊重个人

其英文是：Community Support and Respect for the Individual。这个共同价值观是对社会中每个人关怀、爱护和照顾的基本要求。在任何一个现代化社会中，个人的权利和利益都应该受到尊重和保护。但是，"尊重个人"必须首先与"国家至上，社会为先"不相矛盾，个人在保证国家利益的前提下受到尊重和保护。关心个人，对每个人进行必要的扶持和关

---

① 新加坡《联合早报》：《李光耀40年政论选》，现代出版社1994年版，第422页。
② 同上书，第408页。

怀，是新加坡社会提倡的一种美德。这一价值观实际上是把东方的重集体和西方的重个人两方面要求结合在一起，使二者达到完美的融合。倡导"国家至上，社会为先"和"家庭为根，社会为本"，并不等于否定个人的价值和意义。新加坡强调每位公民享有的权利是不容侵犯的，国家必须为公民提供平等的机会，国家发展所带来的财富也应当公平地分配。社会不仅要奖励工作、生活中的强者，也要照顾和保护弱势群体，使社会更有人文关怀，更富人情味。政府认为，新加坡是个成熟的市场经济社会，在激烈的竞争下，必然有一些人被淘汰。这些人的失败很多是外界客观因素造成的，因此，国家和社会必须关心他们，尤其是各个社区要给予他们相应的扶持，帮助他们解决一些急迫的生存问题，从而让他们有能力和机会重新投入竞争。

4. 求同存异，协商共识

其英文是：Consensus, not Conflict。新加坡是一个多种族、多宗教和多元文化的国家，社会中存在着各种复杂的矛盾和利益关系，人们的思想观念也存在较多差异，所以，新加坡社会必须倡导一种互让、容忍和妥协的精神，要建立一种超越种族、文化的思想观念作为人们共同认可的价值标准。新加坡政府主张，在这个根底脆弱的国家，当发生矛盾与分歧时，一定要本着互谅互让、互相协商的精神化解矛盾，消除分歧。每一项社会政策的出台和实施都要尽可能多地得到大家的认可和支持，而不能为了某方面的利益造成社会分歧，要采取协商的办法达成共识。新加坡政府认为，团结是新加坡珍贵的财富，要维护团结就必须具备忍让精神，否则，国家可能因争论而分裂。

5. 种族和谐，宗教宽容

其英文是：Racial and Religious Harmony。《白皮书》指出，种族与宗教和谐共处是新加坡赖以生存的基础。一个种族的发展与国内其他各种族的发展是紧密相连的。如果不同种族不能和谐共处，无论是占大多数的华人还是任何少数种族，都无法取得繁荣。种族和谐、宗教宽容的推行，使新加坡不同种族之间达到平衡、和平。在新加坡，不同种族的人，在受教育和就业等方面机会均等。新加坡没有国教，但有不同的宗教信仰，因此，新加坡政府强调各宗教之间必须相互容忍。宗教与政治两者在新加坡不可混淆，任何政党和教派都必须把政治和精神信仰分开。新加坡宪法第16章第3节明确规定："除本身的信仰例外，没有人应被命令接受任何宗教指导、参与宗教仪式或崇拜。"①

新加坡政府在继承儒家文化精髓的基础上，积极、谨慎地吸纳其他种族文化的积极成分，使之新加坡化，形成新加坡共同价值观，从而有效地抵御了西方价值观的冲击，尤其是极端个人主义思潮的侵蚀。在国民中树立起敬业乐群、勤劳进取、讲求效率、廉洁奉公的新加坡精神，为新加坡的国家繁荣和社会稳定注入了强大的精神动力。

三　新加坡共同价值观的社会化路径

早在 1965 年 8 月 9 日新马分治的记者招待会上，李光耀总理就指明了新加坡未来的发展方略："新加坡要建立一个多元种族国家，我们将建立个榜样。这不是个马来国，这不是个华人国，也不是个印度国。让我们真正的新加坡人……不论种族、语言、文化、宗教，团结一致。"② 在 20 世纪 90 年代，新加坡实现了上述建国目标，很大程度上得益于对新加坡共同价值观的成功塑造和传播。新加坡共同价值观的成功塑造和传播，实质上是政府通过一系列政策、措施，有意识、有目的地使民众产生对国家的信任感、忠诚感和归属感，使民众能够自觉地将自己和国家的命运联系起来，有意识地为国家的发展和稳定作贡献。具体来讲，新加坡共同价值观的社会化主要是通过以下六条相互联系的途径来实现的：（1）学校、家庭、社会三者共同参与的德育教育制度；（2）严密完善的社区管理制度；（3）廉洁高效的公务员队伍；（4）严明完备的法律体系；（5）严格自律的媒体；（6）频繁持续的全民性运动。

（一）学校、家庭、社会共同参与的德育教育制度是新加坡共同价值观传播的体制保障

新加坡共同价值观传播的重点对象是学生。新加坡现已形成以学校课堂教学和课外活动为主要环节，学校、家庭和社会"三位一体"的综合德育教育体制，形成学校传授、家庭渗透、社会参与的共同价值观传播模式。

---

① 《新加坡共和国宪法》，法律教育网，http://www.chinalawedu.com/news/15300/154/2006/1/ma94563840441421600246944_182391.htm，访问日期：2013 年 3 月 5 日。

② 《星洲日报》，1965 年 8 月 10 日。

在新加坡 700 多平方公里的土地上，分布着 152 所中学、10 所大专院校、4 所本科院校以及数百所小学，构成了新加坡庞大的教育系统。①新加坡是世界上对教育投资最多的国家之一，1965 年用于教育的开支占 GDP 的比重为 12.7%，80 年代初已增长到 34%，1997 年教育开支是 51.9 亿新元，2006 年达 69.7 亿新元。② 表 8 – 4 是新加坡入学人数的情况，从表中可以看到，大学预科、工业教育学院、大学等接受高等教育的学生人数呈持续增加态势。新加坡持续、大规模的财政投入为其以教育为主要渠道的共同价值观塑造与传播提供了雄厚的财力支持。

表 8 – 4　　　　　　　 2000—2005 年新加坡各教育层次入学人数　　　　　单位：人

教育层次	2000 年	2001 年	2002 年	2003 年	2004 年	2005 年
小学	305705	302566	302501	299939	296419	290261
中学	175405	187081	194002	206426	213534	213063
大学预科	24804	24376	25376	24559	24681	28901
工艺教育学院	15974	16176	17468	17941	19207	21603
理工学院	58372	59806	61832	62206	62031	64422
国立教育学院	3335	3883	4098	3361	3042	3676
大学	49856	52422	54403	55426	57076	59441
总计	633451	646310	659680	669858	675990	681367

资料来源：《新加坡统计年鉴》（2006）。

新加坡政府认为，共同价值观的教育不仅是学校的责任，也需要家庭和社会的参与与配合，因此，构建了学校—家庭—社会"三位一体"的共同价值观教育体系。首先，学校设计传播共同价值观的教育体系，不仅注重学生对《白皮书》内容的学习，加强理论上的阐释和灌输，而且也非常重视实践这一环节，如小学生每天都要参加升国旗和唱国歌仪式，并举行升旗宣誓，背诵《公民信约》（National Pledge）："我们是新加坡公民，我们宣誓：不分种族、语言、宗教，团结一致，建设一个公正平等的

---

① 徐悦仁、刘素民、王默茵：《新加坡教育与儒家文化》，《西安电子科技大学学报》（社会科学版）2000 年第 4 期。

② 游保生、林崇椰：《新加坡 25 年来的发展》，新加坡南洋·星洲联合早报出版社 1984 年版，第 153 页。

民主社会，为了实现国家的幸福、繁荣与进步，共同努力。"① 学校在实施共同价值观教育过程中，特别重视家庭对学生价值观形成的影响，强调家长应与学校建立良好的互动，各学校都建立了家长联谊会。在社会上，政府建立了广泛的社区教育网、教育监督站，创立融学校、家庭和社会机构为一体的互动合作的文明社区，形成学校、家庭、课外活动中心、社区机构、文化部门等共同价值观教育体系。

1. 学校教育

学校在塑造和传播新加坡共同价值观工作中扮演着极为重要的角色。新加坡学校共同价值观教育的目标是："通过对各项必要的道德价值观念和社会态度的培养，使学生具有高尚之品德，善良之性情，强健之体魄，优良之习惯，爱国爱民之意识及各民族互助合作之精神，借以成为国家社会之中坚。"②

（1）小学共同价值观教育的教学内容

新加坡小学进行共同价值观教育使用的教材是《好公民》一书，该教材采用科尔伯格的学校德育模式，目标是培养国家的好公民。《好公民》课程共有七个主题：培养品格、发挥个人潜能、培养人际关系、肯定家庭生活的意义、促进社区精神、助长文化与高尚品德、发扬献身国家建设精神，由个人拓展至家庭、学校、社会、国家和世界。课程包括35个单元，分别是：仁（爱己、爱人、爱物）；孝（孝顺、缅怀祖先）；家庭和谐（手足情深、爱护家庭声誉、家和万事兴）；礼（尊敬别人、尊敬老师、尊敬长辈、守法）：责任感（对己、对家庭、对他人、公德心）；恕（容忍、为他人着想、原谅别人）；忠（爱校、以我校为荣、敬业乐业、爱国）；信（守诺言、自信）；诚；勇；毅；节俭慷慨（节俭、慷慨）；义（公正、平等）；协作精神；睦邻精神（睦邻、种族和谐）。课程内容的重点各个年级各不相同，小学一年级以"个人"为中心，二年级以"家庭"为中心，三年级以"学校"为中心，四年级以"邻居"为中心，五年级以"国家"为中心，六年级以"世界"为中心。③ 整个教材遵循传统的道德观念，对学生进行有关社会、生活准则、道德责任、种族

①　《我们的新加坡游学笔记》，《青年时报》2010年7月25日。
②　张雅光：《新加坡中小学的公民道德教育及借鉴》，《政治课教学》2003年第10期。
③　王小梅：《新加坡基础教育在多元与整合中走向平衡》，硕士学位论文，陕西师范大学，2008年。

和谐，以及热爱祖国、忠于祖国等方面的教育，按循序渐进的结构逻辑从个人到世界放射性地扩展开来。小学《好公民》授课由课本、学生活动作业、活动安排和视听材料四位一体的教学方式组合而成。课本多采用传统故事和民间传说，通过各种有趣的故事灌输各种必要的道德价值和概念，如"铁杵磨成针"、"龟兔赛跑"、"花木兰替父从军"、"廉颇负荆请罪"等故事，同时还辅以放映相关教学影像来强化教学，并安排如角色扮演、参加文明礼貌活动、参观公园和旅游等作为教学实践活动，来加强学生的理解和认知。

（2）中学公民道德教育的教学内容

新加坡政府1990年初宣布取消中学《儒家伦理》与其他宗教课程，取而代之的课程是《公民与道德》。根据共同价值观的精神，新加坡教育部颁布了《公民与道德教育大纲》，规定所有中学必须按照该大纲实施教学，进行切实有效的公民道德教育。在该《大纲》中，新加坡教育部规定了中学教育的五大道德价值观念：第一，国家利益高于社区利益，社会利益先于个人利益；第二，家庭是社会的基础；第三，支持社会，尊重个人；第四，珍视团结，防止冲突；第五，实现种族和宗教平等。新加坡教育部认为，中学的公民道德教育必须注重公民知识、公民技能、公民态度这三方面的教育，并在此基础上促使学生的行为符合共同价值观。新加坡中学《公民与道德》教学由四部分组成：①激发学习动机，主要是提供条件让学生了解提出某个问题的深层原因，并激发学生的探寻、学习的动机；②形成概念，让学生通过各种途径获得资料，并把这些资料与自己原有的知识结合起来加以归纳和总结，老师的主要任务是向学生提供各类资讯；③联系与应用，让学生通过各种活动安排把所学的知识转化为实际行动；④经验内化，老师创造条件让学生彼此交流学习，并把学到的知识转变为自身的自觉行为。[1] 特别指出的是，为了加强德育课教学，新加坡要求各学校必须设置道德教育室，规定校长必须兼任德育教育室主任，挑选合格的教师授课，德育课分数计入升学考试的总成绩中。[2] 为了让教师上好德育课，政府首先会对教师进行系统的培训，并严格考察教师本人的德行是否符合教学要求。

---

[1] 吴奇程：《社会转型与道德教育》，广东人民出版社2000年版，第233页。

[2] 夏家春：《新加坡公民道德教育特色及对我们的启示》，《学术交流》2009年第3期。

2. 家庭教育

家庭在抚育下一代、影响下一代价值观形成时具有重要的影响和作用。李光耀强调："我们坚强的家庭结构，在培养下一代的过程中，有巨大的持续力量。家庭主要是以潜移默化的方式，而非正式教育的方法，来传递社会价值给下一代。"① 为了更好地发挥家庭共同价值观教育的功能，2000 年 9 月，由社区发展部、青年及体育部成立了家庭教育民众委员会（Public Education Committee on Family，PEC），委员会通过学校来培训家长如何与学生交流沟通，如何对学生进行共同价值观教育。该委员会 2002 年 4 月又启动了学校家庭教育计划（School Family Education Programme，SFE 计划），专门负责对家长进行培训。②

2002 年 SFE 计划启动时仅有 4 所学校，参与人数约为 12000 人，截至 2006 年年底，参与学校已达 109 所，惠及人数超过 30 万。起初 SFE 计划仅在中小学推行，从 2005 年起，该计划被推广到学前教育阶段，2006 年 10 月的统计数据显示，已经有 150 个学前教育中心加入该计划。参与 SFE 计划的每所学校每年至少要开办 100 小时的家庭生活教育课程，其中 70 小时面向家长和教职工（包括 10 小时的休闲活动与友情联络），30 小时面向学生。③

向家长开设的课程包括：建立自信、了解孩子、自律策略、有效沟通技巧、建立和谐的婚姻并养成健康的生活方式、如何让婚姻更美满、凝聚家庭成员、学习理财技能、平衡工作与生活之间的关系等。对家长开设的课程同样向学校职员开放。表 8 - 5 是新加坡中华中学 2007 年 7—10 月的家庭生活教育课程安排。由于新加坡是多种族多民族国家，为了满足受众的需要，对于有些课程，学校还会安排华语和英语两场讲座。

专门向学校职员开设的课程包括：压力管理、自我提升与发展、规划个人发展计划等。

专门向学生开设的课程包括：建立自信、性格养成、成为理财能手、压力和冲突管理、如何应对媒体的影响、沟通和交往技巧等。

---

① 新加坡《联合早报》：《李光耀 40 年政论选》，现代出版社 1994 年版，第 404—405 页。

② 朱晨静：《新加坡核心价值观教育探析》，《江苏广播电视大学学报》2010 年第 2 期。

③ Ministry of Community Development Youth and Sports，Summary of Mcys' Parent Education in Pre - school（PEPS）Programme Survey（Ministry of Community Development Youth and Sports，2006）.

表 8 – 5 新加坡中华中学 2007 年 7—10 月的家庭生活教育课程安排表

	课程/活动	时间
1	亲子讨论：青少年从我们的婚姻中学到了什么？	2007 年 7 月 7 日下午 2：00—4：00
2	讲座：如何与青少年谈论性（英语）	2007 年 7 月 21 日下午 2：00—5：00
3	讲座：如何与青少年谈论性（华语）	2007 年 7 月 21 日下午 2：00—5：00
4	校长茶话会：指导青少年进行情感管理	2007 年 7 月 27 日上午 8：00—10：00
5	讲座：平衡工作和生活：热爱工作，享受生活	2007 年 8 月 18 日下午 2：00—5：00
6	校长茶话会：帮助青少年设定目标，管理时间	2007 年 8 月 31 日上午 8：00—10：00
7	亲子讨论：培养目标明确、积极进取的孩子（英语）	2007 年 9 月 8 日下午 2：00—5：00
8	亲子讨论：培养目标明确、积极进取的孩子（华语）	2007 年 9 月 22 日下午 2：00—5：00
9	校长茶话会：帮助青少年应对压力	2007 年 9 月 28 日上午 8：00—10：00
10	讲座：学习理财技巧，让家庭更幸福	2007 年 10 月 7 日下午 2：00—5：00

资料来源：Government of Singapore，School Family Education – Guide on Set Up and Management，http：//fcd. ecitizen. gov. sg/SchoolFamilyEducation/Guides/，访问日期：2013 年 3 月 6 日。

　　家庭教育民众委员会 2006 年底发布对 SFE 计划调查统计报告显示 SFE 计划的实施卓有成效，在三类目标群体中家长的满意度最高。来自家长的积极反馈包括"开阔了抚育孩子的视野"、"我更能够理解孩子了，并能更好地管教孩子"、"帮助我挽救了与爱人的关系"、"我能够更好地理解学校，并与教师及其他家长建立了联系"等。学校及职员对课程也颇为满意，表示"这让我们知道如何与家长携手共同教育孩子"、"家长感到学校在关心他们，这让他们有信心解决问题。看起来这迎合了他们生活中的一些需要"、"这让我领略了平衡工作和生活、凝聚家庭成员的新视角"等。学生的感受有"通过沟通我们知道了父母的许多见解，因而更能理解父母的感受"、"我能更好地与他人沟通，尤其是家人"、"我拥有了更为健康良好的心理"、"我喜欢理财课程，这就像一个冒险游戏，非常有趣"。具体调查结果参见表 8 – 6。

表 8 – 6 2006 年 SFE 计划实施情况调查表

调查内容	家长	学校员工	学生
在学校开展家庭生活教育，这一形式很好	97%	94%	77%
对学校家庭教育计划感到满意	99%	94%	86%

续表

调查内容	家长	学校员工	学生
对家庭生活教育课程更为满意	76%	22%	29%
增进了家长—学校关系	89%	73%	—

资料来源：Ministry of Community Development Youth and Sports，SFE 2006 SURVEY REPORT [R]．Singapore：Family Education Department，Family Development Division（Ministry of Community Development Youth and Sports，2006）。

3. 社会教育

新加坡共同价值观的教育很注重社会实践活动，力求做到知行合一。1990 年教育部制定和推行了一项学生社区服务计划，旨在帮助学生培养新加坡共同价值观。该计划规定，学校要设置专职的课外活动主任，专门负责学生社区服务计划。这些计划包括"好朋友"计划、关怀与分享计划、到福利收养所和儿童组织服务、清洁环境计划、临时服务如春节慰问活动和慈善捐赠活动等。除此之外，新加坡政府也积极创造良好的社会环境予以配合，如经常在全国开展"文明礼貌周"、"禁烟周"等活动，把新加坡建设成为人人守秩序、懂礼貌，社会风气良好又干净整洁的花园城市。

新加坡"学校—家庭—社会"三位一体的德育教育体系在构建和传播新加坡共同价值观方面发挥了重要的作用。

（二）严密完善的社区管理体制是新加坡共同价值观传播的组织保障

从国家与公民社会的关系来看，新加坡国家控制较强，而公民社会的自主性较弱。以人民行动党为首的新加坡政府建立了一套严密的联系群众的制度，保证了自下而上和自上而下的政治输入和输出管道的畅通，从而使政府在构建与传播新加坡共同价值观时各项政策、措施得以有效执行，政府"有足够的权威向人民和社会团体规定义务，而且有能力在它认为必要时予以强制执行，可以对自上而下的政治参与渠道进行有效的限制"①。新加坡国家与公民社会的这种特殊关系是通过严密组织的社区管理体制来实现的。

随着"居者有其屋"计划的实施，新加坡 90% 以上的国民住进政府

---

① 李路曲：《新加坡的威权主义政治与现代化》，《政治学研究》1997 年第 1 期。

统一建筑的组屋内，政府规定每个组屋区必须严格按照与全国种族比例相同的人数居住，这样传统的按种族聚集居住的模式被打破，使得新加坡由散漫的社会变成纪律严明和组织严密的社会。在政府组屋计划实施后，许多传统社会组织如宗乡会所等逐渐消失，被现代社区管理组织所取代。这样的基层和管理组织在新加坡主要有三个：人民协会、公民协商委员会和居民委员会。这些组织由政府支持和控制，除了宣传政府政策、提供社区管理服务之外，还组织民众开展各类社区活动，在协助新加坡政府传播新加坡共同价值观方面发挥了很大的作用。

1. 人民协会

1959 年人民行动党政权建立后不久，就在各地的社区中心成立了人民协会（People' Association，PA）。人民协会是一个法定组织，主席由总理兼任，另有一名部长负责日常工作，其常设机构是人民协会的董事会，由包括总理在内的 15 名董事组成，其中 10 人是由总理任命，其余 5 人由人民协会各附属团体选举产生，这些董事多数是政治家、国会议员和部长。[①] 人民协会的职责主要有以下两点：

（1）计划并促使该社区居民参与社区社会、教育或体育等活动，加强不同种族间的沟通交流，促进种族团结，培养新加坡国民的共同价值观。

（2）培养人民行动党下一代领导人，即培养年轻的人民行动党候选人贡献国家的精神、与选民沟通交流的能力及组织活动的能力，并在此期间向他们灌输国家共同价值观。[②]

为了达到上述目标，人民协会会定期举办人民协会管理人员培训班，对管理人员进行极为严格的培训。培训分为三个阶段，第一阶段的基本课程是：运动、游戏和野外活动的指导方法、社会教育、语言（马来语、英语、华语）等。这些基本课程的学习期为 5 个月，结束时学员若考试及格，则会被派遣到人民协会各"社区中心"进行工作服务。在"社区中心"累积 7 个月的实际工作经验后，学员们要再度回到培训班，接受第二阶段中级课程的学习。中级课程有：体育科目（运动及游戏的指导

---

① 李路曲：《新加坡现代化之路：进程、模式和文化选择》，新华出版社 1996 年版，第 270 页。

② Joh S. T. Quah, Chan HengChee, Seah CheeMeow（eds.），*Government and Politics of Singapore*，Singapore：Oxford University Press，1985，p. 177.

等)、技术科目(当指导员的培训及说话训练等)、社会教育科目(包括心理学、政治学、经济学、新加坡历史、国际机构等)、语言科目(包括上述三种语言的升级)等,时间为5个月。结束时学员若考试及格的话,才可以再回到"社区中心"服务。第三阶段的高级课程的授课对象是完成中级课程且在"社区中心"服务7个月的学员们。高级课程的学习时间也是5个月,课程有体育科目、技术科目、社会教育科目、语言科目等,重点是社会教育科目。社会教育科目所教授的课程有:新加坡共同价值观、社会学、政治学理论、马克思主义、中国历史与政治、印度政治思想、社会民主主义理论以及第三世界论等。学员们完成上述三阶段课程学习后,才能成为人民协会的正式职员,领取相当于公务员待遇的薪酬。①

人民协会下属有130个社区中心,每个社区中心由一个管理委员会(A management Committee)负责管理。管理委员会的领导人是该社区的人民行动党议员,其他成员由他任命。管理委员会的主要职责有:

①完成所在社区中心的活动计划;

②鼓励居民参加社区的各项活动;

③竭力完成人民协会在社区中开展的各项工作;

④把社区居民的心愿反映给人民协会总部,同时把政府的相关政策与运行情况反馈给社区居民。②

人民行动党通过人民协会和社区中心把民众组织起来,通过诸如"文明礼貌月"、"国民意识周"等活动向民众传播新加坡共同价值观,促进种族团结发展。

2. 公民协商委员会

公民协商委员会(Citizens' Consultative Committee, CCC)的设立源于新加坡1963年的大选。当时,身为人民行动党秘书长的李光耀走访各个选区争取选民的支持。但是,仍有14个选区投票支持反对党,这使李光耀感到必须建立新的基层组织,确保人民行动党的政策、信息能及时传达给选民。经过一番努力,1965年1月,第一个公民协商委员会成立。到1981年,新加坡75个选区都成立了相应的公民协商委员会。公民协商委员会由总理公署直接领导。它与人民协会不同的是以选区为单位,每个

①　[日]田村庆子:《超管理国家——新加坡》,吴昆鸿译,台北东初国际股份有限公司1993年版,第93—94页。

②　马志刚:《新加坡的社会管理》,群众出版社1993年版,第31页。

选区只设一个公民协商委员会，而一个选区中则可能存在若干个社区中心。该选区人民行动党议员是公民协商委员会的直接领导人。1993 年，新加坡公民协商委员会的数目达到 81 个。公民协商委员会的主要职能是：

（1）传达信息。根据民众的要求给政府提出意见和建议，并把政府的相关信息反馈给民众，使民众知晓并支持以人民行动党为首的政府的相关政策与行动。

（2）保障新加坡民众享受公民权利和履行公民义务。① 公民协商委员会成员至少每月与该区国会议员聚会一次，就促进本选区的发展与福利进行磋商，向国会提出有关议案以及建议政府应采取的措施。它在新加坡政治生活中起着半个政府的作用。公民协商委员会的成员多由中小企业的经营者、商人和商店老板等组成。② 在新加坡这样一个商业社会中，这些人属于地方上的权势人物。人民行动党政府将他们吸纳进来，一方面抽掉了反对党的社会基础，保证了人民行动党对社会的控制，另一方面也利于政府决策的执行，利用这些人宣传新加坡共同价值观，促进国民的认同。

3. 居民委员会

新加坡政府最主要的基层组织之一是居民委员会（Residents' Committee，RC）。20 世纪 60 年代以来，随着工业化、城市化的推进，新加坡民众的居住环境得到相当大改善，很多人搬进政府建造的组屋居住。城市居民的快速增长对政府管理提出了新的要求，即如何有效管理居住在组屋中的人。为此，新加坡政府建立居民委员会，并规定其职责是加强新邻居之间的团结，培养共同价值观。1978 年以城市居民为管理对象的第一批居民委员会建立起来，到 90 年代，居民委员会发展到 300 多个。居民委员会由建屋发展局（Housing and Development Board，HDB）领导，它的主要工作是为居民提供与政府更好的沟通渠道，使政府能迅速地解决诸如维修电梯、走廊照明等问题；保障居民的安全，防止犯罪、吸毒及反社会活动，鼓励居民之间的交往和种族和谐相处。

人民协会、公民协商委员会和居民委员会分属不同的部门领导，但都

① Jon S. T. Quah, Chan HengChee, Seah Chee Meow（eds.），*Government and Politics of Singapore*，Singapore：Oxford University Press，1985，p. 183.

② 马志刚：《新加坡的社会管理》，群众出版社 1993 年版，第 29 页。

在总理公署的领导下有效开展工作。① 在人多地狭的新加坡，这三大基层组织如同"三驾马车"，构成了新加坡完善的社区管理体系，实现了对社会的严密组织与控制，也成为民众与政府沟通的有效渠道。它们的共同职责是促进种族和谐，维持社会稳定，构建和传播新加坡共同价值观。

（三）廉洁高效的公务员队伍是新加坡共同价值观传播的人才保障

一些学者认为新加坡是一个"行政国家"（administrative state），新加坡的成功得益于他们拥有一支高素质的公务员队伍。李光耀总理在1971年新加坡大学先修班开班演说时阐明新加坡成功的要素之一是具有"一批有干劲，愿意付出代价，而又受过良好教育，并且训练有素的人员"，新加坡千千万万人的命运就是由这批"最高层的政府高级人员、部长和最高级的行政人员来决定"。② 对于共同价值观的构建与传播，新加坡公务员是最直接与重要的参与者与执行者。他们是使新加坡共同价值观获得国民认同的重要保障。

新加坡的公务员主要包括：①政府各部门的工作人员（不含所属法定机构和公司的人员）；②独立机构的工作人员；③教师。目前，新加坡超级公务员494人，占公务员总数的0.7%；一级公务员8977人，占总数的13.2%；二级公务员19290人，占总数的28.4%。③ 其中决策层是占总数0.7%的超级公务员，其他公务员是负责管理与执行。新加坡的公务员管理机构有两个：一个是公共服务委员会，另一个是财政部门公共服务署。公共服务委员会是新加坡人事制度的主管机关，其主要职责是负责公务员的编制、任用、晋升、调迁、免职及采取惩处行动，此外还负责规划与实施公务员的进修、训练和奖学金事宜。财政部公共服务署下设几个处，包括人事发展处、服务条件处、信息与研究处等。人事发展处主要负责制定人事发展规划，管理行政管理人员和法定机构中的高级官员，制定公务员培训政策；服务条件处主要负责公务员的工资福利待遇；信息与研究处主要负责研究私营企业和法定机构工资、福利情况，使公务员的工资、福利水平与私营企业保持一致。

---

① Jon S. T. Quah, Chan HengChee, Seah CheeMeow (eds.), *Government and Politics of Singapore*, Singapore: Oxford University Press, 1985, p. 176.

② 《联合早报》编：《李光耀40年政论选》，现代出版社1994年版，第137、159页。

③ 马志刚：《新加坡道路及发展模式——新型工业与儒家文化》，时事出版社1996年版，第388页。

为了保证公务员具有较高的政治素养，保持对国家的忠诚感与归属感，新加坡于1958年建立了公务员政治学习中心。李光耀在第一期学员班开学典礼上指出："公务员的廉洁与高效率工作，是国家机器正常运转、国家政策得以顺利实施的关键，而公务人员的腐败最终将使整个社会制度彻底崩溃。"此后，李光耀多次强调："当一个公务员，就必须有奉献精神。"① 李光耀认为，要通过对公务员的教育，在新加坡形成一种廉洁的政治文化。公务员在任职时必须填写宣誓书，宣誓尽忠职守，绝不贪污，绝不违法，保守国家机密，如果违反职责义务，愿意接受最严厉的惩罚。

为保证公务员能力得到不断提升，1971年新加坡建立了公务员进修学院。该学院隶属财政部公共服务署，每年培训4500—5000名公务员。新加坡政府规定每位公务员每年至少要接受10小时的专业培训。公务员在受训期间必须认真学习，培训结束后一个月内要向常务秘书和公务员委员会提交受训报告。②

通过上述途径，一支政治素养高、行政能力强的新加坡公务员队伍建立起来。他们是新加坡共同价值观构建与传播的组织者和执行者，在诸多方面发挥着重要的作用。

（四）严明完备的法治为新加坡共同价值观的传播提供了必要的法律保障

注重法治建设，以法促德，是新加坡共同价值观建设的重要特色。新加坡政府认为，共同价值观的构建和传播，必须有相应的法治作为基础和保障，必须通过立法、制度和执法来强制人们遵守共同的行为规范，形成良好而文明的社会秩序和社会风尚。新加坡完备的立法和严格的执法，不仅为共同价值观的构建和传播提供了有力的法治保障，而且把共同价值观在内的精神文明建设的许多内容纳入了法治化轨道，以详尽并具有可操作性的法律条规对人们的行为进行引导和规范，收到了显著成效。

1. 完备的法律体系

要以法治国，就要有法可依。新加坡现行法律已达500余种，从国家体制到公务员管理，从民族宗教到商业活动，从城市管理到公民个人生

---

① 中国精神文明考察团：《新加坡的精神文明建设》，红旗出版社1993年版，第34页。
② 马志刚：《新加坡道路及发展模式——新型工业与儒家文化》，时事出版社1996年版，第399页。

活，都有相当完备的法律法规。新加坡除宪法、刑法、民法、商法等基本法律之外，还有环保法、禁烟法、公共环境法、保险法、银行法、就业法等法律，构成了一个完整的法律体系。对像随地吐痰、乱扔废弃物、随地大小便、乱涂乱画、随便攀折花木、乱吐口香糖等世界其他国家法律中无案可查的内容，新加坡都一一做了详细的立法规定，做出明确详细的处罚规定。

2. 罚款严厉

新加坡罚款项目之多，数额之大，在世界少有。表8-7列举了部分处罚条例。例如，违反规定吸烟时被发现将处以罚款500新元（相当于人民币4000元）；在路上乱丢弃垃圾和随地吐痰，将被罚款1000新元；乱丢垃圾者不仅要罚款千元，还要挂着"垃圾虫"的牌子，在繁华的地段打扫卫生若干天。据新加坡统计局统计资料显示，1981—1990年这10年新加坡所收罚金总额为9.1亿新元，年均7583.3万新元。[1]

表8-7　　　　　　　　1994年新加坡固定罚款规则列举

违规事项	新币（元）	相当于人民币（元）
不遵守行人穿越马路规则	20	100
随意停车造成阻碍	30	150
超速	30—50	150—300
不戴安全帽或不系安全带	30	150
不遵守交通灯指示	40	200
不安全地载运乘客或货物	40—50	200—300
无照驾驶	40	200
错误的驾驶技术（如突然刹车）	50	300
在行人穿越道不让路给行人	50	300
电影院内吸烟	500	2500
随地丢纸屑烟头等	10—500	50—3000
小轿车抢巴士专用车道	50	300

资料来源：新加坡交通警署。[2]

---

[1]　金湘主：《腾飞的东盟六国》，时事出版社1995年版，第156—157页。
[2]　庄素玉：《亚洲的小巨人——新加坡为什么自豪?》，台北《天下》杂志社1994年版，第67页。

3. 严刑峻法

新加坡是实行严刑峻法的国家，是世界上少数几个保留绞刑、鞭刑的国家。1975 年新加坡"滥用毒品修正法令"规定，对贩卖或进出口超过15 克海洛因或 30 克吗啡的贩毒者，一律处以绞刑。2004 年初，国际特赦组织发表一份报告，称新加坡不顾人权，处死的囚犯占人口比率世界最高。新加坡的人口虽只有 400 万，从 1991 年至今却处死了 400 多名死刑犯。① 鞭刑在新加坡发挥了巨大的威慑力，有效制止了恶性犯罪的发生。李光耀说："我相信新加坡的社会只了解两件事——奖励和惩罚，如果罚金不足以阻吓这里的犯罪时，我相信他一旦发现他要挨鞭子时，就不会再热衷破坏了。"② 鞭刑要求一鞭下去，皮肉皆开。打完一鞭后，医生会进行检查，一旦发现受刑者不能承受下一次鞭打，便会停下来，过 3 个月后再继续打。而且，执行鞭刑时，各大报纸的记者都会去拍照，第二天登报，传遍全国。1974 年记者招待会上，新加坡监狱局长说前三鞭每鞭下去犯人都会拼命挣扎，"三鞭之后，犯人的挣扎弱下来，因为他们挣扎不动了。受刑超过三鞭的犯人在受刑结束经常会休克，有的瘫倒在地，现场狱医和助手会把他救醒，给伤口消毒。有的犯人在受刑中假装昏过去，但这骗不过狱医——这也是为什么法律规定狱医在场。""鞭痕是除不掉的，这将伴随他们一生，是他们一生的耻辱。"国际组织——大赦国际曾对新加坡的鞭刑提出强烈抗议，但新加坡内政部反驳说，正是因为绝大多数新加坡人知道法律公平并且实施严厉的刑法，新加坡才能成为全球最安全的工作地和居住地。③

4. 强化道德规范

对于很多富有献身精神、助人为乐、同情和帮助弱者的行为，新加坡政府会以登报、奖励等形式进行表彰，引导人们向他们学习，努力"向上、向善、向美"。此外，新加坡政府还出台了一系列法律法规，倡导共同价值观，如政府分配组屋时，对于二世同堂、三世同堂的家庭给予价格优惠和优先安排；规定夫妻在孩子未满 3 周岁以前，不能提出离婚，更不能为了离婚把孩子送给他人或送进护婴院等；规定凡国家机关工作人员、

---

① 亚力克斯·朱熹：《新加坡第一》，台湾金陵图书有限公司 1982 年版，第 307 页。

② 韩福光：《李光耀治国之钥》，台湾天下远见出版社 1988 年版，第 202 页。

③ 《反驳"新加坡不顾人权死刑率世界最高"指责内政部：国际特赦组织荒谬之至》，《联合早报》2004 年 1 月 18 日。

国家公务员、国家企业工作人员在婚姻以外拥有情人或发生两性关系均属违法行为。①

（五）严格自律的媒体为新加坡共同价值观的传播创造了良好的舆论环境

由于现代社会绝大多数人通过电视、报纸、网络等媒体来了解新闻时事，媒体对人民宣传教育的作用是巨大的。为了在新加坡民众中传播共同价值观，促进种族团结，新加坡政府对媒体进行了严格的限制和管理，使其成为政府教育民众的得力工具。新加坡领导人李光耀早在 1971 年国际新闻编辑人员协会会议上就阐明了新加坡政府对待媒体的态度："当新兴国家要求人民勤奋劳动、遵守纪律、争取社会进步的时候，他们的人民会被有关西方的种种见闻困惑。他们从媒介上看到争取和平中的暴力事件、城市游击队、毒品、放任的恋爱、玩世不恭的哲学。我们要求大众媒介加强而不是破坏我们学校所培育的文化价值和社会风尚。"他认为："大众传播媒介的力量，是影响现代生活的一个重要因素。它的效力能左右人们的态度和影响人们的行为。"② 新加坡广播管理局严禁媒体和网络宣扬任何关于暴力和种族宗教仇视的言论，媒体十分注重对国家团结和民族和谐等内容的报道和宣传，竭力传播新加坡共同价值观。

为了加强对媒体的管理与控制，早在 1964 年新加坡还是马来西亚的一个州时，就制定了《煽动叛乱治罪法令》，禁止任何带有煽动暴乱倾向的行为、言论和出版物。对新闻出版界最有影响的法令是 1974 年颁布的《报章与印刷出版法令》，此后又在 1977 年、1986 年、1988 年和 1990 年进行了四次修改，以使法令能跟得上形势的发展。《报章与印刷出版法令》规定：每份报刊都要登记，报刊所有人应向文化与信息部申办年度执照。报刊的出版者必须是一家公共公司，而不能是个人或家庭，公司的负责人应是新加坡公民。报刊的出版执照每年更换一次，当政府认为报刊有违法行为时可以随时撤销执照。任何人印刷、销售、散发未经许可的报刊，将被处以罚款或监禁。任何一家报业公司未经文化部同意不得接受外国投资，而且经过同意的外国投资也只能用于商业目的，否则也将处以监禁和罚款。③ 特别是 1986 年新加坡议会对《报纸和印刷出版法令》作了

---

① 夏家春：《新加坡公民道德教育特色及对我们的启示》，《学术交流》2009 年第 3 期。
② 韩大元：《东亚法治的历史与理念》，法律出版社 2000 年版，第 211 页。
③ 同上。

重要补充，授权政府当外国出版物在新加坡国内事务问题上出现影响新加坡读者的情况时，有权减少其发行量。新加坡政府要求发行的外国报刊必须尊重新加坡的主权，遵守新加坡的法律和新闻政策，否则新加坡新闻及艺术部长有权通过政府宪报宣布任何在新加坡发行的外国报刊为"参与新加坡国内政治"的报刊，限制它在新加坡的销售和发行量。1986 年《亚洲华尔街日报》发表了一篇关于新加坡证券交易的文章，暗示政府把亏损企业的股权转嫁给了公众。新加坡政府十分不满，要求予以反驳，报纸没有同意，于是政府援引上述规定将该报在新加坡的发行量由 5000 份减为 400 份。1990 年《报纸和印刷出版法令》增补了新的规定：凡是报道东南亚国家新闻的外国报刊，发行量超过 300 份的，每年都须经过核准才能发行，而且邮电部随时都可以撤销该核准。① 除了通过法律途径严格控制传媒外，新加坡政府还通过成立报业控股公司、购买报纸 60% 以上的股份、合并报纸等办法将所有的报纸牢牢控制在手中。

新加坡前任总理吴作栋在 1992 年 9 月华文报"三庆"开幕式上说："我们将可以通过语言和文化的联系，把传统的价值观保留下来，充满干劲和活力的华文报，能帮助我们保留与推广华文和传统价值观。"② 下面以新加坡华人报业《联合早报》为例来说明媒体构建和传播新加坡共同价值观中的作用。《联合早报》作为新加坡报业控股中的华文旗舰报纸，代表了众多华人的言论，它任何不慎的只言片语都会引起其他种族的猜疑，稍有疏忽就有可能成为社会动乱的导火索，因而它一直非常自律，很少发表针对政府的批评性言论，对重大问题的报道也十分谨慎，其观点和倾向历来跟着政府走，很好地体现了作为政府喉舌和助手的作用。《联合早报》前总编黎德源说："《联合早报》的办报方针，一是要客观报道每天发生的新闻，二是站在国家立场上为读者提供健康的知识和娱乐。"③

除了上述措施外，为了防止西方各种腐朽堕落的生活方式以及不健康的思想文化等对青少年的侵蚀和负面影响，新加坡政府亦借助法律杠杆对各种新闻机构和大众传播媒介进行严格管理，从而保证各媒体在舆论导向方面发挥积极的作用。如政府把各种进口影片分成不同的等级，严格规定

---

① 张允若：《新加坡报业十五年》，《国际新闻界》1997 年第 2 期。
② 彭伟步：《新加坡华文报纸的传播特色》，《国际新闻界》2000 年第 3 期。
③ 同上。

AR 级的外国影片不能在居民区放映；如果 21 岁以下的青少年观看 AR 级的外国影片，一经查出，电影院就会受到惩罚，罚款金额高达 2 万新加坡元（约合人民币 12 万元）。[①]

（六）持续频繁的全国性运动为新加坡共同价值观的传播营造了良好的社会氛围

新加坡被称为"运动之国"，从 1965 年的"保持新加坡清洁运动"到 1979 年的"礼貌运动"到 1988 年的"歌唱吧，新加坡"运动，再到 2003 年的"家庭周"运动等，新加坡政府几乎每年都会发起一个或更多的运动。这些运动的共同特点是透过政府的影响力，以运动的形式改变国民性并加强人民的凝聚力，塑造国民共同价值观。曾负责 1974—1986 年间政府各项运动的组织者 B. Nair 说："在那时，运动的目的是建立一个国家和在移民中培养主人公的感觉。"[②]

据统计，新加坡 1958—1982 年间，一共发动过 66 项全国性运动。如 1958 年 8 月的反吐痰运动，1958 年 10 月的大扫除运动，1958 年 12 月的消灭害虫运动，1959 年 7 月的学习马来语运动，1962 年 3 月、1964 年 8 月、1965 年 8 月和 11 月的华语周运动，1968—1971 年进行的 4 次"保持新加坡清洁和防止污化"运动。从 1979 年 6 月开始，新加坡更是开展了一系列重建东方价值观的活动，如 1979 年 6 月开始第一次全国礼貌月活动，以后每年都会举行。1979 年 11 月举办敬老周运动，至今每年举行。1979 年 9 月，全面推广讲华语运动[③]，此后每年都推行不同主题的"华语运动月"，例如：1980 年 9 月是"华语家庭讲华语"、1981 年 10 月是"在公共场所讲华语"、1982 年 10 月是"在工作场所讲华语"、1983 年 10 月是"在巴刹（市场）和小贩讲华语"等。从 1988 年开始，政府每年都要开展一次"国民意识周"活动，激发国民的爱国热情，增强国民的爱国意识。2003 年开展了"家庭周"运动，在全社会倡导孝敬父母、热爱家庭的观念。据不完全统计，新加坡每年开展的全国性运动大约有 20 多个，其中比较著名的有"文明礼貌运动"、"尊老爱幼运动"、"忠诚周运动"、"国民意识周运动"等。这些运动多是围绕培养新加坡共同价值观

---

① 刘宏伟、孙艳艳：《新加坡德育经验对我国的启示》，《教育科学》2001 年第 2 期。

② Susan Long, Welcome to Campaign Country（Sunday Times，2003）．

③ 新加坡政府在华人社团的全面支持下，1979 年 9 月开展了一个"多用华语、少讲方言"的语言推广运动，简称华语运动。

展开的。

这些运动赢得了群众，也教育了群众，深化了人们对新加坡共同价值观的理解和认识，为新加坡国民进一步贯彻、践行共同价值观奠定了良好的基础。

四 共同价值观对新加坡现代社会建设的作用

自从 1991 年新加坡政府颁布《共同价值观白皮书》以来，政府各有关部门以新加坡共同价值观为指导，制定了相应的政策、措施，使共同价值观不是仅仅停留于观念形态的层面，而是内化为民众的日常行为准则和规范。经过多年的努力，新加坡共同价值观已经渗透到社会的各个层面，在国家建设中起着积极的促进作用：在政治层面，发挥着凝聚国家意识，维护政治和社会稳定的作用；在社会层面，克服与缓和时代和社会急剧变革而引发的社会失序与心理失衡，保证社会公平与正义，增强社会内聚力；在经济层面，加强对分散的经济权势的宏观调控，调整集体利益与个人利益的冲突，从而使国家通过提供社会福利促进社会和谐，加快社会的整合，最终在国民中树立起"敬业乐群、勤劳进取、讲求效率、廉洁奉公"的新加坡精神，为新加坡的社会稳定和经济发展提供了强大的精神动力，使新加坡取得了举世瞩目的成绩。根据世界银行发布的《2011—2012 全球竞争力报告》，新加坡位居世界第二，根据全球金融中心指数 2012 年的排名，新加坡是全球第四大金融中心，根据 2012 年全球清廉指数排行榜上，新加坡排名第 5 位，是亚洲最清廉的国家。2012 年新加坡人均 GDP 为50323 美元，位居亚洲第一，人类发展指数为 0.866，也处于世界极高的水平。[①]

1. 增进了种族融合，维护了社会稳定

新加坡共同价值观是凝聚民众人心的纽带，共同价值观带来的国家认同，促使社会拥有强大的凝聚力，使各族群人民团结在一个社会，增强了社会的稳定性。新加坡是一个多种族、多宗教的国家，据 1995 年统计资

---

① 百度百科：新加坡，百度网，http://baike.baidu.com/view/3593.htm，访问日期：2013年3月6日。

料显示，新加坡全国 10 岁以上的居民有 252.05 万人，其中有 215.91 万人信仰宗教，比例高达 85.5%。① 新加坡共同价值观第五条提出要"种族和谐，宗教宽容"，为此，政府制定了《保护宗教和谐法》，发表《宗教和谐声明》，成立了总统宗教和谐理事会、少数民族和谐理事会，建立起宗教和谐圈，加强各宗教信徒间的交流，消除了宗教隔阂，从而促进了不同宗教信徒之间的和睦相处。新加坡著名民族学者赵善光提出了四项测量种族和谐度的指标：其一为不同种族之间的友谊；其二为彼此对依赖照顾的看法；其三为对新加坡境内种族关系的看法；其四为对不同种族之间通婚的看法。根据上述四项指标，赵善光测量了新加坡的种族和谐状况，抽样调查结果显示：从 1969 年到 1999 年 30 年间，华人拥有马来人朋友的人数从 42% 增加到 57%，华人拥有印度人朋友的人数从 60% 增加到 67%，马来人拥有华人朋友的人从 85% 增加到 92%；印度人拥有华人朋友的人数从 42% 增加到 60%，马来人拥有印度人朋友的人数从 72% 增加到 93%，虽然印度人拥有马来人朋友的人数从 91% 下降到 90%，但是比率还是相当高。超过 80% 的不同种族的被调查者表示，会同其他种族合力抵抗外敌侵犯、促进经济增长和邻里社区关系的发展。90% 的种族不同的被调查者认为，新加坡过去五年没有种族问题，新加坡种族关系是和谐的。2/3 的回答者深信新加坡未来五年能够继续维持种族和谐不变。他从而得出结论："种族的善意、相互社会上的接纳、对种族关系和相互依赖拥有超族群的共识等现象，大量存在于新加坡当中。"② 新加坡共同价值观使民众抛弃狭隘的民族主义观念，为一个共同的国家而努力。民众能够包容和接纳其他族群的文化传统或者风俗习惯，对族群关系的良好发展和民族融合有直接的推动力。反过来，和谐团结的族群关系和安定的社会环境也更加容易使民众产生对国家的认同感和归属感。③

　　新加坡共同价值观的塑造与传播增强了社会的内聚力，使社会保持长期的稳定。国际管理与发展研究院发布《1997 年世界竞争力年报》，新加坡被评选为世界上最安全的国家。④ 1965 年建国以来，除去人民行动党执

---

① 韦红：《东南亚五国民族问题研究》，民族出版社 2003 年版，第 164、168—169 页。
② 洪镰德：《评析新加坡多元族群的和睦相处》，《北京大学学报》1992 年第 5 期。
③ 乔文华：《新加坡国家认同的构建及其与现代化关系》，硕士学位论文，西北大学，2009 年。
④ ［新］李光耀：《经济腾飞之路——李光耀回忆录（1965—2000）》，外文出版社 2001 年版，第 214 页。

政初期政局有些动荡外，长达 50 多年的时间里，新加坡社会稳定，没有发生过大的政治冲突和流血事件，即使在亚洲金融危机期间也没有发生社会动荡，各种族人民友好相处，是世界上少有的政治、经济、社会协调发展的国家，从整体上形成了协调发展的社会生态系统。总部设在香港的政治及经济风险顾问公司发表"亚洲情报报告"指出：2001 年 1 月至 3 月访问了 800 名在亚洲区工作的外国商人，以了解他们对亚洲区政治形势的看法，调查结果显示，外商认为新加坡是亚洲区十二个国家和地区中政治最稳定的国家。①

2. 提高了国民素养，增进了民众幸福感

随着新加坡共同价值观的成功构建与传播，民众不光物质生活得到极大满足，精神世界也得到丰富和发展，国民呈现出勤奋踏实、安居乐业的生活状态，人民幸福感获得极大提升。1997 年 10 月，《海峡时报》曾对新加坡人的生活水平做过调查，依据收入所得、房屋、教育和生活形态的一般标准，每四位成年的新加坡人中就有三位（即总数约 132 万人）被归类为中产阶级。② 时任总理吴作栋提出，新加坡正在变成一个"中产阶级社会"，越来越多的新加坡人正在享受着中产阶级的生活。1994 年，新加坡国立大学商学院的高（A. K. Kau）对新加坡 400 名国民进行问卷调查，结果显示，新加坡人对自己的生活质量是满意的，而且他们对未来 5 年的生活比较乐观，70% 的受访者对未来充满希望，相信将来的生活会更好。新加坡人对他们的家庭生活最为满意。③ 1996 年，新加坡失业率由 1960 年的 14% 下降到 2.7%；人均寿命由 59 岁提高到 76.5 岁，仅次于日本而居世界第二位。④ 据 2006 年调查，新加坡青少年愿意赡养父母与老人的占 76%，高居世界榜首。⑤ 在新加坡，车站候车没有拥挤、插队现象，在车厢内，人们主动让座；公共场所，没有人大声喧哗、打架斗殴；没有人在墙上乱涂乱画，没有人乱扔废弃物。长期而深入的共同价值观传播使新加坡人的精神风貌和道德面貌大为改观，社会文明程度达到了世界

① 李玉华、杜晓燕：《全面剖析新加坡、中国公共治理现状：基于 1996—2007 年全球治理指数》，《华东经济管理》2009 年第 12 期。

② 郭俊麟：《新加坡的政治领袖与政治领导》，台湾生智文化事业有限公司 1998 年版，第 41 页。

③ 周长城：《东南亚国家的生活质量研究》，《国外社会科学》2002 年第 6 期。

④ 冯鹏志、郝永平：《新加坡国民素质考察报告》，广西人民出版社 1999 年版，第 11 页。

⑤ 马赛赛：《新加坡高校德育工作的特点及启示》，《科技信息》2008 年第 36 期。

一流水平。

3. 营造了安定有序的生活环境，提升了对国家的认同感、忠诚度

新加坡共同价值观明确提出"国家至上，社会为先"，要求民众服从政府的领导，遵守国家的法律秩序，从而使新加坡成为世界上最安全的国家之一。由于社会是由个体组成的，民众以共同价值观为连接纽带，对国家有认同感，在行为上就会对国家和政府制定的政策法规更加支持和拥护，也就能自觉约束个人行为，并自愿遵守国家的法律和社会纪律。对新加坡的司法制度，国际社会予以很高评价：新加坡被世界经济论坛《1997 年全球竞争力报告书》列为全球最具竞争力的经济体，并被形容为"团伙犯罪不会严重损害公司营业"的国家。同样在洛桑国际管理与发展研究院的《1997 年世界竞争力年报》中，新加坡也被推选为最安全的国家。新加坡只有 0.046% 的犯罪率，是全世界犯罪率最低的国家之一。表 8－8 是 1998 年《联合早报》刊登的新加坡人对新加坡司法制度的看法，从表中可以看出新加坡国民对新加坡司法制度的高度认同。

表 8－8　　　　1998 年新加坡人对司法制度看法的调查结果表

项目	同意/有效
不论语言、宗教、种族与社会阶层，法庭都公平地执行任务	97%
对法庭执行法律、维护公正有信心	93.3%
法庭遵从法律，独立地执行司法任务	95.5%
司法制度有效维护法纪与社会秩序	94.6%
人们服从法庭判决	95.9%
公众多数在法庭解决纠纷，而非私自处理	76.3%
公众纠纷能够有效与及时解决	89.9%
法庭判决对其他有益犯罪者起警戒效用	93%

资料来源：《联合早报》，1998 年 8 月 6 日。

共同价值观的成功塑造与传播增强了民众对国家的归属感、荣誉感，对国家的经济和社会发展充满信心，从而也增强了民众对国家的认同感和忠诚度。经过政府长期的努力，进入 20 世纪 90 年代末，不少全国性社会调查结果显示出国民对新加坡国家具有高度认同感，对新加坡未来的发展充满信心。如 1994 年新加坡国立研究院做的一份调查显示：84% 的受调

查者认为作为新加坡人非常自豪，有超过 70% 的人对新加坡非常有信心。1996 年 9 月，新加坡电视机构和美国盖洛普公司联合对全国 525 名各阶层人士进行的民意调查结果显示：70% 的人认为新加坡未来 5 年在衣食住行方面会变得更好，70% 的人认为现在的生活比过去好，66% 的人认为国家更加团结，90% 的人对新加坡的前途充满信心。① 1999 年新加坡南洋大学对 990 名新加坡人的问卷调查显示，90% 的人自认为是"新加坡人"，74% 的人希望被称为新加坡人而非华人、马来人或印度人，74% 的人愿意为新加坡而战并付出生命。②

五　新加坡共同价值观的现代启示

新加坡是一个以华人为主体、深受儒家文化影响的国家，也是一个多元种族的移民国家，多元宗教、文化、语言相交汇融合是它最大的特点。从 1965 年建国到现在，短短四十多年时间，创造了政治清廉、政府高效、经济快速发展、社会高度文明的新兴工业化国家发展典范，并实现了国民对国家的高度认同，其中重要的经验之一就是新加坡拥有超越种族、宗教和文化差异的共同价值观。新加坡政府对共同价值观的成功构建和传播值得中国这个多民族国家学习和借鉴。中国需要构建具有中国特色的社会主义核心价值观。虽然新加坡与中国国情有差异，但是两国在文化传统上有着一些相似之处——新加坡华人与中国有天然的联系，两国都深受儒家文化传统的影响。因此，学习和借鉴新加坡构建和传播共同价值观的成功经验是可行和必行之道。

1. 植根中华传统文化，借鉴西方文明成果，构建中国特色社会主义核心价值观

新加坡共同价值观的确立及其教育的成功开展，离不开对儒家文化的扬弃和对西方文明成果的借鉴。中国是儒家文化的发源地，儒家思想是中华民族传统文化的精华，尤其是儒家思想中的"和合"文化，"仁、义、

---

① 鲁虎：《新加坡》，社会科学文献出版社 2004 年版，第 109 页。

② Chiew Seen Kong, "National Integration: The Case of Singapore", in Peter Chen and Hans - Dieter Evers, eds. , *Studies in ASEAN Sociology*, Singapore: Chopmen Publishers, 1999, pp. 145 - 146.

礼、智、信"等观念，在不同历史时期都不同程度地推动了社会道德体系的发展，促进了整个社会道德水平的提升。当前，中国正处于社会转型时期，社会价值观念纷繁复杂，先进文化与落后文化并存，正确思想与错误思想、积极价值观念与消极价值观念相互交织。在这一社会背景下，构建一种富有时代特征、人文内涵、民族特色的社会主义核心价值观，离不开对中华传统文化的继承、发扬和对西方文明的借鉴吸收。

2. 以道德实践为基础，构建学校—家庭—社会"三位一体"的德育教育网络

新加坡共同价值观教育的实践证明，以道德实践为基础，构建学校—家庭—社会相互衔接、相互补充的综合德育模式，对于促使共同价值观教育生活化、大众化具有积极价值意义。当前，中国虽然也强调把社会主义核心价值体系融入国民教育的全过程，但在实践中"并没有扭转德育工作队伍孤军奋战的状况，所有教师、所有管理人员、所有教育环节、所有课程都担负着育人重任的责任意识还没有真正形成；社会和家庭教育不但难以与学校道德教育形成合力，而且在不少方面还直接抵消了学校本来就实效不太高的道德教育"。① 借鉴新加坡经验，以道德实践为基础，构建学校、家庭、社会三位一体的综合德育网络，必须重视道德实践和日常行为训练在核心价值观形成中的作用，积极探索实践育人的有效途径；必须强化家庭的德育功能，充分发挥家庭在青少年价值观塑造中的基础性作用；必须加强核心价值观教育的社会环境建设，形成学校、家庭、社会齐抓共管的综合德育体系。

3. 加强公务员管理，注重公务员道德修养教育

新加坡在共同价值观教育过程中十分重视公务员官德教育，注重培养政府官员的廉洁自律观念，提高他们的个人道德修养，希望通过公务员的高素质、高修养来带动整个社会的文明进步，取得了显著成效。新加坡这一做法对于中国建设社会主义核心价值体系，增强社会主义意识形态的吸引力和凝聚力具有重大借鉴意义。中国社会科学院副院长李慎明教授认为："建设社会主义核心价值体系领导干部是关键。领导干部的行为及其体现出来的理论素养、理想信念、精神面貌、思想境界、道德情操，对社

---

① 夏家春：《新加坡公民道德教育特色及对我们的启示》，《学术交流》2009 年第 3 期。

会主义核心价值体系建设起着重要的示范和导向作用。"① 因此，建设社会主义核心价值体系，构建具有中国特色的社会主义核心价值观并使之真正成为引领当代社会思潮的核心价值观，其首要的举措和根本的方略是加强官德教育，使广大党员和领导干部首先确立并践行社会主义核心价值观，以此带动和激发广大人民群众实践社会主义核心价值观的主动性和积极性，从而促进社会主义核心价值观在全社会的确立与认同。

4. 不断推进社会主义法治建设，完善道德约束机制

新加坡共同价值观的成功构建和传播说明核心价值观教育必须有相应的制度作为基础和保障。一个社会公民文明素质的提高和社会道德良序的形成，宣传、舆论、道德教育固然重要，但仅此远远不够，还必须将核心价值观教育的诸多内容制度化、法治化，成为人人都必须遵守的行为规范，并尽可能地在日常行为中巩固下来，将核心价值观变成一系列看得见、摸得着的切实可行的做法。一定意义上，社会主义核心价值观建设是与一定的社会制度相联系的，"要通过制度设计为提高整个国民的科学素质、社会公德意识、人文素养，以及健康向上的社会风范，提供途径、示范作用和宏观环境"②。社会主义核心价值观是社会主义意识形态的本质体现，对国家意识形态的掌控必须依靠国家行政手段和法律手段。我国对基础教育、高等教育以及领导干部的教育在制度安排和落实上有一定成效，但从宏观上看，对核心价值观教育的制度化和法治化研究尚有不足，必须依靠国家权力和行政手段制定相关的制度和法律条文，明确设定相关的课程、教学要求和党员干部的考核指标，确保中国特色社会主义核心价值观的有效灌输和渗透。

5. 营造良好的文化与社会舆论氛围，建立健全舆论引导机制

构建与传播中国特色社会主义核心价值观，必须有一个良好的社会环境做保障。而一个社会的价值取向、舆论导向以及制度文明，则构成了这个社会的道德氛围。要以先进文化为指导来加强营造中国特色社会主义核心价值观建设的社会氛围。在当代中国，先进文化就是建设有中国特色社会主义的文化，它坚持以马列主义、毛泽东思想、邓小平理论和"三个代表"重要思想为指导，以爱国主义、集体主义、社会主义的思想道德

---

① 李慎明：《大力推进社会主义共同价值体系建设》，《中国检察》2008 年第 2 期。
② 杨永庚、门忠民：《试论理性视野下社会主义共同价值体系的建立》，《山西师大学报》（社会科学版）2008 年第 2 期。

为核心，既继承发扬中华民族优秀文化传统，又积极吸取和借鉴一切外国的优秀文化成果。因此，以先进文化为指导，营造加强中国特色社会主义核心价值观建设的社会氛围，其根本目的就是弘扬一种先进的道德文化，保证道德的先进性。

积极营造良好的文化与社会舆论氛围，有利于构建与传播中国特色社会主义核心价值观。鉴于此，首先要加强舆论导向，培养良好的道德氛围。在道德建设方面，"以正确的舆论引导人"，一切思想文化阵地、一切精神文化产品，都要宣传科学理论、传播先进文化、塑造美好心灵、弘扬社会正气、倡导科学精神，大力宣传体现时代精神的道德行为和高尚品质，激励人们积极向上，追求真善美；坚决批评各种不道德行为和错误观念，帮助人们辨别是非，抵制假恶丑，为推进公民核心价值观建设创造良好的文化氛围。广播、电视、报纸、刊物等大众媒体，要坚持团结稳定、正面宣传为主，牢牢把握正确舆论导向，满腔热情地宣传两个文明建设中涌现出来的、反映新时期道德要求的新事物、新典型。要利用群众喜爱的名牌栏目，加强对社会普遍关注的道德热点问题的引导。

要积极开展舆论监督，有力地批评背离中国特色社会主义核心价值观的错误言行和丑恶现象。要发动群众参与，对具有典型意义的人和事展开讨论。计算机互联网作为开放式信息传播和交流工具，是中国特色社会主义核心价值观建设的新阵地。要加大网上正面宣传和管理工作的力度，鼓励发布进步、健康、有益的信息，防止反动、迷信、淫秽、庸俗等不良内容通过网络传播。要引导网络机构和广大网民增强网络道德意识，共同建设网络文明。电影、电视剧、戏曲、音乐、舞蹈、美术、摄影、小说、诗歌、散文、报告文学等各类文艺作品的创作，要积极反映改革开放和现代化建设的火热生活，热情讴歌人民群众的开拓进取精神和良好道德风貌，以其独特形式和艺术魅力，给人以鼓舞、启迪和美的享受。要在各种文艺评论、评介、评奖中，把是否合乎中国特色社会主义核心价值观作为一条重要标准。要加强对人们审美观念的引导，提倡高雅、健康的审美情趣。要坚决制止出版、播映、演出格调低下的作品和节目，依法打击反动、淫秽及各种非法出版物，让健康的文化产品占领思想文化阵地。要切实加强对娱乐服务场所的监督管理，严厉打击卖淫嫖娼、赌博、吸毒等社会丑恶现象。各种类型的商业性广告，要注意文化艺术品位，不得出现有损道德、有伤风化的内容。要大力提倡各种形式的社会公益广告，净化人们心灵，优化人文环境。一切大众媒介、文学作品、艺术活动要责无旁贷地负起这一责任，满腔热情、积极主动地做好这一工作，为培养良好的社会主义道德氛围作出自己的贡献。①

营造良好的文化与社会舆论氛围还需要深入开展群众性的社会主义核心价值观实践活动。社会主义核心价值观建设的过程，是教育和实践相结合的过程。以活动为载体，吸引群众普遍参与，是新形势下加强公民社会主义核心价值观建设的重要途径。每个公民既是核心价值观建设过程的参与者，也是核心价值观建设成果的受益者，要坚持在各种类型的群众性精神文明创建活动中突出思想内涵，强化道德要求，使人们在自觉参与中思想感情得到熏陶，精神生活得到充实，道德境界得到升华。要在各项创建活动中充分体现社会公德、职业道德、家庭美德的内容，明确具体标准，制定落实措施，力求取得实效。各种核心价值观实践活动源于基层、扎根群众，反映人民群众对美好生活的向往和追求，有着强大的生命力。要因势利导，发挥基层组织和群众团体的骨干作用、先进典型和先进单位的带动作用、广大群众的主体作用，坚持从具体事情做起、从群众最关心的事情抓起，使核心价值观实践活动与各项业务工作紧密结合，贴近基层、贴近群众、贴近生活，防止和克服形式主义，促进社会主义核心价值观建设稳步向前发展。

---

① 勒莉：《新加坡公民道德建设研究》，硕士学位论文，大连理工大学，2005 年。

参考文献

1. （宋）朱熹集注：《四书》，上海古籍出版社 1995 年版。
2. 陈彭应：《老子今注今译》，商务印书馆 2009 年版。
3. 冯友兰：《中国哲学简史》，北京大学出版社 1995 年版。
4. 张岱年、方克立：《中国文化概论》，北京师范大学出版社 2004 年版。
5. 钱穆：《中国文化史导论》，商务印书馆 1994 年版。
6. ［美］余英时：《中国传统思想及其现代变迁》，广西师范大学出版社 2004 年版。
7. 唐君毅：《中国文化之精神价值》，江苏教育出版社 2006 年版。
8. 梁漱溟：《中国文化要义》，学林出版社 1987 年版。
9. 李泽厚：《中国古代思想史论》，人民出版社 1985 年版。
10. ［美］塞缪尔·亨廷顿、劳伦斯·哈里森主编：《文化的重要作用——价值观如何影响人类进步》，程克雄译，新华出版社 2010 年版。
11. 汤一介：《中国传统文化中的儒道释》，中国和平出版社 1988 年版。
12. 邵汉明主编：《中国文化精神》，商务印书馆 2000 年版。
13. 辜鸿铭：《中国人的精神》，海南出版社 1996 年版。
14. ［美］孙隆基：《中国文化的深层结构》，广西师范大学出版社 2004 年版。
15. ［美］余英时：《儒家伦理与商人精神》，广西师范大学出版 2004 年版。
16. 殷海光：《中国文化的展望》，生活·读书·新知三联书店 2002 年版。
17. 李宗桂等：《中华民族精神概论》，广东人民出版社 2007 年版。
18. 萧功秦：《儒家文化的困境》，广西师范大学出版社 2006 年版。
19. ［美］费正清：《中国：传统与变迁》，张沛译，世界知识出版社 2002 年版。
20. 王亚南：《中国官僚政治研究》，中国社会科学出版社 1997 年版。

21. 张岂之：《张岂之谈中华优秀传统文化》，太白文艺出版社 2012 年版。

22. 李洪钧主编：《中华优秀传统文化简论》，辽宁大学出版社 1994 年版。

23. 张继功等：《中国优秀传统文化概论》，陕西师范大学出版社 1998 年版。

24. 李申申等：《传承的使命：中华优秀传统教育问题研究》，人民出版社 2011 年版。

25. ［美］杜维明：《现代精神与儒家传统》，生活·读书·新知三联书店 1997 年版。

26. ［美］列文森：《儒教中国及其现代命运》，郑大华、任菁译，中国社会科学出版社 2000 年版。

27. ［美］爱德华·希尔斯：《论传统》，傅铿、吕乐译，上海人民出版社 2009 年版。

28. ［日］涩泽荣一：《〈论语〉与算盘》，李建忠译，武汉出版社 2009 年版。

29. ［新］李光耀：《李光耀 40 年政论选》，现代出版社 1994 年版。

30. ［美］约琴夫·列文森：《儒教中国及其现代命运》，郑大华、任菁译，广西师范大学出版社 2009 年版。

31. ［美］拉尔夫·L. 基尼：《创新性思维——实现核心价值的决策模式》，叶胜年、叶隽译，新华出版社 2003 年版。

32. ［英］维特根斯坦著：《文化和价值》，黄正东、唐少杰译，北京联合出版公司 2013 年版。

33. 张岂之：《中国传统文化》，北京外文出版社 2006 年版。

34. ［美］杜维明：《儒家思想新论——创造性转换的自我》，江苏人民出版社 1995 年版。

35. 方东美：《中国哲学精神及其发展》，中华书局 2012 年版。

36. 孙中山：《三民主义》，九州出版社 2011 年版。

37. 韦政通：《中国的智慧》，中国和平出版社 1988 年版。

38. 贺麟：《文化与人生》，商务印书馆 2002 年版。

39. 梁韦弦：《中国传统伦理思想研究》，黑龙江人民出版社 2007 年版。

40. 郑永年：《中国模式：经验与困局》，浙江人民出版 2010 年版。

41. ［美］塞缪尔·亨廷顿：《变化中社会的政治秩序》，王冠华等译，生活·读书·新知三联书店 1989 年版。

42. ［美］杜维明：《儒家思想新论——创造性转换的自我》，黄幼华等译，江苏人民出版社 1995 年版。

43. 王家骅：《儒家思想与日本现代化》，浙江人民出版社 1995 年版。

44. ［日］稻盛和夫：《活法》，东方出版社 2012 年版。

45. 郑功成：《构建和谐社会》，人民出版社 2007 年版。

46. 李君如：《社会主义和谐社会论》，人民出版社 2005 年版。

47. 秦宣：《构建社会主义和谐社会专辑》，中国人民大学出版社 2005 年版。

48. 朱贻庭编：《儒家文化与和谐社会》，学林出版社 2006 年版。

49. Eddie C. Y Kuo. *Confucianism as Political Discourse in Singapore*：*The Case of an Incomplete Revitalization Movement.* Department of Sociology. *Working Paper* No. 3. National University of Singapore，1992.

50. Goh Chok Tong. *The Politics of Nation Building and Citizenship in Singapore.* New York：Routledge，1995.

51. Government of Singapore. *Shared Values*（*White Paper*）. Singapore，1991.

52. Chua，Beng – Huat. *Communitarian Ideology and Democracy in Singapore.* London and New York：Routledge，1995.

后　记

　　中国优秀传统文化，是中华民族突出的优势，它蕴含着中华民族深刻的精神追求，是我国文化软实力的重要体现，中国特色社会主义建设的伟大事业也深深扎根于中国优秀传统文化的沃土。以现代化为主体与参照系，创造性地开挖中国传统文化的丰厚精神资源，使之成为我国现代化建设的重要精神动力与现代文明的重要内容，已是当务之急。这不仅是一个重要的理论问题，还是一个重大的实践问题。

　　从文化精神入手研究文化问题，这是文化研究的一个重要方法论原则。本书主要从文化精神这个特定概念与视角出发，通过分析中国传统文化精神生成的客观与主观条件，较详尽地阐发了中国传统文化的核心精神，主要包括具有内在逻辑联系的四个方面的内容：以人为本、崇德重义、持中贵和、实践理性。在此基础上，进一步从理论与实践相结合的层面论述了中国传统文化精神对当今我国和谐社会建设的重要价值及结合机理，阐释了中国优秀传统文化在当今我国文化强国中的重要战略地位，尤其是在中国特色社会主义核心价值观建构中的基础性战略地位。这些是本书所作的主要贡献。诚然，这是一项庞大的工程，学理深奥，意义重大，难度也可想而知，尚需广大学界同仁的长期不懈的共同努力。

　　本书是作者主持的国家社会科学基金资助项目"中国传统文化精神在和谐社会建设中的价值"（批准号：10BKS034）的最终成果。在本课题的研究过程中，我和课题组的同仁总共在CSSCI杂志上发表了十多篇相关论文作为阶段性成果，在此基础上，结合本课题的研究要求，通过深度拓展与系统整合，最终写就本书。依仗课题组同仁的共同努力，使这项富有挑战性的课题得以较顺利地完成，值得欣慰。本书主要是由我与李红合作完成的，其中我的博士生、研究生赵述颖、曹芳、宋希艳、曹飞燕、曹宏、樊美玲、吕菲、张彧、李彬等在与我一起写作阶段性研究论文过程中也作出了较大贡献，其中第八章《新加坡共同价值观构建的现实启示》

则是由我的同事杜晓燕博士所撰写的。他们所做的巨大努力为本著作增色不少，对此深表谢意。限于水平，本书缺漏之处在所难免，敬请广大同仁不吝指正。

陆卫明

2013 年 12 月 25 日于采芹斋